HERBERT SCHACK

Grenzfragen der Wirtschafts- und Sozialwissenschaften

Grenzfragen der Wirtschafts- und Sozialwissenschaften

Gesammelte Aufsätze

Von

HERBERT SCHACK

DUNCKER & HUMBLOT / BERLIN

Gedruckt 1973 bei Buchdruckerei Alb. Sayffaerth, Berlin 61
Printed in Germany
ISBN 3 428 03010 9

Vorwort

Die hier zusammengefaßten Aufsätze bringen meine Bemühungen um ein philosophisches Denken in sozialökonomischen Fragen zum Ausdruck. Sie haben ihre Ergänzung und Erweiterung in den nachfolgend aufgeführten größeren Arbeiten gefunden:

Wirtschaftsleben und Wirtschaftsgestaltung. Die Grundlagen der Wirtschafts- und Sozialphilosophie, Berlin 1963

Die Revision des Marxismus-Leninismus. Chancen und Grenzen einer Ideologie, Berlin 1959, zweite Auflage 1965

Marx — Mao — Neomarxismus. Wandlungen einer Ideologie, Frankfurt a. M. 1969, zweite Auflage 1971

Volksbefreiung. Sozialrevolutionäre Ideologien der Gegenwart, Frankfurt a. M. 1971.

Der Zweck dieser Sammlung wäre erfüllt, wenn besonders Studierenden dadurch eine Anregung zu weiterführendem Denken gegeben würde.

Meinem Verleger, Herrn Ministerialrat a. D. Dr. J. Broermann, danke ich für das freundliche Interesse an der Herausgabe dieses Buches.

Berlin, im Oktober 1973 Herbert Schack

INHALT

Grundprobleme der Wirtschaftsphilosophie

Theorie der Wirtschaftserfahrung

Das Verhältnis zwischen Theorie und Praxis in der Wirtschaftswissenschaft

Wirtschaftsfreiheit in den Grundformen menschlicher Selbstbehauptung

Der richtige und gerechte Lohn

Notwendigkeit und Freiheit im Marxismus

Die Problematik des Marxismus-Leninismus

Das Menschenbild in der Geschichte der Volkswirtschaftslehre

Einleitung

So verschiedenartig die Themen der vorliegenden Aufsätze auch sind, bilden sie doch einen beziehungsreichen Kreis um die zentrale Frage nach der Vernunft. Gemeint ist nicht die vielberufene „wirtschaftliche Vernunft", gleichbedeutend mit der ratio, dem rechnenden, konstruierenden Verstand. Was als rationell oder objektiv zweckmäßig gilt, braucht noch nicht vernünftig zu sein. Daher geht die Frage nach der Vernünftigkeit der nach der Zweckrationalität voraus.

So ist es nicht nur geistiges Erfordernis, es ist auch geistesgeschichtliches Faktum gewesen. Dem nachdenklich-besinnlichen Menschen war an einer vernünftigen Wirtschaftsführung mehr gelegen als an einer rechnerisch erfolgreichen. Des weiteren ist die Vernunft freilich auf der Strecke geblieben. Die betriebswirtschaftliche Maximierung des Ertrages bzw. die volkswirtschaftliche Maximierung des Sozialproduktes wurden wichtigere Forderungen als die nur auf Menschlichkeit gerichteten Forderungen der Vernunft. Diese — das muß gesagt werden — können allerdings nur über objektive Zweckmäßigkeiten aller Art erfüllt bzw. verwirklicht werden. Vernunft ohne Verstand ist bare Utopie; Verstand ohne Vernunft am Ende aber Irrsinn. Das ist keine subjektive Meinung, das sind Erfahrungssätze.

Der Verfasser hat seine geistige Position in dem Spannungsfeld zwischen Ratio und Vernunft bezogen. In den Jahren, als die Abhandlungen entstanden (in engem Zusammenhang mit wirtschaftsphilosophischen Vorlesungen an der Freien Universität Berlin), war man in der Öffentlichkeit noch weit entfernt, progressive Forderungen des Verstandes vernünftig zu begrenzen. Heute ist die Situation anders. Weithin wird nach der Vernunft gefragt, so im Hinblick auf die Ausbeutung der Natur und das wirtschaftliche Wachstum. Daher dürfte der Leser auch den längere Zeit zurückliegenden wirtschafts- und sozialphilosophischen Veröffentlichungen, wie sie in dem vorliegenden Buch zusammengefaßt und neu herausgegeben worden sind, Aktualität zugestehen.

GRUNDPROBLEME DER WIRTSCHAFTSPHILOSOPHIE*

Die Frage nach der Wirtschaft überhaupt

Das Wort „Wirtschaftsphilosophie" begegnet bei Praktikern in der Regel verwundertem Kopfschütteln. Philosophie, so meint man, habe nichts mit praktischen Dingen zu tun. Sie befasse sich mit Fragen allgemeinster Natur und habe keinen Kontakt mit konkreten Problemen. Die Philosophen errichteten zwar himmelstürmende Gedankenbauten, dächten aber nicht an deren Zugänglichkeit. Zugänglich seien solche Kunstbauten nur für die Wenigen, die in der dünnen Höhenluft abstrakter Ideen atmen können.

Wäre die Philosophie eine derart abstrakte Wissenschaft, dann könnte sie allerdings auch keine Beziehung zur Wirtschaft haben. Denn diese ist ja gerade ein Lebensbereich von unmittelbar praktischer Bedeutung. Hier hat, so möchte es scheinen, ausschließlich der Praktiker das Wort. Die wirtschaftlichen Zusammenhänge sind jedoch so mannigfaltig, ausgedehnt und kompliziert, daß sie allein von der Praxis aus schwer übersehbar und begreifbar sind. Daher ist man sich auch in der Praxis durchaus der Bedeutung einer „Wissenschaft" von der Wirtschaft bewußt. Man betrachtet die Wirtschaftswissenschaft als unentbehrliche Grundlage für eine objektive Beurteilung und damit als unerläßliche Voraussetzung für eine rationelle Wirtschaftsführung und planmäßig betriebene Wirtschaftspolitik.

Das Bekenntnis zur Wirtschaftswissenschaft schließt jedoch nicht auch ein solches zu einer „Philosophie" der Wirtschaft mit ein. Wie könne es eine „philosophische" Wirtschaftsbetrachtung geben! Die Wirtschaftswissenschaft sei auf Grund ihrer praktischen Einstellung zu den wirtschaftlichen Dingen und Vorgängen befähigt, sich auch mit Problemen des primitivsten Handelsgeschäftes zu befassen. Die

---

* Aus: Schmollers Jahrbuch LXXI, 2, 1951.

Philosophie aber suche ihre Gegenstände fernab von Alltagsdingen und Alltagssorgen.

Im täglichen Leben begegnet uns jedoch auch eine andere Auffassung von Philosophie. Der Volksmund nennt einen Philosophen, wer offenbar selbstverständliche Dinge für keineswegs selbstverständlich ansieht, sie vielmehr durchaus fragwürdig findet und sie zum Anlaß nimmt, zu grübeln und zu forschen. Solche Deutung philosophischer Haltung deckt sich mit alter philosophischer Tradition. In *Platons* Dialog „Theätet" sagt *Sokrates*, der Philosoph sei durch eine besondere Gemütsverfassung gekennzeichnet, nämlich das „Sichwundern". Verwunderung oder Staunen sei der Anfang alles Philosophierens. Gemeint ist hier das Staunen über die Fragwürdigkeit des augenscheinlich Selbstverständlichen. Jeder nachdenkende Mensch gerät in Erstaunen, wenn Selbstverständliches sich plötzlich als fragwürdig erweist. Selbstverständlich ist uns die Sprache, die wir sprechen; die Arbeit, die wir tun; die Wirklichkeit, in der wir leben. Wissen wir jedoch ohne weiteres, was Sprache, was Arbeit, was Wirklichkeit eigentlich ist? Stellen wir uns einmal diese Frage, so erkennen wir mit Verwunderung, daß gerade in den für selbstverständlich erachteten Dingen und Vorgängen die wesentlichen, den Kern unseres Lebens berührenden Probleme liegen. Die durch solche Verwunderung hervorgerufene geistige Bewegung grundsätzlichen Fragens und Forschens charakterisiert in der Tat die innere Haltung des Philosophen. „Ein Philosophus ruhet nicht, er habe denn das Zentrum eines Dinges" (Jakob Böhme).

Von dieser Seite gesehen, wird eine Philosophie der Wirtschaft diskutierbar. Geben alltägliche Dinge Anlaß zu philosophischer Besinnung, so kann es auch die Wirtschaft tun, die zu unserem Alltagsleben gehört. Wirtschaftsphilosophie wäre danach das Streben nach einer der Wirtschaft auf den Grund gehenden Erkenntnis. Doch was heißt: die Wirtschaft aus dem Grunde erkennen? Ist solche Erkenntnis nicht auch das Ziel der wirtschaftlichen Fachwissenschaften?

Wirtschaft gibt es nur in realen, raum- und zeitgebundenen Komplexen und Vorgängen. Infolgedessen müßte wohl auch die ökonomische Grundwissenschaft auf die Erkenntnis realer Bedingungen gerichtet sein. Hat die Wirtschaftsphilosophie aber in dieser Beziehung eine Chance? Offenbar nicht. Denn die wirtschaftlichen Fachwissenschaften bemühen sich bereits um den Aufweis der inner- und außerwirtschaftlichen, allgemeinen und speziellen Realbedingungen.

Die empirische Wirtschaftstheorie analysiert die innerwirtschaftlichen Zusammenhänge und sucht sie aus elementaren Faktoren und Beziehungen zu erklären. Um die wirtschaftlichen Komplexe und Vorgänge als ein eigenartiges Erkenntnisobjekt zu erfassen oder das Nurwirtschaftliche aus den umgreifenden gesellschaftlichen und sonstigen Bindungen gedanklich zu lösen, dazu bedurfte es eines hohen Grades isolierender und abstrahierender Vorstellungskraft. Diese geistige Leistung ist mit dem Namen französischer und englischer Philosophen des 18. Jahrhunderts verbunden. *Adam Smith* vor allem hat die Wirtschaft in ihrem eigenen objektiven Zusammenhang so deutlich fassen und darstellen können, daß er als der eigentliche Begründer der Wirtschaftswissenschaft, insonderheit der empirischen Wirtschaftstheorie gilt. Die Theorie ist zwar der philosophischen Beschäftigung mit dem natürlichen und gesellschaftlichen Leben entsprungen; doch deswegen betrachtet sie sich selbst keineswegs als Philosophie.

Das Gleiche gilt von den wirtschaftlichen Fachwissenschaften, die sich der Erforschung der außerwirtschaftlichen gesellschaftlichen, geschichtlich kulturellen und sonstigen Bedingungen widmen. Auch bei der Entwicklung dieser Disziplinen sind philosophische Impulse wirksam gewesen. Allein alle Wissenschaften dieser Art, von der Wirtschaftsgeographie bis zur Wirtschaftssoziologie und -psychologie, sind selbständige Disziplinen geworden, die sich eigenwillig von der Philosophie abgrenzen.

Die Abgrenzung der Fachwissenschaften gegenüber der Wirtschaftsphilosophie erfolgt unter Hinweis auf das von ihnen in Anspruch genommene reale Erkenntnisobjekt. Sie wollen die tatsächlichen und wirklichen, jedenfalls immer realen Bedingungen der wirtschaftlichen Erscheinungen aufweisen. Der Philosophie wird diese Beziehung auf Reales, Tatsächliches, Wirkliches abgesprochen. Wie kann aber die Wirtschaftsphilosophie eine Grundwissenschaft von der Wirtschaft sein, wenn sie es nicht mit der Erforschung der realen Bedingungen des Wirtschaftslebens zu tun hat? Ist denn nicht alle Wirtschaft real? Oder gibt es auch Irreales in der Wirtschaft?

Irreal ist zunächst ein Gegenstand, der nur in unserer Vorstellung existiert, in Wirklichkeit aber nicht oder jedenfalls nicht so, wie wir ihn uns denken, da ist. Hat es jedoch wissenschaftlichen Sinn, sich eine Wirtschaft nur vorzustellen, sich also mit einer bloß gedachten Wirtschaft zu beschäftigen? Durchaus! Wissenschaften, deren Gegenstände sehr kompliziert sind oder sich wegen der Grobkörnigkeit der Prüfungsmethode einer exakten Beobachtung entziehen, nehmen oft ihre Zuflucht zu vereinfachten Vorstellungen. So verfährt z. B. die Physik, wenn sie sich ein „Wellenbild" macht, dessen Bestandteile nach *Sir James Jean* „gänzlich geistige Konstruktion" sind. Auch die Wirtschaftswelt ist so kompliziert und mannigfaltig bedingt, daß die für ihre Struktur und Entwicklung entscheidenden Faktoren nur durch begriffliche Eliminierung exakt gefaßt und in den Konsequenzen ihrer Wirksamkeit gedanklich verfolgt werden können. Diese Gedankengebilde haben die Bedeutung fester Bezugspunkte für die Lagebestimmung der realen Dinge und Vorgänge. In diesem Sinne kann z. B. der Begriff des unbedingt rationell denkenden, wertenden, handelnden Wirtschaftsmenschen, des homo oeconomicus, gleichsam als ein Koordinaten-Ursprungspunkt gelten. Solche Gedankenmodelle entsprechen gewiß nicht den realen wirtschaftlichen Verhältnissen. Sollen sie indessen wissenschaftliche und praktische Bedeutung haben, so müssen sie doch wesentliche reale Merkmale oder Grundzüge wenigstens andeutungsweise in der Vorstellung oder im Begriff wiedergeben. Die reine Theorie, wie solche Wissenschaft genannt wird, kann sich daher nur im Anschluß an die Erfahrungserkenntnis entwickeln und muß mit dieser in ständigem Kontakt bleiben. Das theoretische Gedankenmodell gibt dem Empiriker den für seine Forschung notwendigen Richtpunkt; man weiß nun, worauf es ankommt und kann sich überdies eindeutiger und klarer Begriffe bedienen.

Die wenn auch nur andeutungsweise vorhandene Beziehung der reinen Theorie zur Realität der Wirtschaft ist Grund genug, diese Disziplin ebenfalls den Realwissenschaften zuzurechnen. Infolgedessen zieht auch die reine Wirtschaftstheorie einen scharfen Trennungsstrich zwischen sich und der Wirtschaftsphilosophie.

Die Philosophen selbst haben freilich oft mit dem Gedanken gespielt, die von den Einzelwissenschaften gewonnenen Erkenntnisse in einer theoretischen Konstruktion so zusammenzufassen, daß sich das Wesen der Welt erkennen läßt. Die Philosophie, meinte z. B. *Wilhelm Wundt,* führt die Arbeit der Wissenschaften weiter und gibt ihren allgemeinen Erkenntnissen „die endgültige systematische Ordnung".

Kann die Philosophie aber tatsächlich solch eine „allgemeine Wissenschaft" sein, „welche die durch die Einzelwissenschaften vermittelten allgemeinen Erkenntnisse zu einem widerspruchslosen System zu vereinigen hat"? Sie würde mangels hinreichender Sach- und Fachkenntnisse immer Gefahr laufen, von den Realwissenschaften überholt zu werden. Die Geschichte der Philosophie gibt zahlreiche warnende Beispiele einer die sichere Erfahrungserkenntnis weit überfliegenden geistigen Spekulation und geradezu verstiegenen gedanklichen Konstruktion.

Nach alledem scheint es, als könne die Wirtschaftsphilosophie gar keinen Gegenstand für sich beanspruchen. Sie hat wohl hier oder da den Grundstein zu einem wissenschaftlichen Gebäude gelegt, dann aber bald den Bauplatz an selbständige Fachwissenschaften abtreten müssen. Diese haben sich dort fest angesiedelt, sich oft kaum noch dessen bewußt, daß die Philosophie ihnen den Boden bereitet hat.

Eines steht fest: eine Realwissenschaft ist die Philosophie bzw. die Wirtschaftsphilosophie nicht. Nun sehen wir aber, auch Irreales im Sinne des Unwirklichen, gedanklich Konstruierten ist kein philosophischer Gegenstand. Müssen wir also in der Frage nach dem Gegenstand der Wirtschaftsphilosophie resignieren?

Eine Möglichkeit, den Gegenstand der Philosophie zu finden, besteht noch. Es gibt auch objektiv Irreales, d. h. Seiendes, das nicht durch unsere Vorstellungskraft erzeugt, nicht erfunden oder konstruiert ist, sondern seinen Bestand in sich selbst hat. Solche irreale, bewußtseinstranszendente Gegenstände sind Zahlen und Zahlenverhältnisse, geometrische Raumgebilde und Raumverhältnisse. Diese haben ihre von unserem subjektiv persönlichen Denken, Meinen und Wollen unabhängige, eigene, objektive Gesetzlichkeit.

Platon meinte, niemand dürfe sich einen Philosophen nennen, der nicht Verständnis für Geometrie habe. Allein, so nahe Platon auch die Nachbarschaft zwischen Geometrie bzw. Mathematik und Philosophie wähnte, hielt er doch nicht eines für das andere.

Das Beispiel der Mathematik zeigt jedoch, daß Sein und Wirklichkeit unterschieden werden müssen. Ist Seiendes aber nur formal? Gibt es nicht auch ein inhaltlich so oder so beschaffenes, wesentliches Sein? Was heißt indessen wesentliches Sein?

Das Wesen eines realen Gegenstandes ist sein reales Bildungsgesetz, der Grund seiner Daseinsbestimmung. In diesem Sinne fragt der Volkswirtschaftler nach dem Wesen der Volkswirtschaft, der Betriebswirtschaftler nach dem Wesen des Wirtschaftsbetriebes sowie der inner- und außerbetrieblichen Zusammenhänge. Die Frage nach dem Wesen kann sich jedoch auch auf dasjenige Sein beziehen, wodurch Daseiendes erst Sinn und Bedeutung erhält.

Die historischen Sprachen z. B. sind reale Gebilde, erklärbar und verstehbar aus dem gesellschaftlichen Mitteilungsbedürfnis und der seelisch-geistigen Gestaltungsmacht der Völker. Sprachphysiologie, Sprachgeographie, Sprachgeschichte, Sprachsoziologie, Sprachpsychologie bemühen sich um den Aufweis der mannigfaltigen realen Bedingungen dieser bedeutungsvollen Gebilde. Wieweit aber auch die Realprobleme erforscht werden mögen, eine Frage bleibt: Was ist das Wesen der Sprache selbst? Was ist Sprache überhaupt?

Das Wort „überhaupt" hat hier nicht den Sinn von allgemein oder insgesamt oder den Sinn einer Steigerung (wie z. B. in der Redewendung „überhaupt wunderbar"), sondern von übergreifend und „umgreifend" (das Haupt übergreifend und somit das Ganze umgreifend). Das Übergreifende ist aber zugleich durchgreifendes, wesenhaftes Sein. So ist Sprache überhaupt das alle Sprachen umgreifende, durchgreifende Wesen der Sprache. Dementsprechend ist auch der Gegenstand der Wirtschaftsphilosophie zu verstehen. Die Wirtschaftsphilosophie hat es nicht, wie die Fachwissenschaften, mit der individuellen Mannigfaltigkeit der realen Wirtschaftsgebilde, Wirtschaftsprozesse und Wirtschaftsereignisse zu tun, sondern mit der *Wirtschaft überhaupt.*

Wirtschaft überhaupt ist der allen wirtschaftlichen Erscheinungen zu Grunde liegende Sinnzusammenhang, die irreale Bedingung, durch die sie allererst wirtschaftliche Bedeutung haben und ohne die sie nicht als „wirtschaftliche" Erscheinungen verstanden werden können. Hat die Wirtschaftsphilosophie also Wirtschaft überhaupt zum Gegenstand, so ist sie nicht nur Grundwissenschaft, sondern zugleich auch Wesenswissenschaft.

Das Wirtschaftsverständnis

Ist Wirtschaft überhaupt der allem Wirtschaftlichen zugrunde liegende Sinn, so kann dieser Sinn nicht erst durch eine mehr oder weniger ausgedehnte Wirtschaftserfahrung entdeckt werden. Erfahrung lehrt uns wohl wichtige allgemeine und übereinstimmende Merkmale der Erfahrungsobjekte kennen. Um aber solche Merkmale finden zu können, muß die Bedeutung des Gegenstandes selbst schon vorweg erfaßt sein. Würde das Verständnis dieser Bedeutung erst im Laufe der Erfahrung entstehen, müßten ja die ersten Begegnungen mit dem bedeutungsvollen Gegenstand verständnislos ausgehen. Wird aber die gegenständliche Bedeutung nicht gesehen, so fehlt jeglicher Bezugspunkt für die weitere Erfahrung. Erfahrung kann sich m. a. W. nur unter der Voraussetzung bilden, daß die Bedeutung des Erfahrungsgegenstandes schon im ersten Erfahrungsakt intuitiv erfaßt wird.

Das intuitive Wesensverständnis ist allerdings sehr undeutlich. Die Philosophie hat die Aufgabe, dieses unklare Verständnis zu erhellen und den Inhalt in seinem Zusammenhang deutlich zum Bewußtsein zu bringen.

Können wir intuitiv nur erfassen, daß Sinnvolles, Wesentliche da ist, und kann die Intuition über solch ursprüngliches Verständnis nicht hinausführen, so ist eine Bereicherung und Vertiefung der Wesenserkenntnis nur auf dem Wege über das Studium der Phänomene möglich. Wesen äußert sich in Erscheinung. Infogedessen muß es auch durch seine Erscheinung erkannt werden können. Solche Erkenntnis ist freilich nur eine vermittelte, indirekte und kann das Wesen selbst nie so treffen, wie es im intuitiven Wesenverständnis geschieht. Die Darstellung der Erscheinungen, in denen Wesentliches zum Ausdrucke kommt, ist und bleibt eine niemals ganz adäquate Umschreibung des intuitiv erfaßten Wesens. Allein, die Umschreibung durch den Aufweis der wesentlichen Erscheinungen ist die einzige Möglichkeit, das unsprüngliche Wesenverständnis zu klären, zu bereichern und zu vertiefen. Intuitives und empirisches Verständnis bilden somit einen erkenntnisnotwendigen Zusammenhang. Das ursprüngliche Wesensverständnis ist die Voraussetzung aller Erfahrungserkenntnis. Die Erfahrungserkenntnis ist aber wieder die Voraussetzung für eine Klärung und Erhellung des Wesensverständnisses.

Ziehen wir nun aus diesen erkenntnistheoretischen Überlegungen die Folgerungen für das Wirtschaftsverständnis! Als wirtschaftende Menschen wissen wir intuitiv, daß sich mit unseren Verrichtungen und Handlungen sowie mit den Einrichtungen, die wir schaffen, ein bestimmter Sinn verbindet. Dies intuitive Wissen um Wirtschaft überhaupt ist jedoch ganz unbestimmt und kann nicht ohne weiteres klar zu Bewußtsein gebracht werden. Das ursprüngliche Wirtschaftsverständnis kann nur auf die Weise eine Klärung, Bereicherung und Vertiefung erfahren, daß wir Wirtschafts„erscheinungen" auf ihre Wesentlichkeit hin erforschen. Auf diese Weise wird uns zunehmend deutlich, was Wirtschaft überhaupt ist.

Die Erscheinung der Wirtschaft überhaupt ist nun aber, wie die Erfahrung zeigt, räumlich und zeitlich in eine unübersehbare Mannigfaltigkeit individueller Erscheinungen ausgebreitet bzw. zeitlich auseinandergezogen. Die wirtschaftlichen Fachwissenschaften suchen diese Mannigfaltigkeit unter bestimmten Gesichtspunkten zu ordnen und zu begreifen. Die leitenden Gesichtspunkte ergeben sich aus der Erfahrungswirklichkeit und der hier beobachteten wesentlichen Merkmale.

Die Wirtschaftsphilosophie betrachtet die wirtschaftlichen Erscheinungen nicht von volkswirtschaftlichen, betriebswirtschaftlichen, soziologischen oder sonstwelchen Gesichtspunkten. Daher ist im philosophischen Sinne wesentlich auch nicht, was sich als wichtig von einem bestimmten Gesichtspunkt aus zeigt. Als wesentlich gilt vielmehr dasjenige in den wirtschaftlichen Erscheinungen, durch das sie, gleich welcher Art, allererst wirtschaftliche Bedeutung erlangen. Wie aber können aus den so mannigfaltigen individuellen Wirtschaftserscheinungen die wesentlichen Erscheinungsweisen herausgefunden werden?

Stoßen wir bei einem Erscheinungskomplex auf eine wesentliche Erscheinung, so haben wir das unabweisbare Bewußtsein, den Kern des Erscheinungskomplexes erfaßt zu haben. Mit diesem Gewißheitsgefühl verbindet sich das zwingende logische Bewußtsein, das Ganze der Erscheinung nicht anders denken zu können. Dieses Merkmal der subjektiven Gewißheit und Denknotwendigkeit ist zunächst das einzige Kriterium der Wesenserkenntnis. Danach gelten diejenigen wirtschaftlichen Erscheinungen als wesentliche Darstellungsweisen der Wirtschaft überhaupt, die für jegliches Wirtschaftsverständnis unerläßlich sind.

Die Geschichte der Philosophie zeigt allerdings, daß weder das Evidenzgefühl noch das Bewußtsein der subjektiven Denknotwendigkeit unbedingt sichere Kriterien der Wesenserkenntnis bilden. Das Evidenzgefühl kann trügen. Auch die Überzeugung, das Wesen einer Erscheinung im ganzen nur so und nicht anders verstehen zu können, kann durch die Entdeckung neuer wesentlicher Erscheinungsweisen erschüttert werden. Der philosophische Erkenntnisinhalt erfährt tatsächlich auch eine Korrektur oder Berichtigung durch neue Erkenntnisse. Die Inkongruenz zwischen den aus dem Wesensverständnis gezogenen praktischen Folgerungen und dem wirklichen Verhalten der Erscheinungen gibt den Anlaß zu einer Überprüfung der bislang für wesentlich erachteten Erscheinungen. Alle Wirtschaft z. B. vollzieht sich durch Betriebe. Das ist eine wirtschaftliche Wesenserkenntnis. Ist damit aber das Wesen der Wirtschaft überhaupt schon ausreichend verstanden? Nimmt man dies an und zieht man hieraus die praktisch-politischen Folgerungen, so zeigen die sozialen Kollisionen, insbesondere der Konflikt mit den Lebensansprüchen der gesellschaftlich verbundenen Wirtschaftsmenschen, daß die rein betriebliche Auffassung der Wirtschaft andere wesentliche Erscheinungsformen unbeachtet gelassen hat.

Vollständige Wesenserkenntnis wäre vollständige Erhellung dessen, was im ursprünglichen Wesensverständnis nur andeutungsweise erfaßt wird. So berühren sich Ursprung und Ende der Erkenntnis. Der Kreis der wirtschaftlichen Wesenserkenntnis rundet und schließt sich in dem Aufweis der für das Wirtschaftsverständnis notwendigen, wesentlichen Wirtschaftserscheinungen.

Erscheinungsmerkmale der Wirtschaft überhaupt

Die philosophische Lehre von den Erscheinungen wird herkömmlich als Phänomenologie bezeichnet. Infolgedessen nennen wir die Lehre von den Erscheinungen der Wirtschaft überhaupt *Phänomenologie der Wirtschaft.*

Welches sind nun die Erscheinungen, in denen sich Wirtschaft überhaupt darstellt, die also für unser Wirtschaftsverständnis unerläßlich sind? Was sieht der Wirtschafter selbst als wesentlich an? Zeigt uns ein Bauer seine „Wirtschaft", so führt er uns durch Wohnhaus, Scheune, Speicher und Stallungen, auf seine Felder, zeigt uns seine Ackergeräte, Maschinen und Werkzeuge und macht uns mit den mannigfaltigen Verrichtungen innerhalb und außerhalb des Hofes bekannt. Alle Dinge und Vorgänge, die wir hier wahrnehmen, stehen in bestimmten Beziehungen zueinander und fügen sich zu einem relativ geschlossenen Komplex zusammen.

Die Beziehungen, in denen die einzelnen wirtschaftlichen Dinge und Vorgänge zueinander und zum ganzen stehen, sind Mittel-Zweck-Beziehungen. Wo und wann immer wir wirtschaftliche Dinge sehen, erscheinen sie als Mittel für bestimmte Zwecke. Solche zweckdienlichen Mittel werden Güter genannt. Wirtschaftliche Güter haben aber offenbar noch ein besonderes Erscheinungsmerkmal. Denn es gibt viele zweckdienliche, nützliche Dinge, die dennoch keinerlei wirtschaftliche Bedeutung besitzen. Wirtschaftliche Güter sind nicht ohne weiteres „zuhanden", sie müssen irgendwie verfügbar gemacht werden. Dies geschieht durch den Einsatz von Mitteln, die aber ebenfalls beschafft werden müssen. Die zur Realisierung eines Zweckes notwendigen Mittel heißen Aufwendungen. Sollen die Aufwendungen ihren Zweck erfüllen, müssen sie zweckentsprechend gewählt und verwendet werden, also rationell sein. Auch in der primitivsten Wirtschaft werden nur Aufwendungen gemacht, die nach Meinung der Wirtschafter einen Leistungseffekt verbürgen.

Werden indessen nicht schon in jedem bloßtechnischen Arbeitsvorgang die relativ ergiebigsten Mittel eingesetzt? Wirtschaftliche Aufwendungen müssen also noch etwas mehr und anderes sein als technische Aufwendungen. Ihre Eigenart besteht darin, daß sie auf einen Zweck gerichtet sind, der im Vergleich zu anderen, zur Wahl gestellten Zwecken der wertvollste ist. Das Wesen wirtschaftlicher Aufwendungen kommt m. a. W. noch nicht in der Wahl der zweckmäßigsten Mittel, sondern erst in der Wahl der Zwecke auf Grund eines Wertvergleiches zur Erscheinung. Die Wahl eines Zweckes bedingt den Verzicht auf andere Zwecke, die nun nicht realisiert werden können. Dieser Verzicht ist nur verständlich, wenn der gewählte Zweck wertvoller ist als die Reihe vergleichbarer, aufgegebener Zwecke. Die wirtschaftlichen Zwecke, auf die um eines relativ wertvolleren Zweckes willen verzichtet werden muß, gelten als „Kosten". So sind wirtschaftliche Aufwendungen mit „Kosten" verbundene technische Aufwendungen.

Im Wesen wirtschaftlicher Aufwendungen liegt, daß sie sich lohnen müssen. Alle Wirtschaft strebt einen Erfolg an, der den Wert der eingesetzten Mittel und aufgegebenen Zwecke übersteigt. Denn es wäre sinnlos, minder wertvolle Zwecke wertvolleren vorzuziehen. Im Unterschied von dem Ertrag, den die technischen Aufwendungen erbringen sollen, kann der erstrebte wirtschaftliche Erfolg Gewinn genannt werden.

Sollen wirtschaftliche Aufwendungen laufend einen Ertrag bzw. einen Gewinn bringen, muß der jeweils erzielte Sacherfolg wiederum die Mittel für weitere Aufwendungen und damit für weitere wirtschaftliche Erträge abgeben. So erscheint Wirtschaft überhaupt als ein *Getriebe von wirtschaftlichen Aufwendungen.*

Dies Wirtschaftsgetriebe kann nur laufen, wenn die einzelnen Getriebevorgänge aufeinander abgestimmt und auf einen beständigen Zweck ausgerichtet sind. Dies bedeutet: das Getriebe muß betrieben werden. Das einheitliche Ganze rationell betriebener Aufwendungen wird daher sinnentsprechend *Betrieb* genannt. Der Wirtschaftsbetrieb faßt die verfügbaren Mittel zu einem technisch-ökonomischen Leistungseffekt zusammen.

Die Wirtschaftlichkeit des Betriebes bemißt sich nach der Wertdifferenz zwischen den aufgegebenen Zwecken und dem gewählten und verwirklichten Zweck, d. h. dem nachhaltigen Gewinn. Wir sind gewohnt, bei dem Wort Gewinn nur an Geldgewinn zu denken. Indessen ist alle Wirtschaft auf Gewinn ausgerichtet. Auch die in der privaten Verbrauchswirtschaft, etwa im städtischen Familienhaushalt für den Verzehr verfügbar gemachten Verbrauchsgüter stellen einen Gewinn gegenüber den mit ihrer Beschaffung verbundenen wirtschaftlichen Aufwendungen dar.

Die Kennzeichnung der Wirtschaftserscheinungen durch Betrieb und Getriebe genügt aber offenbar nicht zum vollen Wirtschaftsverständnis. Der Betriebsbegriff wird nur einer besonderen, wenn auch wesentlichen Erscheinungsweise der Wirtschaft überhaupt gerecht.

Wirtschaftsbetrieb und -getriebe sind aus sich selbst heraus nicht verständlich. Die betriebliche Wirtschaftsauffassung setzt das Faktum wirtschaftlicher Güter bereits voraus. Es wird für selbstverständlich gehalten, daß diese Güter knapp sind und daher unter Einsatz wiederum knapper Mittel beschafft oder verfügbar gemacht werden müssen. Wieso aber sind wirtschaftliche Güter knappe Mittel? Die Knappheit besteht nur im Verhältnis zum *gesellschaftlichen Bedarf*. Und weiter: Wer betreibt die wirtschaftlichen Aufwendungen, wer wählt die relativ ergiebigsten technischen Mittel aus, wer trifft die Entscheidung über die zur Wahl gestellten wirtschaftlichen Zwecke? Wirtschaftsbetrieb und Wirtschaftsgetriebe können nur als gesellschaftliche Erscheinungen verstanden werden. Der den Betrieb kennzeichnende technisch-ökonomische Sachzusammenhang ist nur die gegenständliche Äußerung gesellschaftlichen Lebens und Wirkens.

Sind nun wirtschaftliche Erscheinungen auch wesentlich gesellschaftlicher Natur, so heißt das doch nicht, daß sie Gesellschafts„formen“ sind. Der Haushalt ist nicht die Familie, die Volkswirtschaft ist nicht das Volk. Familie oder Volk oder sonst welche Gesellschaftsgruppen haben ihre Wirtschaft. Die Wirtschaftserscheinungen sind nicht gesellschaftliche Lebensformen, sondern Lebens„äußerungen“.

Die Lebensäußerung des Einzelnen wie der Gesellschaft kann unmittelbar, reflexartig erfolgen oder sich in einer, der Reflexäußerung enthobenen, objektiven, dauerbaren Form vollziehen. Solche gegenständliche Lebensäußerung der Gesellschaft wird *Gesellschaftsgebilde* genannt. Das Gesellschaftsgebilde, durch welches sich eine Gesellschaftsgruppe zu einer geordneten, wirkungsmächtigen Einheit formt, ist das rechtlich-politische *Ordnungs- und Machtgebilde des Staates,* dessen Erscheinung sich schon in den primitiven Herrschaftsgebilden vorbereitet. Die Gesellschaft aber muß vor allen Dingen leben, d. h. ihren Bedarf an Gütern decken können. Wo immer wir menschliche Gesellschaft vorfinden, treffen wir daher auch auf jenes Gesellschaftsgebilde, wodurch die Gesellschaft in verhältnismäßig dauerbarer Form ihren Lebensbedarf deckt, die *Wirtschaft.*

Der Begriff Gesellschaftsgebilde ist sehr weit gefaßt. Er umschließt die gesellschaftlichen Zweckgebilde, wie es die Einzelwirtschaft oder auch die Gemeinwirtschaft ist, und das gesellschaftliche „Wirkungsgefüge" (Hans Ritschl), wie es das offene Getriebe von Betrieben, die freie Marktwirtschaft, darstellt.

Sind indessen Gesellschaftsgebilde aus sich selbst zu verstehen? Der Begriff des Gebildes hat den Begriff des Ganzen zur Voraussetzung. Ist aber das Gesellschaftsgebilde Wirtschaft ein letztes, aus sich selbst verstehbares Ganzes? Gewiß nicht. Die für die Gesellschaft gültigen wirtschaftlichen Ziele und Zwecke sowie die Mittel und Methoden, diese zu verwirklichen, lassen sich nur aus dem Zusammenhang der gesellschaftlichen Anschauungen, Vorstellungen, Einrichtungen und Ordnungen, die wir im ganzen als Kultur bezeichnen, verstehen. Kultur ist das alle möglichen materiellen und ideellen, persönlichen und gesellschaftlichen Äußerungen umgreifende Gebilde, die Ganzheit, zu der wir aufsteigen müssen, um menschliche Lebensäußerungen als spezifisch menschliche Erzeugnisse verstehen zu können. Die Erscheinung der Wirtschaft überhaupt erweist sich somit im Grunde als ein Sondergebilde der Kultur, als ein *Kulturgebilde.*

Das Wesen der Kultur läßt sich nur aus den Erscheinungen entnehmen, in denen sich menschliche Kultur überhaupt ausbreitet und entfaltet. Die Aufgabe, die wesentlichen Kulturerscheinungen aufzuweisen und auf diesem Wege das Kulturverständnis zu erhellen, zu bereichern und zu vertiefen, fällt der Kulturphilosophie zu. Die Wirtschaftsphilosophie läuft infolgedessen in Kulturphilosophie aus. Genauer gesehen, bewegt sie sich aber überhaupt nur im Rahmen bzw. im Problemkreis der Kulturphilosophie. Denn die Wirtschaftserscheinungen sind wesentlich Kulturerscheinungen.

Wirtschaft überhaupt erscheint indes nicht nur in einer räumlich gebundenen Mannigfaltigkeit von Ganzheiten und Prozessen, wie sie bisher in unser Blickfeld getreten ist, sondern auch in einem in der Zeit verlaufenden Geschehen, in einem *geschichtlichen Zusammenhang*.

Welches sind nun die für das wirtschaftsgeschichtliche Verständnis wesentlichen und notwendigen Erscheinungsformen?

Können wir die wirtschaftliche Entwicklung anders als in einer einheitlichen, zielstrebigen, linear verlaufenden Bewegung sehen? Dem abendländischen Denken ist der Fortschrittsgedanke fast selbstverständlich geworden. Geschichte scheint Entwicklung von Niederem zu Höherem, von Primitivem zu Kultiviertem zu sein. Die bekannten Wirtschaftsstufentheorien von *List* und *Hildebrand, Bücher* und *Schmoller* sind Beispiele solcher Geschichtsauffassung.

Die wirkliche Geschichte zeigt jedoch ein wesentlich anderes, von solcher linearen Entwicklung abweichendes Bild. Wir sehen zu verschiedenen Zeiten und in verschiedenen Kulturen ähnliche Wirtschaftserscheinungen entstehen, ausreichen, sich umbilden und oft auch zurückbilden. Liegt der Schluß nicht nahe, daß die Wirtschaftserscheinungen dem natürlichen Kreislauf des Wachsens, Blühens und Vergehens folgen? Vollzieht sich dieser Kreislauf, wie *Spengler* meinte, in dem organischen Nacheinander auf Form und Dauer streng begrenzter Kultur- und Wirtschaftsphasen? Jede Kultur erschöpfe sich und verbrauche sich am Ende in expansiven und extensiven Tendenzen. „Die Zivilisation ist das unausweichliche Schicksal einer Kultur ... Zivilisationen sind die äußersten und künstlichsten Zustände, deren eine höhere Art von Menschen fähig ist. Sie sind ein Abschluß; sie folgen dem Werden als das Gewordene, dem Leben als der Tod, der Entwicklung als die Starrheit, dem Lande und der seelischen Kindheit, wie sie Dorik und Gotik zeigen, als das geistige Greisentum und die steinerne, versteinernde Weltstadt. Sie sind ein

Ende, unwiderruflich, aber sie sind mit innerster Notwendigkeit immer wieder erreicht worden."

Der Geschichtsablauf zeigt, wie *Arnold J. Toynbee* in seinem Werke „Civilization on Trial" sagt, „daß die Geschichte sich bis auf den heutigen Tag ungefähr zwanzigmal wiederholt hat", und daß der Zusammenbruch, Niedergang und Verfall der Kulturen „sich nach einem immer wiederkehrenden Schema vollzog". Allein, muß sich dieser Kreislauf auch weiter zeigen? Muß sich die Geschichte auch im Falle unserer, der abendländischen Geschichte wiederholen? Die Antwort des englischen Kulturphilosophen lautet: „Wir sind nicht dazu verdammt, die Geschichte sich wiederholen zu lassen; es ist uns freigestellt, ihr in unserem Falle eine neue, noch nicht dagewesene Wendung zu geben." Können wir uns tatsächlich frei entscheiden? Ist nicht gerade die Wirtschaft ein lehrreiches Beispiel für das Eingefügtsein und Eingespanntsein in objektiv-reale Zusammenhänge? Die Frage eines gesetzmäßigen, im voraus berechenbaren oder frei-gebundenen und somit nicht völlig berechenbaren Ablaufes der Kultur- und Wirtschaftsgeschichte läßt sich im Hinblick auf die Geschichte der Erscheinungen nicht gültig beantworten. Dazu müßten wir wissen, welcher Art die geschichtliche Wirklichkeit ist.

Die wirkliche Wirtschaft

Die Phänomenologie nimmt die Wirklichkeit als gegeben an und richtet ihr Augenmerk lediglich darauf, wie sie sich zeigt. Nun kennen wir uns in den Erscheinungen aber erst dann aus, wenn uns klargeworden ist, was sie wirklich sind. Die dem Wirklichen auf den Grund gehende philosophische Disziplin ist die Philosophie vom Sein und Seienden (dem „on"), die *Ontologie*.

In der Aristotelischen Lehre führt die Ontologie als prote philosophia, als Erste Philosophie, den Reigen der philosophischen Disziplinen an. Diese Auffassung ist verständlich, sofern sich die philosophische Intention nicht sowohl auf das on, das Seiende, als auf den logos, den Seinsbegriff, richtet. Steht aber Gegenstandserkenntnis in Frage, so muß die Lehre von den Erscheinungen der Lehre von der

Wirklichkeit erkenntnisnotwendig vorausgehen. Denn ehe wir fragen: was ist wirklich?, müssen wir wissen, was sich zeigt.

Was gilt nun als wirklich? Wir unterscheiden Seiendes, Daseiendes und Wirkliches. Seiendes braucht nicht auch da zu sein, wie die geometrischen Figuren beweisen, die zwar ideale Gegenstände sind, jedoch nicht hier oder dort, dann oder wann da sind; wie es freilich der Fall ist, wenn sie recht oder schlecht gezeichnet werden.

Die Wirklichkeit ist eine Modalität des Daseins bzw. der Realität, wie wir auch für Dasein sagen können. Wirklichkeit ist eine Daseinsäußerung, die von dem Erfahrungssubjekt als eine gegenständliche Macht erfahren wird und auf die es irgendwie reagiert. Wirklich sind daher nicht nur körperliche Gegenstände, die sich unseren Sinnesorganen bemerkbar machen, sondern auch immaterielle seelisch-geistige Erscheinungen, wie Stimmungen, die uns befallen oder die uns bei den Mitmenschen auffallen; wirklich sind aber auch die Vorstellungen, Meinungen, Ideen der Gesellschaft, die uns mit einem bestimmten Geltungsanspruch gegenübertreten und mit denen wir als durchaus realen Mächten zu rechnen haben.

Für die Wirtschaftswissenschaften ist die Wirklichkeit kein Problem. Alle Wissenschaften nehmen die Realität der Dinge und Vorgänge, mit denen sie sich befassen, als ein selbstverständliches Faktum hin. Die sichere Ausgangslage der Wissenschaft ist aber gerade das Problem der Ontologie. Die Wissenschaft ist heute selbst schon zu der Erkenntnis gekommen, daß ihrer eigenen Forschung ein ursprüngliches Wirklichkeitsverständnis zugrunde liegt. Sie sieht sich daher allenthalben zu philosophischer Besinnung gedrängt. So fragt man sich heute in der Naturwissenschaft bzw. in der Physik, ob die objektivistische, mathematische Auffassung der Naturgesetze der Ordnung der Natur überhaupt entsprechen kann. Die Ontologie will die Struktur des Wirklichen selbst erforschen. Daher fragt sie nicht, wie die *Wirklichkeit* aufgefaßt wird, sondern *wie sie, ihrer objektiven Beschaffenheit zufolge, gesehen werden muß*. In diesem Sinne fragt auch die Ontologie der Wirtschaft nach dem Wesen der ökonomischen Wirklichkeit oder nach der Art und Weise ökonomischer Daseinsäußerung.

Wie kann Wirtschaft überhaupt da sein? Ihre äußeren Daseinsbedingungen sind die „menschliche Gesellschaft“ und die „außermenschliche Natur“. Die gesellschaftliche Wirklichkeit umfaßt die gesellschaftlichen Lebenseinheiten, Lebensverhältnisse und Lebensprozesse, die Lebens- und Kulturbedürfnisse und die Anstrengungen, diese Bedürfnisse zu befriedigen. Die Lebens- und Kulturbedürfnisse und die Bemühungen um ihre Befriedigung bilden die subjektive Voraussetzung des wirtschaftlichen Daseins. Auf der anderen Seite ist die Natur die ebenso wichtige objektive, wirtschaftliche Daseinsbedingung. Unter Natur verstehen wir die außermenschlichen Stoffe und Kräfte, die irgendwo und -wann vorkommen oder vorhanden sind, d. h. der Gesellschaft vor den Händen liegen. Damit ist nicht gesagt, daß sie auch „zuhanden“ sind. Mächtige Kohlenvorkommen z. B. liegen in Tiefen von über 1000 m oder unter dem Meeresboden; allein bei dem derzeitigen Stande der Abbautechnik befinden sie sich außerhalb der gesellschaftlichen Zugriffsmöglichkeit. Wirtschaftliche Bedeutung erlangen sie erst mit dem Augenblick, wo sie zu Händen kommen können. Damit aber fallen die Naturleistungen bereits in den wirtschaftlichen Daseinsbereich.

Wie äußert sich nun wirtschaftliches Daseins? Was ist m. a. W. wirtschaftlich wirklich? Gehören die Lebens- und Kulturbedürfnisse noch zum außerwirtschaftlichen Daseinsbereich, so ist der *Bedarf* die erste Wirklichkeit, die uns in der Wirtschaft selbst begegnet. Unter Bedarf verstehen wir die sich aus den gesellschaftlichen Lebens- und Kulturbedürfnissen herleitende Anforderung einer bestimmten Art und Menge von Gütern. Der Bedarf ist somit im Gegensatz zu der subjektiven Bewußtseinswirklichkeit der Bedürfnisse objektive Wirklichkeit.

Die objektive Realität des Bedarfes äußert sich in der relativen Eigenmacht gegenüber den momentan wechselnden Bedürfnissen. Das Bedürfnis zu essen, äußert sich in dem Bedarf nach einer bestimmten, auch zeitlich geordneten Art und Menge von Nahrungsmitteln. Ist dieser Bedarf einmal fixiert, so kehrt sich das ursprüngliche Abhängigkeitsverhältnis gegenüber dem Bedürfnis um; das Bedürfnis orientiert sich nun am Bedarf, z. B. das Nahrungsbedürfnis an dem für einen bestimmten Zeitraum bemessenen Bedarf nach Brot und anderen

Dingen. Die reale Eigenmacht des Bedarfes gegenüber den subjektiv-persönlichen Bedürfnissen zeigt sich auch in der möglichen Abweichung der Rangordnung des Bedarfes von der Rangordnung der momentanen Bedürfnisse. Die Wichtigkeit und Dringlichkeit eines Bedürfnisses braucht nicht auch in einer entsprechenden Bedarfsäußerung zur Geltung zu kommen, insbesondere dann nicht, wenn der Bedarf eine in seiner Gesamtordnung genau überlegte Größe darstellt.

Der Bedarf ist indessen vor allem gesellschaftlicher Bedarf und als solcher eine Realität, die alle persönlichen Bedarfsäußerungen entscheidend bestimmt. Der Einzelne findet, wenn er zum Bewußtsein seiner selbst und seiner Umgebung kommt, schon eine gesellschaftliche Bedarfsordnung vor, der er seine eigenen Bedürfnisse und auch seinen Bedarf in der Grundrichtung anpassen muß. Sein Bedarf an Nahrung, Wohnung, Kleidung usw. wird dadurch bestimmt, wie man sich in der Gesellschaftsgruppe, der er zugehört, nährt, kleidet, wohnlich einrichtet usw.

Die *objektive Wirklichkeit des Bedarfes* bekundet sich schließlich in einem eigentümlichen Verweisungszusammenhang. Der Bedarf an bestimmten Gütern führt einen Bedarf dieser Güter selbst herauf. Der Bedarf nach einem Fahrzeug, z. B. einem Auto, zieht zwangsläufig eine Kette von Sachbedarf hinter sich her, so den Bedarf an Treibstoff, Öl, Reparaturen, Versicherungen, Garage usw. Diese zwangsläufige Bedarfsverweisung zeigt besonders deutlich den Unterschied zwischen Bedürfnis und Bedarf. Der Bedarf nach einer gewissen Art und Menge von Gebrauchsgütern kann sich durch diesen Verweisungszusammenhang zu einer das persönliche und gesellschaftliche Leben bedrohlich belastenden Größe entwickeln.

Die durch den Bedarf angeforderten Güter müssen irgendwie verfügbar gemacht werden. Das Verfügbarmachen von Gütern für den gesellschaftlichen Bedarf bildet das Wesen der gesellschaftlichen *Arbeitswirklichkeit*. Auch in dieser Wirklichkeit liegt die Tendenz zu objektiver Eigenmacht. Jede, auch die persönlichste Arbeit, stellt sich als eine Reihe von Verrichtungen und Verfahrensweisen dar, deren Art und Anordnung durch den Arbeitszweck, die Arbeitsmittel und die Arbeitsverhältnisse bestimmt werden. Soll die Arbeit ihren Zweck erfüllen, soll die natürliche Knappheit der Güter überwunden werden und der Güterertrag den Bedarf decken, so müssen die Arbeitsleistungen und Arbeitsmittel zweckentsprechend kombiniert und auch die entsprechenden Einrichtungen geschaffen werden. Dies alles kann aber augenscheinlich nur im Rahmen und unter dem Einfluß der objektiven gesellschaftlichen Arbeitsverhältnisse erfolgen. Wie der einzelne mit seinem Bedarf der gesellschaftlichen Bedarfsordnung eingefügt ist, so ist er auch mit seiner Arbeitsleistung in einen von seinem persönlichen Wollen und Wünschen wesentlich unabhängigen gesellschaftlichen Arbeitszusammenhang gestellt. Will oder soll er wirtschaftlich tätig sein, muß er sich diesen Verhältnissen anpassen und seine Arbeit so ableisten, wie es gesellschaftlich notwendig ist. Daher hat *Marx* durchaus recht: die Menschen produzieren nur, „indem sie auf eine bestimmte Weise zusammenwirken ... Um zu produzieren, treten sie in bestimmte Beziehungen und Verhältnisse zueinander, und nur innerhalb dieser gesellschaftlichen Beziehungen und Verhältnisse findet ihre Einwirkung auf die Natur, findet die Produktion statt".

Die harte Realität der Wirtschaft macht sich nirgendwo so stark geltend wie in der gesellschaftlichen Arbeitswirklichkeit. Der „stumme Zwang der Arbeitsverhältnisse" wirkt sich um so nachdrücklicher aus, je mehr Arbeitsleistungen und sachliche Mittel für die Bereitstellung von Gütern kombiniert werden müssen und je rationeller dieser Einsatz erfolgt.

Auch die Mittel stehen in einem objektiven Verweisungszusammenhang. Denn es gibt kein wirtschaftliches Mittel, das ohne Einsatz anderer Mittel beschafft werden kann. Nun ist die Arbeit aber um so ergiebiger — jedenfalls bis zu einer bestimmten Grenze —, je weiter sie im Einsatz von Mitteln auszuholen vermag. In dem Maße aber, wie ein Mittel das andere und dieses wieder weitere Mittel bedingt, wächst auch die Kette der Arbeitsverrichtungen. Die gesellschaftliche Arbeitsteilung macht es freilich möglich, die zeitlich einander folgenden Werkverrichtungen auf den einzelnen Produktionsstufen gleichzeitig nebeneinander durchzuführen. Die Arbeitsproduktivität wird dadurch zwar unverhältnismäßig gesteigert, die individuell-persönliche Arbeitsleistung aber zu einer spezialisierten Leistungsfunktion deformiert. Mit der Spezialisierung der Arbeitsleistung aber wächst die persönliche Abhängigkeit von dem aufgeteilten Arbeitsprozeß und dem gesellschaftlichen Arbeitserzeugnis.

Die durch die gesellschaftliche Arbeit in Verbindung mit den Naturleistungen hervorgebrachten Erzeugnisse bilden somit immer eine der individuell-persönlichen Wirkungsmacht mehr oder weniger enthobene Güterwelt, zu welcher der einzelne nur ein sachliches Verhältnis haben kann. Gleicher Art ist das Verhältnis zu den mit ihm in den Arbeitsprozeß eingespannten Menschen. Sachliche Verrichtungen, wie sie nun einmal durch die sachnotwendige Arbeit gefordert werden, schließen ein persönliches Verhältnis zu Menschen und Dingen aus. In der Arbeit liegt also in der Tat ein Zug der Lebensentfremdung, wie auch schon Marx richtig erkannt hat. Die Ursache solcher Entfremdung ist indessen nicht das „Privateigentum". Die sachlichen Forderungen, die die Arbeit an den Menschen stellt, sind nicht an bestimmte, institutionelle Arbeitsverhältnisse gebunden, sondern ergeben sich aus dem Wesen der Arbeit als eines Zusammenhanges sachlich bestimmter Verrichtungen.

Die ökonomische Verwendung der Arbeitsleistungen und Arbeitsmittel hat einen objektiven Wertvergleich zur Voraussetzung. Auch in einer „geschlossenen Hauswirtschaft" können die Güter nicht wahllos produziert und verwendet werden. Selbst der einfachste Wirtschaftsvorgang bedingt eine Wertung der Güter, um die es hierbei zu tun ist. Kann der einzelne aber diesen Wert nach Belieben bestimmen? Der wirtschaftliche *Wert* zeigt sich verhältnismäßig unabhängig von der individuell-persönlichen Wertung; denn die unmittelbaren Bestimmungsgründe liegen in objektiven Verhältnissen. Wirtschaftlich wertvoll ist ein Gut, sofern Bedarf danach besteht; sofern es im Verhältnis zu diesem Bedarf knapp ist; sofern zur Überwindung dieser Knappheit Aufwendungen erforderlich sind. Die wirtschaftlichen Wertverhältnisse können sich infolgedessen nur ändern, wenn diese objektiven Bedingungen eine Änderung erfahren. Nun haben wir aber gesehen, daß sowohl der Bedarfszusammenhang wie die gesellschaftliche Arbeitswirklichkeit eine vom Wollen und Wünschen des einzelnen relativ unabhängige objektive Realität darstellen. Daher ist auch die *wirtschaftliche Wertwelt,* die diese beiden Komponenten zur Voraussetzung hat, eine der individuell-persönlichen Wertungsphäre relativ enthobene Wirklichkeit. Sowie der einzelne zum Bewußtsein seiner selbst und seiner Umwelt kommt, findet er auch schon gesellschaftliche Wertverhältnisse vor, die sein eigenes Werten maßgebend bestimmen.

Ein wirklich objektiver Wertvergleich ist freilich ohne die wechselseitige Beziehung der Güter auf ein allgemein wertvolles Gut nicht möglich. Da nun der wirtschaftliche Wert eines Gutes immer nur im Verhältnis zu anderen Gütern bestimmt werden kann, so führt die Notwendigkeit einer genauen Wertbestimmung zu der Bewertung der Güter nach einem allgemeinen, quantitativ bestimmbaren Gut. Das beweglichste, auswechselbarste, liquideste Gut wird Geld genannt. Die Anerkennung objektiver, in Geld ausdrückbarer Wertverhältnisse zwingt den Menschen, sich selbst bzw. seine Leistung in die Masse geldwerter Dinge einzureihen. Er, der Wertende, wird Wertobjekt. Ist das Geld bzw. der Geldertrag der zentrale Bezugspunkt aller wirtschaftlichen Beziehungen, so müssen auch alle qualitativen Werte ihren Geldwert haben. Die Tendenz zur Entpersönlichung, Versachlichung und schließlich Entmenschlichung zeigt sich also auch in der wirtschaftlichen Wertwelt. Wirtschaftliche Wertverhältnisse sind nun einmal sachliche Verhältnisse, die zu quantitativer, mengen- und zahlenmäßiger Bestimmung drängen.

Wirtschaft überhaupt verwirklicht sich, wie wir nun zusammenfassend sagen können, in einer objektiven Bedarfs-, Arbeits- und Wertwirklichkeit. Die diese ökonomische Teilbereiche umschließende Ganzheit ist die *Wirtschaftsordnung.* Sie ist die objektive, den Sinn der Wirtschaft überhaupt realisierende Daseinsbedingung. Auch die primitivste Wirtschaftseinheit ist nur als eine Ordnung da, in der sich die Ordnung des Bedarfes, die Ordnung der Arbeitsmittel, Arbeitsverhältnisse und Arbeitsverrichtungen und die Rangordnung der Werte zu einer Gesamtordnung fügen.

Das größte Gewicht in diesem Ordnungsganzen liegt bei der Arbeitswirklichkeit. Daher ist es nicht abwegig, die Wirtschaftsordnung aus den gesellschaftlichen Produktivkräften und Produktionsverhältnissen zu begreifen. Entsprechend würde die Wirtschaftsgeschichte als eine Geschichte der Produktivkräfte, der Produktionsinstrumente, der Produktionsverhältnisse zu verstehen sein. *Engels* behauptete sogar: „Die Entwicklungsgeschichte der Arbeit ist der Schlüssel zum Verständnis der gesamten Geschichte der Menschheit." Das ist jedoch eine Übertreibung. Eine Entwicklungsgeschichte der Arbeit ist nicht einmal die Wirtschaftsgeschichte, geschweige denn die ganze Kulturgeschichte.

Die ontologisch entscheidende Frage ist: *Äußert sich das wirtschaftliche Dasein nur in einer objektiven Ordnungswirklichkeit?* Ist dies der Fall, dann ist allerdings die auf den gesellschaftlichen Bedarf ausgerichtete Arbeitswirklichkeit die eigentliche ökonomische Basis. Arbeit ist geordnete Werkverrichtung. Die ratio kommt hier voll und ganz zur Geltung. Der Zweck bestimmt die Mittel, aber die Art der Mittel beeinflußt wieder die Wahl der Zwecke. In diesem Mittel-Zweck-Zusammenhang, ob er nun auf einer Koordination oder einer Subordination der Leistungen beruhe, schreibt jedem persönlichen und sachlichen Wirkungselement seine Position und Funktion vor. Die Wirtschaft als eine Ordnungswirklichkeit begreifen, heißt daher, sie als einen objektiv-realen, funktionellen Zusammenhang verstehen. Hier bleibt dem Wirtschaftsmenschen nichts anderes, als das durch die Situation gebotene Notwendige zu tun. Seine einzige Freiheit ist die, die notwendigen Folgerungen „bewußt" ziehen, sich also rationell verhalten zu können.

Ist Wirtschaft überhaupt nur als eine objektive Ordnungswirklichkeit da, so hätte der *ökonomische Materialismus* recht. Zu Recht bestünde auch die mit ihm eng verbundene rationalistische Wirtschaftsauffassung. Der ökonomische Rationalismus ist die einfache Konsequenz der ordnungswirtschaftlichen Betrachtungsweise. Wer nur ordnungswirtschaftlich denkt, ist sinnotwendig Rationalist. Nach materialistischer Auffassung ist die natürliche und gesellschaftliche Wirklichkeit denn auch ein rational durchsichtiger, gesetzmäßig bestimmter Zusammenhang. Es gibt in der Welt, erklärte *Stalin* in seiner Schrift „Über dialektischen und historischen Materialismus", „keine unerkennbaren Dinge", sondern „bloß Dinge, die noch nicht erkannt sind und diese werden durch die Kraft der Wissenschaft und der Praxis aufgedeckt und erkannt werden". Der Zusammenhang der Erscheinungen zeige — in dieser Sicht kommt die dialektische-materialistische Auffassung zum Ausdruck — eine negative und positive Seite bzw. polare Gegensätze und Widersprüche. Aber der Kampf der Gegensätze liege in der Linie der Zweckmäßigkeit und Zwecknotwendigkeit. Der Kampf zwischen Altem und Neuem, zwischen Absterbendem und sich Entwickelndem ende notwendig mit dem Siege der neuen Ordnung.

Der rationale, dialektische Materialismus steht und fällt mit der Frage, ob sich Wirtschaft überhaupt nur in einer objektiven Ordnungswirklichkeit realisiert. Diese Frage ist zu verneinen. Denn die *Ordnung* selbst, sei es die Rangordnung des Bedarfes oder der ökonomischen Werte oder die Ordnung einer einzelnen Arbeitsverrichtung, muß irgendwie gesetzt oder geschaffen werden. Die Aufnahme einer Arbeit, ob aus freien Stücken unternommen oder befohlen, hat immer eine *Entscheidung zur Voraussetzung*. Selbst eine bloß mechanische Arbeitsverrichtung erfordert, um sie überhaupt zu unternehmen, eine Entscheidung in dieser Richtung. Soll aber sogar ein optimaler Erfolg erzielt werden, so gehört hierzu mehr als eine mechanische Einfügung in den Arbeitsprozeß. Das Beste tun, ist mehr als das Notwendige tun. Das Beste tun kann nur derjenige, der sich aus freiem Willen für seine Aufgabe einsetzt.

Die marxistisch-leninistische Bewegung vertritt, ihrer materialistisch-rationalistischen Gesellschafts- und Wirtschaftsauffassung zufolge, einen ontologischen Determinismus. Die These von *Marx* gilt als unerschütterlich: „Es ist nicht das Bewußtsein der Menschen, das ihr Sein, sondern umgekehrt ihr gesellschaftliches Sein, das ihr Bewußtsein bestimmt." Wenn nun auch später *Engels*, dann *Lenin* und neuerdings *Stalin* den bedeutenden Einfluß der gesellschaftlichen Ideen anerkennen, so zweifeln sie doch nicht im geringsten, daß sich die Denkweise der Menschen notwendig aus ihrer Produktionsweise ergibt. Veränderungen im Arbeitsbewußtsein erfolgen im Anschluß an Veränderungen der Arbeitsverhältnisse. So muß sich mit dem Gemeineigentum an Produktionsmitteln auch ein neues Gemeinschaftsbewußtsein entwickeln.

Warum aber appelliert die marxistische Bewegung dann an den freien Willen der Werktätigen und ihr revolutionäres Pflichtgefühl? Der Arbeiter soll persönlichen Anteil an Arbeit und Werk nehmen und sich zu Leistungen aufschwingen, die in dem Grade und Maße materiell nicht vergolten werden können. Man will, daß der einzelne nicht nur funktioniert, sondern daß er sich voll und ganz für seine Sache einsetzt. In dieser Taktik liegt das Eingeständnis, daß die *Wirtschaft mehr als ein gesellschaftliches Funktionssystem* ist und der einzelne mehr als ein sachlich und unpersönlich wirkender Funktionär. Marxistische Philosophie und marxistische Praxis stehen in Widerspruch zueinander. Die Philosophie lehrt die Determiniertheit des Wirtschaftsbewußtseins durch die objektiven Verhältnisse, die Praxis aber nimmt die persönliche Willensfreiheit als selbstverständlich an.

Lenin hatte 1917 viele Möglichkeiten einer neuen Staats- und Wirtschaftsgestaltung vor sich. Er entschied sich für das Sowjetsystem, das dem Proletariat die Herrschaft sicherte und ihm die Möglichkeit gab, die bestehende Wirtschaftsordnung zu liquidieren. So ist der proletarische Sowjetstaat vor der Änderung der ökonomischen Produktivkräfte und der „ökonomischen Basis" entstanden. Die russische Revolution war, wie *Stalin* in seiner letzten Schrift „Marxismus und Sprachwissenschaft" (Gospolitisdat 1950) selbst erklärt, „eine Umwälzung auf Betreiben der Staatsgewalt mit Unterstützung der großen Masse der Bauernschaft", also „eine Revolution von oben". Die proletarische Staatsgründung war eine schöpferische Tat und keine Arbeitsleistung. Weil aber die russische Revolution nicht aus dem Zusammenhang der Produktivkräfte und Produktionsverhältnisse zwangsläufig hervorging, war sie auch kein voraussehbares und nach Art und Wirkung im voraus berechenbares Ereignis. Nicht nur die sowjetische Alltagspraxis mit ihren das Sowjetvolk „zu schöpferischer Tätigkeit" aufrufenden Aktionen steht somit im Widerspruch zu der eisern festgehaltenen dialektisch-materialistischen Doktrin, sondern die ganze Staats- und Wirtschaftsgestaltung selbst. Die Praxis desavouiert die Theorie. Da nun gerade nach der marxistischen Lehrmeinung die Praxis über Richtigkeit und Wahrheit einer Erkenntnis entscheidet, so müßte die materialistisch-rationalistische Interpretation der Wirtschaftswirklichkeit als unzureichend verworfen werden.

Das ökonomische Dasein äußert sich also, wie wir sehen, nicht nur in einer objektiven Ordnungswirklichkeit, sondern auch — und zwar ursprünglich — in einer *subjektiven Realität* von Entscheidungen und Handlungen. *Die Ordnungswirklichkeit wird von einer Gestaltungswirklichkeit getragen.* Gestalten ist mehr als einrichten, verrichten, arbeiten. Die Begründung einer Wirtschaftsordnung, aber auch die Einleitung jeder wirtschaftlichen Aktionsreihe, jede wirtschaftliche Unternehmung, ist wesentlich Gestaltung.

Die persönlichen und gesellschaftlichen Willensentscheidungen sind freilich weitgehend abhängig von objektiv-realen Verhältnissen. Insoweit hat der ökonomische Materialismus recht. Der wirtschaftende Mensch ist tatsächlich in eine objektive Ordnungswirklichkeit eingefügt, in der ihm wenig Spielraum für persönliche Entscheidungen bleibt. Ähnlich gering ist der Spielraum für die Entscheidungen einer gesellschaftlichen Gruppe. Mag dieser Spielraum aber auch noch so unbedeutend scheinen, er ist da und erweist sich doch als bedeutend genug, um Ordnungen ändern und neue Ordnungen schaffen zu können.

Die Entscheidung für eine neue Ordnung hat die Anerkennung ihrer Höherwertigkeit zur Voraussetzung. Welche Werte liegen solchen Entscheidungen zugrunde? Auf Grund welcher Werte gestaltet sich Wirtschaft überhaupt? Die Untersuchung dieser Frage führt über den ontologischen Problemkreis hinaus. Der Aufweis der Werte, die die Wirtschaftsgestaltung bestimmen, ist das Grundanliegen der *Wirtschaftsethik.*

THEORIE UND WIRTSCHAFTSERFAHRUNG*

Das Wesen der Erfahrung

Die Wirtschaftserfahrung ist so vielfältig wie das Wirtschaftsleben; denn Erfahrung entspringt dem Leben. Der deutsche Ausdruck Erfahrung (wie der lateinische „pervagatio“) weist auf den engen Zusammenhang zwischen Leben und Wissen hin. Erfahrung ist kein abstraktes, spekulatives Wissen, sondern ein konkretes, in Tun und Umtun erworbenes Wissen. Jeder Wirtschafter macht seine Erfahrung auf dem Gebiet, auf dem er tätig ist: der Landwirt, der Forstmann, der Handwerker, der Kaufmann, der Unternehmer, die Hausfrau. Auch der Wirtschaftspolitiker, der für die Durchführung bestimmter Maßnahmen auf einem Wirtschaftsgebiet verantwortlich ist, geht von Erfahrungen aus und gewinnt Erfahrung in der Beobachtung von Erfolg oder Mißerfolg seiner Maßnahmen.

Da die Erfahrung so eng mit dem Leben verbunden ist, füllt und begleitet sie auch das Leben und ist (nach einem Wort Kants) „im Fortgang so unerschöpflich an neuem Unterricht, daß das zusammengekettete Leben aller künftigen Zeugungen an neuen Kenntnissen, die auf diesem Boden gesammtelt werden können, niemals Mangel haben wird“.

Erfahrung kommt nicht bloß dadurch zustande, daß der Verstand „den rohen Stoff sinnlicher Empfindungen bearbeitet“ (Kant). Eine bloß rationale Deutung der Erfahrung genügt nicht. Zu dieser Erkenntnis ist auch schon Kant selbst gekommen. Seine Schüler Fichte, Schelling, Hegel sind auf dem von ihm angedeuteten Wege weitergegangen. Die Haltung, die Grundeinstellung, des Menschen bestimmt die Erfahrungsweise. So erklärt Fichte: „Offenbare mir, was du wahrhaftig liebst, was du mit deinem ganzen Sehnen suchest und an-

* Aus: Schmollers Jahrbuch LXXV, 6, 1955.

strebest und du hast mir dadurch dein Leben gedeutet. Was du liebest, das lebest du. Diese angegebene Liebe eben ist dein Leben, und die Wurzel, der Sitz und der Mittelpunkt deines Lebens. Alle übrigen Regungen in dir sind Leben nur, inwiefern sie sich nach diesem einzigen Mittelpunkt hin richten[1]." Indessen: Ist es nur Liebe, was den Menschen zu seinesgleichen und den Dingen führt und ihn veranlaßt, sich ihnen zu widmen? Sind nicht gerade im Wirtschaftsleben weithin nur materielle Interessen die treibenden Kräfte? Sind nicht auch Pflichtbewußtsein und Gewissen eine sich im Leben und Handeln auswirkende Macht? So müssen wir wohl sagen: Wie der Mensch ist, wie er wesentlich ist, so ist seine Denk- und Erfahrensweise. In diesem Sinne ist Hegel zu verstehen: „Das Prinzip der Erfahrung enthält die unendlich wichtige Bestimmung, daß für das Annehmen und Fürwahrhalten eines Inhaltes der Mensch selbst dabei sein müsse, bestimmter, daß er solchen Inhalt mit der Gewißheit seiner selbst in Einigkeit und vereinigt findet. Er muß selbst dabei sein, sei es nur mit seinen äußerlichen Sinnen oder aber mit seinem tieferen Geiste, seinem wesentlichen Selbstbewußtsein." (Encyklopädie, § 7)

Allein, was heißt „dabei sein"? Das Erfahrungssubjekt ist doch der allseitig, vielseitig tätige Mensch. Darum hat Marx gegenüber Hegel recht: „Hegel macht den Menschen zum Menschen des Selbstbewußtseins, statt das Selbstbewußtsein zum Selbstbewußtsein des Menschen, des wirklichen, daher auch in einer wirklichen, gegenständlichen Welt lebenden und von ihr bedingten Menschen zu machen[2]." Alles reale Wissen kommt aus der Praxis und dient der Praxis. „In der Praxis muß der Mensch die Wahrheit, d. h. die Wirklichkeit und Macht, die Diesseitigkeit seines Denkens beweisen[3]." Unter Praxis versteht Marx menschlich-sinnliche Tätigkeit, genauer gesagt: die zweckrationale Auseinandersetzung des Menschen mit der Natur und der Gesellschaft. Kommt aber alle Erfahrung aus solcher Praxis?

---

[1] Die Anweisung zum seligen Leben oder auch die Religionslehre, erste Vorlesung (1806).

[2] *Marx*, Die heilige Familie oder Kritik der kritischen Kritik (1845). Berlin-Ost 1955, S. 340.

[3] *Marx*, Thesen über Feuerbach, These 2 (1845).

Die Lebensphilosophen des ausgehenden 19. und beginnenden 20. Jahrhunderts suchen Denken und Erfahren, Kenntnis und Erkenntnis aus dem vielfältig angelegten und sich vielfältig objektivierenden Leben zu verstehen. Wilhelm Dilthey spricht von „Lebensbezügen". „Lebensbezüge gehen von mir nach allen Seiten, ich verhalte mich zu Menschen und Dingen, nehme ihnen gegenüber Stellung, erfülle ihre Forderungen an mich und erwarte etwas von ihnen[4]." „Wille, Kampf, Arbeit, Bedürfnis, Befriedigung sind die immer wiederkehrenden kernhaften Elemente, welche das Gerüst geistigen Geschehens ausmachen. Hier ist das Leben selber[5]." Was immer den Menschen umgibt, „wird von ihm verstanden als Leben und Geist, die sich darin objektiviert haben. Die Bank vor seiner Tür, der schattige Baum, Haus und Garten haben in dieser Objektivation ihr Wesen und ihre Bedeutung. So schafft das Leben von jedem Individuum aus sich seine eigene Welt"[6].

Max Scheler weist — hierbei die Brücke zu Fichte, Schopenhauer und Nietzsche schlagend — auf die Bedeutung des Wollens und Wertens für Kenntnis und Erkenntnis hin. „Jede Art intellektiver Soseinserfassung eines Gegenstandes" setzt „ein auf diesen Gegenstand bezogenes emotionales Werterlebnis voraus". „Die Wertnehmung geht stets der Wahrnehmung vorher." Scheler war überzeugt, daß „der je stark oder schwach vorhandene, auf dieses oder jenes Gebiet des Daseins gerichtete Wille zur Herrschaft und Lenkung schon die Denk- und Anschauungsmethoden und damit die Ziele des wissenschaftlichen Denkens mitbestimmt"[7].

Ohne der Frage nach den psychologischen und soziologischen Bedingungen der Erfahrung nachzugehen, ziehen wir das Resumée: Erfahrung ist nicht bloß als Bewußtseinsinhalt, als Wissen zu verstehen.

---

[4] *Dilthey*, Die Typen der Weltanschauung. „Weltanschauung, Philosophie und Religion" in Darstellungen von *Wilhelm Dilthey, Georg Misch, Eduard Spranger* u. a., Berlin 1910, S. 7.

[5] *Dilthey*, Gesammelte Werke, Bd. V, S. 131.

[6] *Dilthey*, Die Typen der Weltanschauung, S. 7.

[7] *Scheler*, Die Wissensformen und die Gesellschaft, Leipzig 1926, S. 122 u. S. 101.

Sie ist grundsätzlich eine Antwort auf die Art, wie wir mit Menschen und Dingen umgehen.

Indem wir mit Menschen und Dingen umgehen, lernen wir sie kennen, und zwar in der Art, wie wir mit ihnen umgehen.

Im Geiste durchschreiten wir alle Möglichkeiten dieses Umgehens mit Menschen und Dingen und alle Möglichkeiten der sich daraus ergebenden Erfahrung. Wir suchen nach Haltepunkten, von denen aus wir jeweils einen wesentlichen Erfahrungsbereich, eine wesentliche Erfahrungsweise erfassen können. Ich glaube, es gibt drei solcher Haltepunkte.

Die Menschen können untereinander und mit den Dingen in einem unmittelbaren, unreflektierten Kontakt leben. In der sinnenhaft-emotionalen Beziehung sind uns Menschen und Dinge unmittelbar anschaulich gegenwärtig und in ihrer Art und ihrem Verhalten verständlich. Aus solchen Beziehungen, Bindungen und Verbindungen erwächst das lebendige Bild, das unser Denken und Handeln bestimmt.

Wesentlich anderer Art ist das sachlich-distanzierte Verhalten. Immer steht hier ein bestimmter Gesichtspunkt zwischen dem Menschen und dem Gegenstand seiner Erfahrung. In sachlich-reflektierendem Umgehen mit Menschen und Dingen lernen wir sie begreifen als das, was sie sind bzw. darstellen. So begreifen wir auch etwas als wirtschaftlich, betriebswirtschaftlich, volkswirtschaftlich, geldwirtschaftlich, verkehrswirtschaftlich usw. Die Gegenstände, um die es geht, erschließen sich also jeweils unter einem bestimmten Leitgesichtspunkt. Wir begreifen nicht unmittelbar, sondern mittelbar, reflektierend.

Dem Menschen geht es nicht nur um die Sache, auch nicht nur um objektive Zweckmäßigkeit, gleichgültig welcher Art die Zwecke sind. Es geht ihm auch um den Sinn der Dinge. Von diesem Sinn erfährt er in verantwortlichem Umgehen mit seinesgleichen und den Dingen. Dies ist ein nicht über Anschauung, Wahrnehmung und Beobachtung führender Erfahrungsweg. Es ist ein Weg der Besinnung.

Der erfahrene Mensch kennt die Dinge und Vorgänge seiner Umwelt; er weiß sie aber auch zu beurteilen. Wonach orientiert er sich dabei, wonach richtet er sich? Wer durch unmittelbaren Umgang mit

Menschen und Dingen zu einem anschaulichen Bild der Wirklichkeit kommt, kann auch nur nach diesem Bilde urteilen. Jedwedes Bild bringt ein Ganzes zur Darstellung. Ein lebendiges Ganzes besteht durch seine innere Ordnung, wird bestimmt durch das ihm innewohnende Maß. Anders urteilt der sachlich eingestellte, sich sachlich gebende Mensch. Er sieht die Dinge und Vorgänge, auch die Menschen, mit denen er umgeht, auf die ihn interessierenden Merkmale an und sucht, was er beobachtet, unter einen allgemeinen Fall oder eine Regel zu bringen. Wer schließlich in verantwortlichem Umgehen mit Menschen und Dingen Einsicht in den Zusammenhang der Verpflichtungen gewinnt, richtet sich nach den Ideen, die dem Ganzen seines Lebens und seiner Arbeit Sinn geben.

Auf Anschauung beruhende Wirtschaftserfahrung

Anschauung wird für die wirtschaftliche und wirtschaftswissenschaftliche Ausbildung als unentbehrlich betrachtet. Warum? Weil die Anschauung in unmittelbarem Kontakt mit den Dingen gewonnen wird, mit denen man sich beschäftigt. Die „äußere Anschauung" beruht auf den Eindrücken, die die Sinnesorgane aufnehmen. So gewinnen wir eine Anschauung von einem zur Hand genommenen Gegenstand, indem wir ihn drehen und wenden. Können wir auf solche Weise auch von wirtschaftlichen Dingen eine Anschauung bekommen? Wir sehen die Waren auf dem Ladentisch, das Werkzeug in der Werkstatt des Handwerkers, die Maschinen in der Fabrik. Wir sehen den Mann am Fließband und die Arbeiter auf dem Felde. Allein aus dieser äußeren Anschauung erfahren wir nichts über den Zweck und die Bedeutung, also auch nichts über die wirtschaftlichen Beziehungen und Verhältnisse. Erst in der „inneren Anschauung" wird uns auch das Unsichtbare gegenwärtig. „Erst das geistige Auge findet Zusammenhänge zwischen dem Sämann auf dem Acker und Haus und Hof, Stall und Scheune, Anbau und Nahrungsbedarf[8]." Die Wirtschafts-

[8] *H. Linhardt*, Anschaulichkeit der Wirtschaft und Anschauungsmittel der Wirtschaftswissenschaft, Betriebswirtschaftliche Forschung und Praxis, 1955, S. 3.

anschauung beruht auf äußerer und innerer Anschauung. Sie ist wesentlich eine Funktion der Einbildungskraft.

Das Wirtschaftsbild

Das Vorstellungsbild, das uns in unmittelbarem Umgang mit Menschen und Dingen wird, ist kein bloßes Abbild dieser Wirklichkeit. Es findet sich darin mehr, aber auch weniger, als sich der Anschauung bietet. Weniger, weil im Vorstellungsbild nur das für das anschauliche Verständnis Wesentliche zusammengefaßt wird, und mehr, weil das Vorstellungsbild auch die in der äußeren Anschauung nicht gegebenen geistigen Zusammenhänge darstellt.

Das Vorstellungsbild ist nicht bloß subjektiver Bewußtseinsinhalt. Durch seine Gegenständlichkeit ist es in die Sphäre objektiven Geistes erhoben, so daß nicht nur derjenige, der es in seinem Bewußtsein hat, dazu Stellung nehmen und es mit anderen Vorstellungsbildern vergleichen kann. Gleiches ist auch den Mitmenschen möglich, sofern das Vorstellungsbild sprachlich objektiviert oder sonstwie dargestellt wird.

Die Gegenständlichkeit des Vorstellungsbildes ermöglicht aber nicht nur eine wechselseitige Verständigung über den Vorstellungsinhalt, sondern zugleich auch die Weitergabe des Erfahrungsbildes an die Nachkommen, an die nachfolgenden Generationen.

Das Wirtschaftsleben bildet und gestaltet sich weithin nach Vorstellungsbildern. Dabei ist es gar nicht einmal erforderlich, daß sich jeder Wirtschafter immer wieder ein Bild von seiner Umwelt und seinen Aufgaben macht. In der Regel wird ihm das Bild zugetragen. Jeder wächst ja in einem bestimmten Bild seiner Umgebung auf. Überkommene Bilder fließen unmerklich zusammen mit eigenen Vorstellungen. So glaubt der Wirtschafter schließlich, im Bilde zu sein. Er weiß aus Anschauung, aus anschaulicher Erfahrung, was zum Leben, zur Arbeit, zur Besorgung und Versorgung gehört. Hat er doch so oft — mit Hand anlegend — gesehen und zugesehen, wie gesät und gepflanzt, wie gemäht und geerntet wird, wie Tiere aufgezogen und gepflegt werden, wie ein Stoff geschnitten und genäht, wie ein Werkzeug, eine Maschine verwendet wird. Das aus eigener Anschauung kommende Wissen wird reicher und mannigfaltiger im Umgang mit den Mitmenschen, besonders mit denjenigen, die sich in den Dingen auskennen, die als Meister im Bilde sind.

Die anschaulichen Gegebenheiten werden unmittelbar verstanden und zwar auf Grund des Kontaktes, der mit ihnen besteht. In solch unmittelbarem Kontakt entwickelt sich ein ebenso unmittelbarer Sinn, ein Gefühl für das Wesen der Dinge. Nicht nur Menschen können wechselseitig in Kontakt kommen. Es gibt auch einen lebendigen Kontakt zwischen dem Menschen und seiner nächsten Umwelt, der Heimat, der Landschaft und allem, was zum Leben gehört. Menschen und Güter gehören zusammen, sind füreinander da: das ist eine Grunderfahrung! Uralt ist das Bild von dem Hirten, der seine Herde hütet und in der Gefahr für sie mit Leib und Leben einsteht. Uralt und vertraut ist das Bild des Bauern, der auch noch im Tode mit seinem Gut, mit seiner Erde, verbunden sein möchte. Der polnische Dichter W. S. Reymont hat uns in seinem großen Bauernroman das eindrucksvolle Bild des alten Bauern Boryna vor Augen gestellt, den es in seiner nächtlichen Sterbestunde nicht in der dumpfen Stube hielt, den es auf seinen dunklen Acker trieb: „Die von tiefstem Schlummer umfangenen Felder atmeten leise raunend, wie von einem Widerhall der Tagesmühen und Sorgen durchzuckt, so atmet die Mutter, wenn sie sich inmitten ihrer Kinder niedergelegt hat, die vertrauensvoll an ihrer Brust schlummern. Boryna kniete auf dem Ackerbeet nieder und fing an, in das ausgebreitete Hemd Erde aufzunehmen, als wäre es Saatkorn aus einem bereitgestellten Sack, bis er, nachdem er soviel Erde zusammengescharrt hatte, daß er sie kaum schleppen konnte, sich emporrichtete, das Zeichen des Kreuzes machte. den Schwung des Armes versuchte und zu säen anfing ... Er beugte sich unter der Last etwas vor und ging langsam Schritt für Schritt, die Erde über die Ackerbeete mit einer segnenden Gebärde im Halbkreis aussäend ... Und Boryna ging, in die wundermächtige Welt der Frühlingsnacht hinausstarrend, lautlos über die Ackerbeete dahin, wie ein Gespenst, das jede Scholle, jeden Halm segnete, und er säte, säte unermüdlich immerzu[9]."

---

[9] *Reymont*, Die polnischen Bauern, deutsch: Jena 1923, Bd. III, S. 431.

Im Wirtschaftsbild ist dem Menschen die Wirtschaftswirklichkeit unmittelbar gegenwärtig. Darum auch der Kontakt mit dem Bilde selbst. Auf dieser gefühlsmäßigen Beziehung beruht die Anziehungskraft des Vorstellungsbildes und darauf wieder dessen Einfluß auf Lebensgestaltung und Wirtschaftsbildung. Das Schreckensbild der in Eis und Schnee erstartten Erde hat die ersten Menschen veranlaßt, für die Wintermonate vorzusorgen und Vorräte zu sammeln. Vom Wirtschaftsbild gehen starke Energien aus. Das Bild eines lebendigen, von Geschäftigkeit und Arbeit erfüllten Wirtschaftsbetriebes ist eine stete Freude für Betriebsleiter und Betriebsangehörige, ist Ansporn zu erhöhter Tätigkeit.

In Zeiten, in denen die Tradition in Ehren steht, ist das Bild vergangener Wirtschaftsformen das auch die Gegenwart beherrschende Leitbild. Noch lange nach der Entwicklung des Industriesystems hat die Handwerkerschaft die Wiederkehr mittelalterlicher Ordnungen und Formen ersehnt. Erscheint hier die Vergangenheit nachahmungswürdig, so suchen andere in der Zukunft das große und bedeutende Vorbild. Alle Utopien sind durch visionäre Zukunftsbilder, die die Massen mehr anziehen als abstrakte Ideen, gekennzeichnet. Beispielhaft ist die „prophetische" Voraussage des deutschen Sozialisten Wilhelm Weitling: „Wir stehen am Vorabend wichtiger Begebenheiten, der wichtigsten, die je die Erde gesehen. Ein neuer Messias wird kommen, um die Lehre des ersten zu verwirklichen. Er wird den morschen Bau der alten gesellschaftlichen Ordnung zertrümmern, die Tränenquellen in das Meer der Vergessenheit leiten und die Erde in ein Paradies verwandeln. Er wird mit allen gemeinschaftliche Sache machen und auf jedes materielle Vorrecht verzichten. Die Gewalt aber, die ihm verliehen, wird er nicht eher aus den Händen lassen, bis das kühne Werk vollendet ist. Dann wird der Wille des einzelnen nicht mehr über die Gesellschaft herrschen, sondern der Wille aller. Und der größte Messias wird in stiller Bescheidenheit sich dieser neuen Herrschaft fügen. Dies wird die Krone seines Wirkens sein, und alle Welt wird daran den zweiten Messias erkennen, größer als der erste." („Garantien der Harmonie und Freiheit", 1842).

Die menschilche Einbildungskraft ist schier unerschöpflich in ihren Vorstellungen. Daher kann diesen sehr leicht die Beziehung zum

Leben, zur Wirklichkeit fehlen. Das ist bei utopischen Vorstellungen der Fall. Sie gehen über alles Maß hinaus. Ohne Maß aber läßt sich nichst bilden.

Das Erfahrungsmaß

Berufen wir uns im Wirtschaftsleben auf die Anschauung, so meinen wir nicht eigentlich die Anschauung selbst, sondern die im anschaulichen Bilde erfaßte Ordnung der Dinge. Der Sinn für diese Ordnung und das ihr innewohnende Maß ist eine natürliche Gabe. In dauernd engem Kontakt mit der Umwelt wird dieser Sinn schärfer, zuweilen wie hellsichtig. Erfahrene Landwirte brauchen nur die Erde in der Hand zu krümeln, und sie kennen ihre Güte. Sie sehen an der Saat, wie das Korn reifen wird. Erfahrene Handwerker haben ein untrügliches Gefühl für alle Art Stoffqualität. Aufschlußreich ist die Äußerung eines Papier-Fachmannes: „Wenn wir ehrlich sind, müssen wir sagen, daß es, wie einst so auch heute, noch Papiermacher genug gibt, die aus ihrer jahrelangen Verbundenheit mit dem ihnen bekannten und dennoch ständig neue Fragen aufgebenden Stoff in sich ein ganz bestimmtes und sicheres ‚Papiergefühl' entwickelt haben. Es führt sie etwa bei der Mahlung oder bei der Wahl der Stoffverdünnung durchaus sicher und richtig, wenngleich sie sich vielleicht nicht immer über die Gründe ihrer Handlungsweise Rechenschaft ablegen können. Innige Verbundenheit mit einer Tätigkeit vermittelt eben eine Art von Instinkt[10]."

Wer nach dem erfahrenen Maß der Dinge lebt, geht den Weg, der ihm nach dem Ganzen der Ordnung zugewiesen ist. Sein Leben ist in Ordnung. So hat es schon Laotse gewußt: „Gestaltet man danach sein Ich, so zeigt sich seines Lebens Echtheit. Gestaltet man danach sein Haus, so zeigt sich seines Lebens Fülle. Gestaltet man danach seine Gegend, so zeigt sich seines Lebens Wachstum. Gestaltet man danach sein Land, so zeigt sich seines Lebens Blüte." (Tao Te King, Sinnspruch 54.)

Die Frage nach dem Maß ist die Grundfrage des Menschen, dessen Lebens- und Wirtschaftserfahrung vornehmlich auf einem unreflek-

[10] Allgemeine Papier-Rundschau, Frankfurt a. M., Jahrgang 1955, S. 626.

tierten Umgehen mit den Dingen, auf Anschauung und bildhafter Vorstellung beruht. Hat sich ein so bestimmtes Erfahrungsurteil durch Jahrzehnte oder Jahrhunderte als richtig erwiesen, so ist kein Grund vorhanden, von der maßgebenden Vorstellung zu lassen. Warum auch von einem Bilde abgehen, wenn man im Bilde ist?

Ist man aber wirklich im Bilde? Es mag sein im Hinblick auf die engere Umwelt, in der man lebt und in der man jeden Baum und jeden Strauch von Kindheit an kennt. Wie aber steht es mit der Welt da draußen? Wie verhält sich der Mensch zu Dingen, mit denen er nicht in Kontakt lebt? Das Fremde fällt aus dem Rahmen des Vertrauten. Freilich, dies und jenes an den fremden Dingen interessiert, ist bemerkenswert. Indem sich aber hierauf der Blick richtet, öffnet sich bereits ein neues Tor der Erfahrung.

Es zeugt von geistiger Freiheit, wenn sich der Mensch den Inhalt des Erlebten anschaulich-bildhaft zur Vorstellung bringt und wenn er dieses Bild, mannigfach bereichert und vertieft an die nächste Generation weitergibt. Indessen zeugt es auch von geistiger Freiheit, wenn er sich auf Grund häufig erlebten Widerstreites zwischen Erfahrungsbild und Erfahrungswirklichkeit von traditionellen Vorstellungen löst. Vielleicht wecken neue Erlebnisse und Erfahrungen auch neue Vorstellungsbilder. Dies aber wäre nur möglich, wenn er auch mit der veränderten Wirklichkeit in Kontakt bleiben, sich in sie einfühlen und sie in dem Maß der neuen Ordnung erleben und verstehen könnte. Vielleicht ist dies aber nicht der Fall. Dann ist ihm die Fähigkeit gegeben, sich aus dem engen anschaulichen Erfahrungskreis herauszuheben und sich sachlich auf das Andere, Fremde, Neue einzustellen.

Auf Beobachtung beruhende Wirtschaftserfahrung

Vielerlei kann unser sachliches Interesse an Gegenständen hervorrufen und uns zu sachlichem Verhalten veranlassen. So sind auch die Bedingungen einer sich daraus herleitenden Erfahrung höchst mannigfaltig. Sie zu erforschen, ist eine besondere Aufgabe der Wissenssoziologie; denn es sind im allgemeinen Veränderungen des gesellschaftlichen Lebens, die den Menschen auf einen sachlich bestimmten Gegenstand, wie z. B. auf ein begrenztes Arbeitsgebiet drängen.

Das sachliche Verhalten ist mit der Ausrichtung auf bestimmte Gegenstandsmerkmale verbunden. Die sinnliche Auffassung eines Gegenstandes aus sachlich-interessierter Einstellung ist Wahrnehmung. Wie bei der Anschauung unterscheiden wir auch hier zwischen äußerer und innerer Wahrnehmung. In jedem Fall werden durch die Wahrnehmung bestimmte Gegenstandsmerkmale aufgenommen. Verhalten wir uns weiter wahrnehmend, indem wir ein Grundmerkmal im Auge behalten, so bezeichnen wir diese sinnlich-geistige Tätigkeit als Beobachtung. Wahrnehmung und Beobachtung sind auf den Begriff angelegt.

Der Begriff ist eine Vorstellung, durch die wir uns einen Gegenstand in seinen Merkmalen zu Bewußtsein bringen. Bemerkenswert ist aber etwas nur unter einem bestimmten Gesichtspunkt. Soll der Gegenstand „als solcher" begriffen werden, muß der Gesichtspunkt durch den Gegenstand selbst gefordert sein. Es ist also schon richtig, wie Marx sagt: „Es genügt nicht, daß der Gedanke zur Verwirklichung drängt, die Wirklichkeit muß sich selbst zum Gedanken drängen[11]." In diesem Zusammenhang ist auch Arnold Toynbee's Begriff der „successive challenges", der Herausforderung, am Platze. Sachlich-rationales Verhalten wird in der Tat immer irgendwie durch Dinge, Verhältnisse und menschliche Verhaltungsweisen herausgefordert.

Der Wirtschaftsbegriff

Sachlich denken heißt nicht den Gegenstand als Sache begreifen, sondern heißt ihn so fassen, wie er „als solcher", d. h. als Subjekt oder als Objekt, zu begreifen ist. Wie wollte man zu einem angemessenen Begriff der gesellschaftlichen Lebenswirklichkeit, also auch des Wirtschaftslebens kommen, wenn man nicht dem subjektiven Dasein sein Recht geben würde! Beobachten wir die Menschen einer gesellschaftlichen Gruppe in dem ihnen eigenen subjektiven Verhalten, so ist das nur auf die Weise möglich, daß wir mit ihnen Kontakt suchen. Die unter solchen Bedingungen, d. h. in Mitleben und Miterleben erfolgende Beobachtung ist „teilnehmende Beobachtung". Der sich daraus

[11] *Marx*, Zur Kritik der Hegelschen Rechtsphilosophie (1844), Berlin-Ost 1955, S. 21.

ergebende Begriff ist ein „anschaulicher Begriff" und die daraus entwickelbare wissenschaftliche Theorie „anschauliche Theorie".

Der anschauliche Begriff hat mit der Bildvorstellung die konkrete Inhaltlichkeit gemein. Die Mannigfaltigkeit der gesellschaftlichen Lebenswirklichkeit, die Einzigartigkeit einer Situation, die Besonderheit eines wirtschaftlichen Lebensstils wird durch den anschaulichen Begriff erfaßt. Andererseits ist er doch auch Begriff und daher auf Allgemeines bezogen. In den anschaulichen Begriff können daher sehr wohl zahlenmäßig bestimmte Merkmale aufgenommen werden.

Die menschliche Lebenserfahrung beruht wesentlich auf anschaulichen Begriffen und den daraus gezogenen Folgerungen. Eingeschlossen ist die historische Erfahrung. Die „Beobachtung der gesamtgeschichtlichen Manifestation der Volkswirtschaft" (Karl Knies) erweitert den geistigen Horizont des wirtschaftlich tätigen Menschen.

Wir unterscheiden direkte und indirekte anschauliche Begriffe, je nachdem, ob sie sich auf die Erfahrungswirklichkeit selbst oder auf die schon durch Wahrnehmung und Beobachtung gewonnenen Erfahrungsbegriffe beziehen. In letzterem Falle sprechen wir von „anschaulichen Konzeptionen" (H. Linhardt). Das Bild dient hier dem Begriff. So dient das Bild des Organismus dem Verständnis der Sozialgebilde, das Bild des Blutkreislaufes dem Verständnis des volkswirtschaftlichen Geld- und Güterstromes.

Im Wirtschaftsleben haben wir es aber überwiegend mit Dingen zu tun, die in ihren Beziehungen und Verhältnissen sachlich-objektiv zu begreifen sind. Nehmen wir den Fall einer einfachen Marktbeobachtung! Auf dem Wochenmarkt sehen wir die Verkäufer in ihren Ständen, die Waren auf den Tischen und die Preise auf den Preistafeln ausgezeichnet. Wir sehen die Masse der Käufer und beobachten das Hin- und Hergewoge auf dem Platz, den guten, mäßigen oder schlechten Absatz der Waren; wir sehen, was in die Taschen der Hausfrauen wandert und welche Waren auf den Auslagetischen zurückbleiben und wieder abgefahren werden. Dabei können uns im einzelnen die Preisverhältnisse, die angebotenen und nachgefragten Mengen und dergleichen quantitativ feststellbare Dinge interessieren. Mit der bloßen Beobachtung werden wir uns freilich nicht begnügen. Wir suchen zu einem Begriff zu kommen, der auf die verschiedentlich und zu verschiedener Zeit beobachteten Dinge und Verhältnisse zutrifft, und damit ein Urteil zu gewinnen, das uns als sachverständig ausweist.

Der Erfahrungstypus und die Erfahrungsregel

Ein Gegenstand ist erst begriffen, wenn seine Merkmale nicht als zufällige, sondern als notwendige Attribute erfaßt werden. Es müssen also Merkmale sein, die den Gegenstand, so wie er sich der Beobachtung zeigt, konstituieren. So erfahren wir, was den Gegenstand ausmacht, zugleich aber, was aus ihm gemacht werden kann. Adam Smith hatte ganz recht: Die Konzentration auf die Sache selbst führt zur Entdeckung der in ihr liegenden Möglichkeiten. „Es ist viel wahrscheinlicher, daß man leichtere und bequemere Methoden, eine Sache zu erreichen, dann entdeckt, wenn die ganze Aufmerksamkeit auf diese einzige Sache gerichtet ist, als wenn sie an eine große Mannigfaltigkeit von Dingen zerstreut wird." Scharfe Beobachtung regt den Erfindungsgeist an. „Gar viele Maschinen", sagt Smith, „waren ursprünglich Erfindungen gemeiner Arbeitsleute, die mit irgendeiner sehr einfachen Operation beschäftigt waren und natürlich ihre Gedanken darauf richteten, leichtere und bequemere Herstellungsarten herauszubringen."

Bekanntlich machen sich heute viele Betriebe diese Erfahrungen zunutze, indem sie ihre Gefolgschaft zu praktischen Verbesserungsvorschlägen ermuntern. Wer bei sachlichem Umgehen mit den Dingen störende Einzelheiten bemerkt, fragt sich, wie sie beseitigt werden können, wie man zweckmäßiger verfahren kann. Voraussetzung ist, daß sich die beobachteten Dinge und Vorgänge nicht zufällig, sondern bei der Sache selbst zeigen und sich infolgedessen unter gleichen Bedingungen auch wieder erkennen lassen. Selbst wenn aber Zufälligkeiten eine Rolle spielen, erwartet man doch, daß sich in der Masse der Einzelheiten oder Einzelfälle eine (statistische) Regelmäßigkeit zeigt.

Die an einem Gegenstand beobachteten Merkmale brauchen diesen nicht allein zu charakterisieren; sie können zugleich repräsentativ für eine Gruppe von Erscheinungen sein. Der Gegenstand erscheint dann als typisch. Das wirtschaftliche Verhalten der Menschen wird in weitem Umfang durch die Vorstellung des Typischen bestimmt. Der Kaufmann weiß nicht, was alle möglichen Kunden wünschen oder verlangen werden; wohl aber kann er aus Erfahrung wissen, was jeweils typisch verlangt wird.

Der erfahrene Wirtschafter kennt die typischen Symptome des Marktwechsels. Langjährige Beobachtung hat ihn gelehrt, auf bestimmte Symptome besonders acht zu geben. So ist er in der Lage, sich den Veränderungen nicht nur anzupassen, sondern sich auch im voraus auf den sich vorbereitenden Wechsel einzustellen. Je schärfer und sicherer die Beobachtung der vergangenen und gegenwärtigen Verhältnisse, um so sicherer ist die Voraussicht.

In sachlichem Umgang mit Menschen und Dingen entwickelt sich eine Erfahrung, die die Bedingung allgemein zweckmäßigen Verhaltens ist. Allein, wie der Mensch mit den Dingen umgeht, so wird er auch wieder von ihnen geprägt. So hat sich der Typ des Bauern, des Handwerkers, des Unternehmers gebildet. Damit ist der Ausgangspunkt auch für jeweils typische Erfahrungen gegeben.

Der Bauer folgt heute noch erprobten Erfahrungsregeln. Wie Herbert Köhler feststellt, gibt es „eine große Zahl von Bauernregeln, deren Richtigkeit von den wissenschaftlichen Erkenntnissen unserer Tage bestätigt wurde — Zeugnisse für das unverdorbene Naturgefühl und für die scharfe Beobachtung der alten Bauern“[12]. Beispiele solcher Bauernregeln: „Frühsaat ist besser als Spätsaat. Frühe Saat hat nie gelogen, allzu spät hat oft getrogen. Früh bestellt und früh gefreit, hat noch niemanden gereut. Wer die Zeit der Saat verschläft, braucht in der Ernte nicht zu schwitzen. Wie du wirst säen, so wirst du mähen.“ Die Erfahrung lehrt, daß Ordnung in Haus und Hof zu rechter Wirtschaft gehört. Indessen: „Ordnung machen ist nicht schwer, Ordnung halten aber sehr.“ „Jedes Ding an seinem Ort, spart viel Zeit und böses Wort.“ Der Bauer weiß auch aus Beobachtung, aus Erfahrung: „Wintert es nicht, so sommert es nicht. Januar muß

---

[12] *H. Köhler*, Erst besinn's, dann beginn's. Alte Bauernregeln — neu gesehen, Verlag R. Oldenbourg, München und Düsseldorf, 3. Aufl., 1953, S. 9, S. 19 ff. u. S. 67.

krachen, soll der Frühling lachen. Januar hart und rauh, nützt dem Getreidebau. Auf harten Winters Zucht folgt gute Sommerfrucht. Ist der Winter warm, wird der Bauer arm. Ein Winter ohne Schnee, tut Bäumen und Feldern weh. Wächst das Korn im Januar, wird es auf dem Markte rar."

Wie der Bauer, kennt auch der Handwerker, der Kaufmann, der Unternehmer gewisse Erfahrungsregeln, nach denen er sich in seiner Arbeit, in seinem Umgang mit Menschen und Dingen richtet. Es sind Regeln der Stoffbearbeitung und -verarbeitung, Regeln des Geschäftsverkehrs, Regeln des Rechnens und Berechnens, der Kalkulation und der Buchführung. Solche Regeln, einmal gefunden und in der Praxis bewährt, bilden das unentbehrliche Richtmaß und Rüstzeug des sachlich-rational denkenden Wirtschafters. Selbst in der modernen Industriewirtschaft erfolgen Materialauslese und -zusammensetzung noch vielfach nach bewährten Erfahrungsregeln. Eine besondere Rolle spielen solche Regeln im Verbraucherhaushalt. Die Kochbuchrezepte sind Anweisungen nach bewährten Regeln der Kochkunst.

Es ist nun freilich zweierlei, richtig zu beobachten und aus den Beobachtungen die richtigen Schlußfolgerungen zu ziehen. Meistens genügt, zu wissen, daß etwas so ist, sich so oder so verhält und voraussichtlich verhalten wird. Kennt man aber die Ursachen der beobachteten Abhängigkeiten nicht, so ergeben sich leicht falsche Schlußfolgerungen. Ein Beispiel für eine zwar richtige Beobachtung, jedoch falsche Schlußfolgerung: Im zaristischen Rußland erforschte Professor Kostytschew die Ursache der fortschreitenden Versteppung landwirtschaftlich genutzten Bodens. Er ließ sich von den Bauern aufs Feld führen und die Saat zeigen. „Hier wird die Ernte gut sein", sagte ein Bauer; „das kann man daran sehen, daß hier das Unkraut üppig wächst. Unkraut wächst nur dort, wo der Boden besonders gut ist." Kostytschew wußte auf Grund seiner wissenschaftlich-methodischen Untersuchung, daß der Bauer zwar richtig beobachtet hatte, jedoch Ursache und Wirkung verwechselte. „Das Unkraut gedeiht dort nicht deshalb, weil der Boden besonders gut ist, sondern der Boden ist dadurch besser geworden, weil das Unkraut auf ihm wächst. Dieses Unkraut hat nämlich hohe, feste Stengel. Diese liegen im Winter auf der Erde, und der Schnee sammelt sich um sie. Auf der ebenen Steppe bilden sich bei Schneetreiben an jedem einzelnen Grasbüschel eine Schneewehe. Und überall, wo im Winter etwas mehr Schnee liegen bleibt, ist im Frühling die Erde feuchter. Also wird an der Stelle, wo das Unkraut wächst, das Getreide besser stehen[13]."

Die Erfahrungen vieler Generationen von Ackerbauern reichten nicht hin, sachlich richtige Maßnahmen zum Schutz ihrer Äcker zu treffen. Erst eine methodisch betriebene *wissenschaftliche* Untersuchung führte zur Erkenntnis der Ursachen der beobachteten Vorgänge.

Sachliche Erfahrung lehrt nicht nur, wie etwas zu tun ist, wie das Feld zu bewirtschaften, der Stoff zu bearbeiten und die Ware zu verkaufen ist. Sie lehrt auch, zumal wenn wir auch die geschichtliche Erfahrung heranziehen, was wir tun müssen, wenn wir als Wirtschafter in dieser oder jener Situation bestehen wollen. Die Geschichte wiederholt sich nicht, so daß wir auch nicht erwarten dürfen, in genau die gleiche Situation zu geraten, wie sie einmal bestanden hat. Immerhin ist es lehrreich zu wissen, wie sich die Menschen in ähnlichen Situationen verhalten haben und wie sich ihr Verhalten gesellschaftlich, politisch, wirtschaftlich ausgewirkt hat. In diesem Sinne gibt die geschichtliche Erfahrung eine Warnung dem Unbedachten, eine Ermunterung dem Wagenden.

„Wer nichts kennt als seine Gegenwart, ist selbst bezüglich dieser Gegenwart dem Kurzsichtigen zu vergleichen, der die Gegenstände seiner Umgebung nur wie durch einen Schleier wahrnimmt; die geschichtliche Kenntnis des Vorlebens dieser Gegenwart fungiert für ihn wie eine Brille, durch deren Gebrauch er die Gesichtszüge der Menschen und Formen und Farben aller Gegenstände erstmals genau erkennt[14]."

Was immer aus sachlich-rationaler Erfahrung getan wird, findet seinen gegenständlichen Ausdruck in entsprechend sachlich-rationalen Verhältnissen, Ordnungen und Institutionen. So sind die modernen Markt-, Unternehmungs- und Gesellschaftsformen auf dem Boden

---

[13] *M. Iljin,* Besiegte Natur. Deutsche Übersetzung, Berlin-Ost 1951, S. 35/36.

[14] *Karl Knies,* Die Politische Ökonomie vom geschichtlichen Standpunkte, 2. Aufl., Braunschweig 1883, S. 492.

praktischer Erfahrung entstanden. Das Genossenschaftswesen ist von Praktikern begründet worden, die aus eigener Anschauung, Wahrnehmung und Beobachtung die Arbeits- und Lebensverhältnisse der Bauern und kleinen Gewerbetreibenden kannten und aus solcher Sachkenntnis Mittel und Methoden der Förderung und Abhilfe fanden. Durch die Aufnahme und Verwertung wissenschaftlicher Erkenntnisse ist es zu tiefgreifenden Wandlungen insbesondere der Produktionstechnik gekommen. Alles ist bewußt geworden. Die Wirtschaft wächst nicht mehr in der Art eines natürlichen Lebensgebildes, sondern sie wird bewußt geordnet und gelenkt. Aus solch konstruktivem Willen entsteht ein Wirtschaftssystem. Jedwedes Rationalsystem hat, ob individualistisch oder kollektivistisch begründet, seine eigene Regelhaftigkeit. Natürlich sind die Erfahrungen, die im Rahmen der verschiedenen Systeme gemacht werden, auch verschiedener Art. „Eine" Erfahrung aber scheint mit jedem Wirtschaftssystem verbunden zu sein: die Erfahrung sachlicher Abhängigkeit. Der Mensch gerät in den Bannkreis sachlicher Notwendigkeiten, Betriebsnotwendigkeiten, Marktnotwendigkeiten, Notwendigkeiten der Planerfüllung. Warum muß der Wirtschafter solchen System-Notwendigkeiten folgen? Weil anders das System nicht funktionsfähig ist, nicht funktionieren kann.

Die sachlich-rationale Organisation fordert die Unterordnung des Menschen unter einen sachlichen Zweck. Die Arbeit erhält den Charakter einer zwangsläufigen Verrichtung. Wie fern ist man nun von einem unmittelbaren, lebendigen Kontakt mit Arbeit und Werk! Der Mensch empfindet den Betrieb als Zwangsorganisation. Ohne Freude an der ihm zugewiesenen Aufgabe, verliert er die Lust an der Arbeit. Dadurch wird nun zweifellos die Funktion des Systems beeinträchtigt. So ist die Wirtschafts- und Betriebsführung in jedem Rationalsystem bestrebt, durch materielle Mittel und anderweitige Maßnahmen Befriedigung zu schaffen. Man studiert den Menschen in seiner Gruppe, an seinem Arbeitsplatz, um zu erfahren, unter welchen Bedingungen eine den Arbeiter befriedigende Ordnung hergestellt werden kann.

Der Wille, Kontakt zu suchen und den „human relations", den menschlichen Beziehungen im Betrieb, Entwicklungsmöglichkeit zu geben, ist ein fundamentales Ziel der modernen Betriebsführung. Indessen steht die allbeherrschende Sachlichkeit echter Kontaktbildung entgegen. Der in sachlich-abhängiger Stellung befindliche Arbeiter empfindet solche sachlich motivierte Kontaktsuche wohl als Mache, wenn nicht gar als Schwindel. Was bezweckt man denn? Ein besseres Betriebsklima, gesteigerte Produktivität, intensivere Arbeitsleistung, größere Arbeitsergiebigkeit, am Ende also höhere Wirtschaftlichkeit und Rentabilität! Dergleichen ist jedoch nicht das, was der Arbeiter will, wenn er mehr Menschlichkeit im Betrieb fordert. Er weiß freilich: Im modernen Betrieb ist kein Raum für Allzumenschliches, für Wünsche, Neigungen, Stimmungen. Allein, er will nicht nur sachlichen Zielen und Zwecken unterworfen sein, er will als Mensch gewertet und behandelt sein.

Auf Besinnung beruhende Wirtschaftserfahrung

Arnold Toynbee hat in gewissem Sinne recht: Die Menschen sind durch Herausforderungen der natürlichen und gesellschaftlichen Umwelt zu fortschrittlicher kultureller Tätigkeit veranlaßt worden. Wir müssen genauer sagen: zu einer sachlich-rationalen Tätigkeit. Denn der Mensch kann auch in eine Situation geraten, die ihn in keiner Weise herausfordert und dennoch bewegt, sich anders zu verhalten. Was kann ihn bewegen? Das Erlebnis eines Widerstreites zwischen äußerem und innerem Dasein. In diesem Falle scheint der Mensch aufgerufen zu sein, über den äußeren Herausforderungen sich selbst nicht zu vergessen. Vernimmt er diesen Ruf, so ist dies schon ein Akt der Besinnung, der Selbstbesinnung. Der Weg der Besinnung ist der Weg einer neuen Erfahrung.

Die Wirtschaft ist mehr als jedes andere Lebens- und Kulturgebiet in das äußere gesellschaftliche Dasein gebunden. Wirtschaftliche Interessen sind materielle Interessen. Niemand bestreitet jedoch Möglichkeit und Tatsächlichkeit eines nicht nur von materiellen Interessen bestimmten Verhaltens. Es gibt ein verantwortliches Umgehen mit Menschen und Dingen. Der verantwortlich handelnde Mensch folgt nicht äußeren Interessen, sondern dem innerlich vernommenen Aufruf, so zu handeln, daß er vor sich selbst bestehen kann. Ohne diese bewußte oder unbewußte Beziehung auf sich selbst ist Selbstverantwortung nicht denkbar.

Die Vernunft ist das seelisch-geistige Organ, das den Menschen befähigt, sich auf sich selbst besinnen, sich seiner selbst gewiß werden zu können. Was in gewöhnlichem Sprachgebrauch Vernunft genannt wird, ist in der Regel ratio, Verstand. Wirtschaftliche Vernunft walten lassen, hieße dann einfach, zweckrational denken und handeln. Solche Deutung widerspricht jedoch dem eigentlichen Wortsinn und dem Sprachgefühl.

Das Gewißwerden unseres Selbstseins ist das Gewissen. In jeder kulturschöpferischen, wert- und sinnerfüllten Tätigkeit ist der verantwortliche, gewissenhafte Mensch am Werk. Wirtschaftliche Gewissenhaftigkeit bezeugt sich durch die Erfüllung und Verwirklichung des in der Wirtschaft liegenden Sinnes.

Wir sind heute beinahe gewohnt, nur nach Mittel und Zweck zu fragen. Zweckmäßigkeit, auch objektive Zweckmäßigkeit braucht jedoch noch nicht sinnvoll zu sein. Für eine privatkapitalistische Unternehmung mag es durchaus rentabel sein, Warenvorräte zu vernichten, anstatt sie zu niedrigem Preise auf den Markt zu bringen. Wäre solch ein Verhalten aber zu verantworten? Ist es Menschen und Gütern gegenüber zu verantworten?

Die Wirtschaftidee

In verantwortlichem Umgehen mit Menschen und Dingen werden wir uns der Verpflichtung bewußt, die wir jeweils zu tragen haben. Um welche Verpflichtung handelt es sich im Wirtschaftsleben? Was verpflichtet den gewissenhaften Wirtschafter? Es kann nur etwas sein, das an sich selbst Wert hat, das aus sich selbst Forderungen stellen kann. Der uns in der Wirtschaft durchgängig verpflichtende Grundwert ist der Sinn der Güter, die Idee des Gutes.

Wenn wir von dem Sinne der Wirtschaft sprechen, meinen wir nicht ihren Zweck. Wir denken nicht an den subjektiven Zweck der Lebensbedarfsbefriedigung oder an den objektiven Zweck der Ertragserzielung, noch auch an das Ziel dauernden Einklangs von Bedarf und

Deckung. Der Sinn der Wirtschaft ist ein Vernunftbegriff, eine Idee. Unter Idee ist hier ein verpflichtender, normativer Wert zu verstehen. Welcher Art diese Verpflichtung ist, sagt die Besinnung auf unser Tun und Lassen, sagt uns das Wirtschaftsgewissen.

Der gewissenhafte Wirtschafter besteht vor sich selbst, wenn er die innerlich vernommene Verpflichtung auch faktisch übernommen und verwirklicht hat. Es ist eine Verpflichtung gegenüber dem Gut als solchem. Wie kann aber ein Gut verpflichten? Über den Verpflichtungsgrund sagt uns die Erfahrung nichts, jedenfalls nicht unmittelbar. Die Erfahrung lehrt nur, daß aller Verantwortlichkeit ein Verpflichtungsbewußtsein innewohnt. Ein Stück Brot wegzuwerfen, ist — verstandesmäßig betrachtet — Verschwendung. Wer es tut, fühlt aber mindestens dunkel, daß er unrecht tut. Unrecht — wem gegenüber? Dem Gut, dem er sein Recht nimmt.

Gibt der Mensch dem Gut all seine Möglichkeiten, so daß es sein kann, wie es sein soll, so kann auch das Gut selbst dem Menschen dienen. Demnach beruht die Wirtschaft, ihrem Sinne nach betrachtet, auf wechselseitigem Dienen. In diesem Füreinander sind Menschen und Güter erst zu einem sinnvollen Dasein verbunden. Was wäre ohne dies? Wir können mit Paul Claudel sagen: „Wenn man für nichts und für niemanden da ist, dann ist man tatsächlich ‚nichts'[15]."

Unter welchen persönlichen und gesellschaftlichen Voraussetzungen ist solche Sinnerfüllung möglich? Unter welchen Bedingungen kann der Wirtschafter selbstverantwortlich handeln? Es muß ihm gesellschaftlich, organisatorisch, institutionell die Möglichkeit, das Recht zu Verantwortlichkeit gegeben werden. Das kann nur in einer im ganzen vernünftigen, sinnvollen Wirtschaftsgestaltung geschehen, in der gemeinhin Achtung vor den normativen Werten der persönlichen Freiheit und der sozialen Gerechtigkeit herrscht.

Ideen können nur dadurch zu bewegenden Mächten des Lebens werden, daß sie in einer konkretisierten Art, in bildhaften Idealen leibhaftig Gestalt annehmen. Nicht Ideen, sondern Ideale beeindrukken, ergreifen, faszinieren uns. Soll ein Ideal nicht zu einer Utopie

---

[15] *Claudel,* Gedanken und Gespräche. Deutsche Übersetzung, Berlin-West 1948, S. 25.

werden, so muß auch den sachlichen Erfordernissen Rechunng getragen werden. Erst so wird menschliches Denken und Handeln vernünftig. In der Vernunft kommen alle seelisch-geistigen Organe zusammen. Die *Einsicht,* die uns die Vernunft in den Zusammenhang eines Lebens- und Wirkungsganzen gibt, umfaßt auch die durch Anschauung und Beobachtung gewonnenen Kenntnisse und Erfahrungen.

Sinn und Widersinn wirtschaftlichen Verhaltens und wirtschaftlicher Verhältnisse wird uns noch deutlicher, wenn wir über die gegenwärtigen Erfahrungen hinaus auch die geschichtliche Erfahrung zu Rate ziehen. Geschichte ist nach einem Wort Gerhard Ritters „Selbstbesinnung auf die Vergangenheit". Die Geschichte lehrt nicht nur Tatsachen kennen, sondern auch Tatsachen beurteilen. Wer das geschichtliche Leben kennt, ist gefeit vor der Macht der Geschichte.

Die Erfahrungsnorm

Geschichte und Erfahrung lehren, wie die Lebensverhältnisse gestaltet werden müssen, wenn sich der Mensch in Freiheit und Würde selbst behaupten soll. Aus diesen Erlebnissen und Erfahrungen schaffen wir uns im Geiste ideale gesellschaftliche, politische und wirtschaftliche Ordnungen. Solche Ideale bilden nun wohl die unverrückbaren Richtpunkte einer auf den Sinn bedachten wirtschaftlichen Lebensführung. Richtpunkte sind jedoch nicht auch schon Maßstäbe. Allzu hoch, wie der nächtliche Polarstern, stehen sie über der menschlichen Lebenswirklichkeit. Darum sind wir angewiesen, nach Normen zu suchen, nach denen wir uns unmittelbar, wie nach einem Wegweiser, orientieren können. Solche Normen müssen die realen Mindestbedingungen bezeichnen, unter denen allein jene Ideen und Ideale verwirklicht werden können. Diese durch ein Ideal bestimmten, praktisch realisierbaren Bedingungen fassen wir unter dem Leitbegriff des Normalen zusammen.

Der Praktiker hat aus Erfahrung, aus verantwortlichem Umgehen mit Menschen und Dingen, ein mehr oder weniger klares Wissen um normales Verhalten und normale Verhältnisse. Normale Wirtschaftsverhältnisse sind gekennzeichnet durch das Maß der organisch gewachsenen Wirtschaftsgebilde, durch die Wahrung sachlicher Notwendigkeiten und schließlich durch die Erfüllung der mit einer verantwortlichen Arbeit verbundenen Verpflichtungen. Wie ersichtlich, sind die Symptome normalen Wirtschaftslebens nur zu einem Teil objektiv-sachlich und quantitativ feststellbar. Was sich aber einer neutralen Beobachtung entzieht, zeigt sich in teilnehmender Beobachtung und in Selbstbesinnung[16].

Wissenschaftliche Erfahrung

Wie auch immer der Weg der Erfahrung sein mag und wohin er führen kann, er hat seine Grenzsteine. Die Grenzsteine sind die Fakten, in die nicht nur Gegenwärtiges, sondern auch Vergangenes und Künftiges eingeschlossen sind. Jenseits der Grenze liegen die Bedingungen, die Ursachen. Nicht, als ob sich aus der Erfahrung nicht ausmachen ließe, wieso und warum etwas ist, geschieht und geschehen wird. Allein, Erklärung wie Deutung erfolgen aus einem zu engen, auf den Umkreis der persönlichen und gesellschaftlichen Erfahrung beschränkten Horizont. Wie kommen wir über die Kenntnis des Faktischen hinaus? Wie kommen wir zur Kenntnis der alledem zugrundeliegenden notwendigen Bedingungen, wie also zu Erkenntnis?

Nur *wissenschaftliches* Denken und Forschen führt zu Erkenntnis, denn nur Wissenschaft hat Methode und System. Wohl sprechen wir von einem Erfahrungsweg. Dieser Weg ist jedoch kein bewußt gewähltes Verfahren, keine Methode. Sowie wir uns bewußt eine Erfahrungsweise nutzbar machen, gehen wir bereits methodisch und systematisch vor. Ein gutes Beispiel eines in den Rang wissenschaftlicher Methode erhobenen Erfahrungsweges bietet die von dem Psychiater Jacob L. Moreno begründete Soziometrie. Diese ist eine Sozialforschung mit Hilfe teilnehmender Beobachtung. „Mit der Einführung der Soziometrie wurde von dem Forscher eine ständig intensivere Anteilnahme an dem Erleben der konstitutiven Mitglieder einer sozialen Gruppierung gefordert, und schließlich wurde er zu der extremen, nämlich der einer neutral-sachlichen Beobachtung entgegen-

[16] Siehe hierzu näheres in meinem Beitrag in der Festgabe für Georg Jahn, Berlin 1955: „Das Verhältnis von Theorie und Praxis in der Wirtschaftswissenschaft“. In diesem Sammelwerk S. 60 ff.

gesetzten Haltung geführt, derjenigen voller Aktivität, in die Handlung selbst eingespannter Erfahrung, als Teilnehmer an dem sozialen Drama, das sich vor ihm abspielt[17]."

Zur Veranschaulichung des Gedankenganges der vorliegenden Untersuchung

Der Erfahrungsweg

Erfahrungsausgang	Erfahrungsorgan	Erfahrungsquelle	Erfahrungsaussage	Erfahrungsprinzip	Erfahrungswissen	Verfahren
Einfühlendes Umgehen	Sinne, Gefühl	Anschauung	Bild	Maß	Kenntnis	Bilden
Sachliches Umgehen	Verstand	Beobachtung	Begriff	Regel	Erkenntnis	Konstruieren
Verantwortliches Umgehen	Vernunft, Gewissen	Besinnung	Idee	Norm	Einsicht	Schaffen

Erst durch Wissenschaft wird die Erfahrung zu dem fruchtbaren Tiefland, das dem tätigen und denkenden Menschen einen unbegrenzten Reichtum an Früchten der Erkenntnis liefert. Denn die aus der Erfahrung aufsteigende Wissenschaft kehrt mit Erkenntnissen zurück, die für den weiteren ‚Feldbau' in der Erfahrungswelt neue Grundlagen schaffen. Die Erfahrung auf Grund angewandter wissenschaftlicher Erkenntnis kann als eine Erfahrung höherer Ordnung bezeichnet werden. In ihr haben sich die Erkenntnisse zu bewähren.

---

[17] Vgl. *Georges Gurvitch*, Mikrosoziologie und Soziometrie, Zeitschrift für die gesamte Staatswissenschaft, 11. Bd. 1955, S. 325/27.

Sachlich-rationale Erkenntnisse können freilich auch nur in einer rationalen Erfahrungswelt ihre Bewährung finden. Der Umkreis der Erfahrung aber zieht sich weiter. Daher ist es nur folgerecht, wenn die Wirtschaftswissenschaften durch eine weiterreichende Betrachtung und eine das Ganze des Wirtschaftslebens umfassende Denkweise ergänzt werden. Diese durch die Erfahrung geforderte Ergänzung und Vertiefung wird durch die Wirtschaftsphilosophie dargeboten.

DAS VERHÄLTNIS ZWISCHEN THEORIE UND PRAXIS IN DER WIRTSCHAFTSWISSENSCHAFT*

Fragestellungen der Theorie

„Alle Menschen streben von Natur nach Wissen" (Aristoteles). Solch ein Wissen braucht nicht nützlich zu sein. Insofern hat der Biochemiker Szent-Györgyi (Szeged) recht: „Der Mensch, der darauf ausgeht, etwas Nützliches zu entdecken, sollte in Wirklichkeit vom Laboratorium ausgeschlossen werden." „Wir können, ohne im geringsten zu zögern, erklären, daß die Beurteilung wissenschaftlicher Forschungen nur auf Grund ihrer Nützlichkeit gleichbedeutend ist mit ihrer Abtötung[1]." Erkenntnis befreit und befriedigt den suchenden, forschenden Menschen. Allein, auch nützliche Erkenntnis, praktisch verwertbares Wissen ist notwendig, weil wir uns in der Umwelt auskennen müssen, um planmäßig und zielbewußt handeln zu können. Solche Erkenntnis kann uns in Form eines Bildes, eines Leitbildes gegenwärtig sein. Jahrtausende hindurch haben sich die Menschen an einem Weltbild, am Bild ihrer nachbarschaftlichen Umgebung, am Bild der Verfahrenstechnik orientiert. Daneben und darüber hinaus aber hat sich auch das bestimmte Merkmale hervorhebende, begriffliche, analysierende, differenzierende und integrierende Denken entwickelt und sich Theorien von gegenständlicher und relativ allgemeiner Gültigkeit geschaffen. Zu den Wissenschaften, die hier nun um der Praxis willen betrieben werden, gehört auch der weite Komplex der Wirtschaftswissenschaften. Der praktische Wert wirtschaftswissenschaftlicher Erkenntnisse ist aber natürlich kein Kriterium ihrer Geltung. Der Geist der Wissenschaftlichkeit bezeugt sich immer und notwendig durch die dem Gegenstand entsprechende Erkenntnis. „Es

* Aus: Festgabe für Georg Jahn, Berlin-West 1955.

[1] Vgl. *John Baker*, Freiheit und Wissenschaft, Bern 1950, S. 93.

ist das Gesetz der objektiven Gültigkeit — ein Gesetz der Rechenschaft und der inneren Kritik, das aller Willkür spottet[2]."

Die Theorie vermittelt ein möglichst allgemein gültiges und objektiv verifizierbares Wissen um die Struktur und Bewegungsverhältnisse der Wirklichkeit. Die Wirtschaftstheorie zeigt, wie sich ein bestimmtes Wirklichkeitsgebilde ändert, wenn bestimmte Wirtschaftsbedingungen wechseln. Nach Erik *Lindahl* ist „the aim of Economic Theory: to provide theoretical structures showing how certain given initial conditions give rise to certain developments. The structures are to be used as instruments with which to analyse historical and practical problems"[3]. Die Theorie ist „kein Ersatz für das Studium der wirklichen Welt", sondern ein Mittel, ihre Gegebenheiten sachlich begreifen zu können. „Sie sagt uns, wonach wir Ausschau halten sollen. Eine gute Theorie ist eine, die unsere Aufmerksamkeit auf die Tatsachen lenkt, die für das zu behandelnde Problem wirklich bedeutsam sind[4]."

Eine gute Theorie zeigt uns am gedanklichen Modell, welchen positiven oder negativen Effekt die Verwirklichung gegebener Ziele und Zwecke haben wird. Wie steht es aber um die Beurteilung der Ziele und Zwecke selbst? „Entendons-nous bien: l'économie politique pourra, certes, indiquer au réformateur ce qui est possible et ce qui ne l'est pas, tracer des limites à son action. Mais elle restera toujours impuissante à lui indiquer, entre toutes les solutions possibles, la solution souhaitable. Ce que la science économique ne peut faire, c'est dégager les impératifs moraux, politiques ou religieux, qui doivent guider le réformateur. La science économique ne peut être normative sous peine de retomber dans un scientisme matérialiste considérent l'homme bien plus comme un moyen que comme une fin[5]."

---

[2] *Nicolai Hartmann,* Das Problem des geistigen Seins. 2. Aufl., Berlin-West 1949, S. 391.

[3] *E. Lindahl,* Studies in the theory of money and capital, secd. impr., London 1950, p. 23.

[4] *E. Ronald Walker,* Von der Wirtschaftstheorie zur Wirtschaftspolitik, deutsch, Wiesbaden 1951, S. 132.

[5] *André Marchal,* La pensée économique en France depuis 1945, Paris 1953, p. 40/41.

Ist damit wirklich das letzte Wort über eine normative Wissenschaft gesprochen? Tatsache ist doch, daß gerade normative Theorien größte praktisch-politische Bedeutung erlangt haben. Schon aus diesem Grunde müssen wir neben der explikativen Wirtschaftstheorie auch die Tatsächlichkeit und Möglichkeit einer normativen Theorie erörtern.

Explikative Wirtschaftstheorie

„Die Nationalökonomie ist keine Wissenschaft der unbelebten Sachen. Sie ist eine Wissenschaft des Menschen[6].“ Das wirtschaftstheoretische Interesse hat jedoch zunächst mehr den Beziehungen zwischen den Dingen gegolten als den wirtschaftenden Menschen, mehr den produktions- und tauschwirtschaftlichen Verhältnissen als dem gesellschaftswirtschaftlichen, sozial-ökonomischen Verhalten.

Elementare Wirtschaftstheorie

Der Mensch ist natürlich immer Träger und Gestalter der Wirtschaft. Allein, es ist ganz entscheidend für den wissenschaftlichen Begriff der Wirtschaft, wie der Mensch sich versteht. „Einige der unerbittlichsten der Klassiker haben zweifellos danach gestrebt, nur die offensichtlichsten menschlichen Aspekte beizubehalten, diejenigen, die der quantitativen Messung zugänglich sind, und über die sich jedermann einig ist[7].“ Wirtschaften ist danach rational-rechenhaftes Verhalten. Die Aufgabe der Wirtschaftstheorie ist, die Bedingungen aufzuzeigen, die solch Verhalten ermöglichen, und die Effekte, die sich unter den jeweiligen Bedingungen ergeben müssen. Unter der Voraussetzung rationellen ökonomischen Verhaltens bei übersichtlichen Marktverhältnissen darf die Marktwirtschaft als ein sich selbst steuernder Mechanismus begriffen werden.

Die für Massenpunkte und Massenpunktsysteme gültige klassische Physik ist von Werner Heisenberg als „abgeschlossene Theorie“ be-

---

[6] *Jean Marchal,* Gegenstand und Wesen der Wirtschaftswissenschaft, Zeitschr. f. d. ges. Staatswiss., 106. Bd., 1950, S. 598. Vgl. ders., Cours d'Economic Politique, Paris 1950, p. 301.

[7] *Jean Marchal,* a.a.O., S. 599.

zeichnet worden. In solchem Sinne ist auch die klassische Wirtschaftslehre eine abgeschlossene Theorie, nämlich die Theorie eines sich langfristig in stabilem Zustand befindlichen Systems. Physiker und Ökonomen waren überzeugt, daß ihre Theorien durch die Tatsachen belegt werden können. Newton meinte sogar, daß die Geometrie „ihre Begründung in der mechanischen Praxis" hat und „nichts anderes ist als derjenige Teil der gesamten Mechanik, welcher die Kunst des Messens genau feststellt und begründet"[8]. Immerhin waren es gerade Tatsachen, die eine Revision der Theorie erzwangen.

Die Wirtschafter handeln erfahrungsgemäß nicht so einfach, nicht so objektiv zweckmäßig, nicht so rationell, wie man es dem Begriff des homo oeconomicus unterlegt hatte. Es ist theoretisch nicht möglich, nur die objektiv-wirtschaftlichen Verhältnisse zu analysieren, ohne auch der Subjektsphäre Rechnung zu tragen. Wieder ist die Parallele mit der Entwicklung der Naturwissenschaft aufschlußreich. Die traditionelle klassische Physik war (nach den Worten Heisenbergs) mit dem Wunsche vorgenommen, soweit wie möglich zu objektivieren. Es zeigte sich jedoch, daß der Beobachter mit seinem Beobachtungsinstrument nicht ausgeschaltet werden konnte. Selbst in der Physik mußte man also eine Objekt- und Subjektsphäre unterscheiden. „Wir haben in der exakten Naturwissenschaft gelernt, daß die Wirklichkeit für unser Denken zunächst in getrennte Schichten zerfällt, die sozusagen erst in einem abstrakten Raum hinter den Phänomenen zusammenhängen[9]."

Die Wirtschaftstheorie befaßt sich, durch die Wirtschaftsdynamik beeinflußt, vor allem mit dem Problem der Wirtschaftsentwicklung. Den Klassikern war der Begriff der wirtschaftlichen Entwicklung natürlich nicht fremd. Allein sie gingen von der Voraussetzung aus, daß „die erforschten Variablen im Verlauf der Zeit ihren Wert nicht ändern" (E. Lindahl). Dazu gehörte primär das menschliche Verhalten. Die moderne „special dynamic theory" sieht sich jedoch — eben durch Tatsachen — veranlaßt, dem veränderlichen Verhalten Rech-

[8] Vgl. *Max Bense*, Der Begriff der Naturphilosophie, Stuttgart 1953, S. 51.

[9] Vgl. den Vortrag über „Die Einheit des naturwissenschaftlichen Weltbildes". Kontinente, Aprilheft 1954, S. 9.

nung zu tragen. Der Theoretiker muß wissen, welche Pläne die Wirtschaftssubjekte haben, und welche Revisionen sie an diesen Plänen vornehmen, wenn die Fakten nicht mit den Erwartungen übereinstimmen. Unter der weiteren Voraussetzung einer hinreichenden Kenntnis der äußeren Verhältnisse seitens der Wirtschaftssubjekte ist es möglich, eine Theorie der diskontinuierlich fortschreitenden Wirtschaftsentwicklung zu entwerfen. „If we know the plans of the economic subjects concerned at the initial point of time, if we further know how these individuals are likely to change their plans in the future under different assumptions, and if we have enough knowledge of external conditions to be able to make definite statements with regard to future changes in plans, and the results of the actions undertaken, then it should be possible to provide a theoretical construction of the developments that will be the outcome of the initial position[10]."

Der Wirtschaftstheoretiker kann die Wirtschaftsdaten in Gedanken beliebig variieren und aus den gedanklichen Voraussetzungen die problematisch wichtigen Implikationen ziehen. Praktischen Wert hat solche „Modalitäten-Ökonomik" jedoch nur, wenn die Voraussetzungen der Realität entsprechen. Die moderne Theorie strebt größtmögliche Exaktheit an. Daher ist es für sie wichtig, die für die Wirtschaftsentwicklung wesentlichen „quantitativen" Tatsachen zu erfassen. „Nur eine numerische Theorie, d. h. eine Theorie, der es gelingt, mit Hilfe ihrer Theoreme numerische Aussagen über Zusammenhänge zwischen ökonomischen Variablen zu machen, kann als eine leistungsfähige Theorie angesprochen werden[11]." Die Wirtschaftstheorie — so verstanden — findet daher in der Wirtschaftsstatistik die von ihr gesuchten zahlenmäßig faßbaren Größen. Die Wirtschaftsstatistik gewinnt ihrerseits durch sie theoretische Mitarbeit. „Wirtschaftstheorie ohne Messung ist heute ebenso eine Unmöglichkeit wie Wirtschaftsstatistik ohne Verbindung zur ökonomischen Theorie[12]."

[10] *Erik Lindahl*, Studies etc., p. 37/38.

[11] *Erich Schneider* i. s. Vorwort zu J. Tinbergen, Einführung in die Ökonometrie. Wien-Stuttgart 1952.

[12] *Erich Schneider*, Wirtschaftstheorie und Wirtschaftsbeobachtung, Allgemeines Statistisches Archiv, 36. Bd., 1952, S. 118.

Diese Entwicklung hat durch J. M. *Keynes* besonderen Auftrieb erhalten. „Indem er die Bildung und die Schwankungen des Nationaleinkommens zum zentralen Forschungsobjekt der Volkswirtschaftslehre machte und die Theorie der Beschäftigung und die Geld- und Zinstheorie in diese Einkommenstheorie einbaute, konnte er erstens mit Aggregaten anstatt mit individuellen Haushalten arbeiten" und dadurch „zweitens den ganzen Komplex von Einkommens-, Konsum-, Spar- und Investitionsstatistiken der Wirtschaftstheorie dienstbar machen"[13].

Solche makroökonomische Analyse gibt einen klaren Überblick über die volkswirtschaftliche Größenordnung im Kreislauf und in der Entwicklung. Allein, sie genügt nicht als Grundlage für die Wirtschaftspraxis. Die globale Aufteilung muß durch eine mikroökonomische Analyse ergänzt werden.

Die *Ökonometrie* ist nun der erfolgreiche Versuch, makro- und mikroökonomische Tatsachen in ihrem numerischen Zusammenhang zu erfassen. Dabei kann das Schwergewicht auf makroökonomischen oder mikroökonomischen Untersuchungen liegen, wie die Nationalbudgetrechnungen und die Input-Output-Analyse zeigen.

Man kann (mit Petter Jakob Bjerve) ein *Diagnose-, Prognose- und Programmbudget* unterscheiden. „Ein Diagnosebudget würden wir erhalten, wenn Konsumtionspläne eingesammelt würden von allen Konsumenten, Produktions- und Investierungspläne von allen Betrieben, desgleichen Import- und Exportpläne usw., und wenn alle diese individuellen Pläne summiert und zusammengestellt würden im Kontenplan des Nationalbudgets. Auf diese Weise würde man eine systematische Diagnose darüber stellen können, ob bzw. inwieweit die existierenden individuellen Pläne im Einklang miteinander stehen." Das Prognosebudget orientiert über den künftigen Wert der Posten im Kontenplan des Nationalbudgets. Das Programmbudget über solche Variable, die der Staat autonom festsetzen kann[14]. Das Nationalbud-

---

[13] *Louis J. Zimmermann,* Zukunftsaufgaben der Volkswirtschaftslehre, Weltwirtschaftliches Archiv, Bd. 67, 1951 (II), S. 193.

[14] *P. J. Bjerve,* Nationale Buchführung und Nationalbudget in Norwegen, Weltwirtschaftliches Archiv, Bd. 7, 1951 (II), S. 280 ff. Vgl. zu diesen

get hat außerordentliche Bedeutung für eine Zentralverwaltungswirtschaft. Berechnungen dieser Art sind jedoch auch für eine gelenkte bzw. regulierte Marktwirtschaft wichtig. „Nicht nur die eigentlichen Kameralisten, auch die Angehörigen der Wirtschafts- und Verkehrs-, der Sozial-, des Wohnungsbaus- und des Verteidigungsressorts, kurz alle Sparten, die entweder selbst größere Mittel verbauen oder doch investitions- und konsummäßig lenken, aber auch das Justizressort, das gesetzliche Vorteils- und Belastungsverschiebungen und zusammen mit dem Auswärtigen Amt belastende internationale Verträge vorzubereiten hat, alle diese Sparten haben einzeln und in ihrer Gesamtheit die künftigen Wirkungen der Staatspolitik daraufhin zu überwachen und zu registrieren, wie sich diese im Gefüge der Gesamtwirtschaft auswirken werden[15]."

Die von Wassily W. *Leontief* entwickelte Input-Output-Analyse sucht durch numerische Bestimmung der Relationen zwischen den Wirtschaftssektoren exakte Erkenntnisse zu gewinnen. Unter der Voraussetzung einer Konstanz der technischen Koeffizienten führt eine Änderung des Inputs zu einer proportionalen Änderung des Outputs. Bei der „interindustry — bzw. input-output-analysis" handelt es sich, wie Leontief sagt, „um ein Untersuchungsverfahren, das den in seiner Zusammensetzung verhältnismäßig wenig veränderlichen Strom an Gütern und Dienstleistungen, der die einzelnen Teile unserer Wirtschaft durchfließt, benützt, um der Volkswirtschaftslehre ein viel genaueres statistisches Bild des Wirtschaftskreislaufs zur Verfügung zu stellen"[16]. „Hier haben wir nun die Brücke zwischen Theorie und Tatsachen in der Wirtschaftswissenschaft vor uns. Es handelt sich um eine Brücke im wörtlichen Sinne. Eine Fernwirkung gibt es in der Wirtschaft so wenig wie in der Physik. Die Auswirkungen eines Vorgangs an irgendeinem Punkt werden Schritt für Schritt über die Kette

---

Fragen den gut orientierenden Aufsatz von *Heinz Kolms*, Volksw. Gesamtrechnungen, Nationalbudgets und ökonometrische Gesamtmodelle, Weltwirtschaftliches Archiv Bd. 71, 1953, S. 182 ff.

[15] *Georg Strickrodt*, Das Nationalbudget. Sonderheft Nr. 25 des Deutschen Instituts für Wirtschaftsforschung, Berlin-West 1953, S. 38.

[16] *Wassily W. Leontief*, Die Methoden der Input-Output-Analyse, Allgemeines Statistisches Archiv, 36. Bd., 1952, S. 154.

wirtschaftlicher Vorgänge, die das ganze System zusammenhält, auf die übrige Wirtschaft übertragen. Eine Tabelle von Koeffizienten für die gesamte Wirtschaft gibt uns in der von uns benötigten Detaillierung ein zahlenmäßig bestimmtes Bild der inneren Struktur des ganzen Systems. Dies ermöglicht es, im einzelnen die Folgen zu berechnen, die sich aus der Einführung von Änderungen ergeben, wie sie von theoretischen oder praktischen Problemen aufgegeben werden[17]." Bei der Organisation der Berliner Luftbrücke (1949) hat man die notwendigen wirtschaftlichen Berechnungen nach Art der Input-Output-Analyse durchgeführt. „Als Input galten hier: a) die beschränkte Menge Flugzeuge, b) die beschränkte Menge Personal und c) die beschränkte Menge Treibstoff, und als Output die technisch determinierte Menge der zu transportierenden Güter, die bedingt war durch das Minimum der je Kopf der Bevölkerung von Westberlin benötigten Güter, multipliziert mit der Anzahl der Einwohner der Westsektoren[18]."

Die moderne realistische Entwicklungstheorie operiert nicht mehr mit dem einfachen, vereinfachten Rationalbegriff des homo oeconomicus. Das wirtschaftliche Verhalten ist ja faktisch auch mehr als ein Rechnen mit dem Vorteil. „Die Typik des wirtschaftlichen Verhaltens ist nicht das Rechnen, sondern das Werten, nicht das Reagieren auf den Zwang der Verhältnisse, sondern ist wählendes Entscheiden zwischen vielen Möglichkeiten im Blick auf die ungewisse Zukunft. Der wirtschaftende Mensch steht den Chancen und Risiken des Geschehens gegenüber, und in ihren Entscheidungen sind die einzelnen Menschen keine fungiblen Einheiten, sondern — eben Menschen eigener Prägung, vorsichtig oder wagemutig, traditional bestimmt oder neue Wege suchend, passiv oder aktiv[19]."

Die wirtschaftlichen Entscheidungen liegen nun zwar bei den einzelnen Wirtschaftern, den Produzenten und Konsumenten. Wie aber

---

[17] *Leontief*, a.a.O., S. 161.

[18] *L. J. Zimmermann*, Zukunftsaufgaben der Volkswirtschaftslehre, Weltwirtschaftliches Archiv, Bd. 67 (1951 II), S. 214; vgl. auch S. 202 ff.

[19] *Andreas Paulsen*, Die Gestalt des Wirtschaftsmenschen in der theoretischen Nationalökonomie (Breviarium litterarum), 3. A., Berlin-West 1949, S. 35/36.

steht es mit dem Ergebnis? Oskar *Morgenstern* hat nachdrücklich darauf hingewiesen, daß das Wirtschaftsergebnis in aller Regel durch das wechselseitige Verhalten der Individuen bedingt ist. „Der Ausgang von Verhaltensakten eines Einzelnen hängt von Variablen ab, von denen nur einige in der Kontrolle des Einzelnen sind. Die anderen Variablen werden von anderen Individuen kontrolliert. Der Gesamtausgang ist aber von *allen* Variablen zusammen abhängig." Im Hinblick auf diese Situation gibt es in der Natur nichts, was dem entspricht. Das theoretische Modell, mit dem man hier arbeiten müßte, gleicht einem strategischen Spiel. Morgenstern hat „jene Gesellschaftsspiele" im Auge, „deren Ausgang nicht nur, wie bei den Glücksspielen, vom Zufall, sondern vom Verhalten der Spielteilnehmer und meistens noch zusätzlich von einer Zufallskomponente abhängt"[20]. Er glaubt, daß eine Theorie der Spiele (wozu J. von Neumann die mathematische Vorarbeit geleistet hat) die komplizierten marktwirtschaftlichen Probleme hinreichend klären kann.

Strategische Spiele und wirtschaftliche Strategie weisen in der Tat große Ähnlichkeit auf. Die Durchführung der ökonomischen Spieltheorie ist jedoch an Voraussetzungen gebunden, die ihre Geltung von vornherein beschränken. Das Wirtschaftssystem muß funktionieren. Die „Spielteilnehmer" müssen sich an die Spielregeln halten. Wieweit ist solche Theorie realistisch?

Walter *Eucken* weist der Theorie die Aufgabe zu, „die notwendigen Zusammenhänge bis zum Datenkranz zu verfolgen und umgekehrt zu zeigen, wie von den einzelnen Daten das wirtschaftliche Geschehen abhängt. Aber die ökonomische Theorie ist nicht fähig, ihr Zustandekommen zu erklären"[21]. Danach fallen also „Tatsachen, die den ökonomischen Kosmos bestimmen", nicht mehr in den Bereich der Wirtschaftstheorie.

---

[20] *Oskar Morgenstern,* Die Theorie der Spiele und des wirtschaftlichen Verhaltens, Jahrbuch für Sozialwissenschaft, Bd. 1, 1950, S. 116 ff. Vgl. auch das Hauptwerk: O. *Morgenstern* und *J. v. Neumann,* Theory of Games and Economic, 2. A. 1947.

[21] *W. Eucken,* Die Grundlagen der Nationalökonomie, 4. A., Jena 1944, S. 190.

Unter den Daten sind nicht nur marktwirtschaftliche Bedingungen zu verstehen. Wie es schon durch die deutsche historische Schule geschehen ist, hat neuerdings E. Ronald *Walker* auf die volkswirtschaftliche Bedeutung „außermarktwirtschaftlicher Operationen" hingewiesen. Das Studium derselben sei aus drei Gründen notwendig: „Erstens betrachten Männer der Praxis ... Außermarkt-Operationen nicht als außerhalb des Gebietes wirtschaftlichen Verhaltens liegend, und von dem Volkswirtschaftler wird erwartet, daß er eine gewisse Zuständigkeit zu deren Erwägung aufweist. Zweitens laufen alle wirtschaftlichen Erklärungen und Voraussagen, welche die Möglichkeit von Außermarkt-Operationen ignorieren, Gefahr, unrealistisch zu sein. Schließlich sind Außermarkt-Operationen eine wichtige Quelle der Veränderung in den Daten des Marktes selbst; und wenn wir dazu kommen, die Möglichkeit einer Theorie der Wirtschaftsentwicklung zu erwägen, die dem Volkswirtschaftler helfen mag, sowohl Veränderungen der Daten wie auch Marktreaktionen auf die Daten vorauszusagen, werden wir finden, daß die Theorie von Außermarkt-Operationen etwas beizusteuern hat[22]."

Die wirtschaftlichen Entwicklungen sind „nicht nur die Veränderungen in den *abhängigen* Variabeln oder die Folgerung, die einer Veränderung in den Daten folgen mögen", sondern auch „Veränderungen in den *Daten*" selbst[23]. In gewissem Sinne kommt Walter *Eucken* dem entgegen: „Es genügt nicht, daß die Theorie lediglich einen vorhandenen statischen Zustand darzustellen sucht. Vielmehr muß sie — soll sie in ihrer Anwendung konkrete Veränderungen erklären — auch in ausreichendem Umfange hypothetische Urteile über die Wirkungen von Daten*veränderungen* enthalten[24]."

Ganzheitliche Wirtschaftstheorie

Untersucht der Theoretiker die „gesamtwirtschaftlichen Wirkungen der Datenvariation", so wird er durch die Natur der Sache zu einer ganzheitlichen Wirtschaftstheorie gedrängt. „Weil das wirtschaftliche

---

[22] *E. R. Walker,* Von der Wirtschaftstheorie zur Wirtschaftspolitik, Wiesbaden 1951, S. 124.

[23] *E. R. Walker,* a.a.O., S. 175.

[24] *W. Eucken,* Die Grundlagen der Nationalökonomie, S. 229.

Geschehen ... ein interdependentes Ganzes darstellt, muß die Nationalökonomie ein innerlich zusammenhängendes Ganzes von Erkenntnissen bieten ... Dem Gesamtzusammenhang der Dinge — ihrem Ordnungsgefüge und dem Zusammenhang des Hergangs — hat der Zusammenhang innerhalb des wissenschaftlichen Systems zu entsprechen. Sonst ist die wissenschaftliche Erkenntnis unvollständig. Systematisch heißt: Einheitlich geordnet und in Zusammenhang gebracht[25]."

Die theoretisch und praktisch wichtigste „Bedingungskonstellation" ist der wirtschaftende Mensch. Wohl hat nun die moderne Theorie schon manchen Besonderheiten des wirtschaftlichen Verhaltens Rechnung getragen, wie der „Neigung zum Konsum", der „Neigung zum Sparen", der „Liquiditätsvorliebe". Sind dabei aber nicht doch „willkürlich einzelne ökonomisch relevante Teilmotivationen ... unversehens verabsolutiert" worden? Man tut so, „als seien es selbständige Größen, eigenständige Daten oder allgemeine Motive, neben denen andere konstante Haltungs- oder variable Stimmungsfaktoren der wirtschaftlich handelnden Menschen, die sich vielleicht weniger glatt in das vorbereitete Schema einfügen lassen, an Bedeutung zurückzutreten hätten"[26]. Günter *Schmölders* wendet sich gegen den „punktuellen, eklektischen Psychologismus" der elementaren Rationaltheorie: „Allzusehr und allzulange hat die Wirtschaftstheorie ein ‚Datum' vernachlässigt, das in allen wirtschaftlichen Vorgängen und Zusammenhängen eine entscheidende Rolle spielt: das Menschlich-Allzu-Menschliche, die arationalen Antriebskräfte des menschlichen Handelns, die weit mehr, als meist angenommen wird, auch das wirtschaftliche Verhalten bestimmen[27]." Im naturwissenschaftlichen 19. Jahrhundert ist der Gedanke einer kausalen Abhängigkeit des wirtschaftlichen Verhaltens von den sozial-ökonomischen Verhältnissen

---

[25] *W. Eucken*, a.a.O., S. 277. Über die Ganzheitsbetrachtung in der medizinischen Forschung vgl. *Karl Kisskalt*, Theorie und Praxis der medizinischen Forschung, München-Berlin 1942, S. 113 ff.

[26] *G. Schmölders*, Ökonomische Verhaltensforschung, Ordo, 5. Bd., 1953, S. 217/218.

[27] *Schmölders* i. s. Geleitwort zu *Heinz Droege*, Der Mensch als wirtschaftliches „Datum", S. 5. Vgl. auch den Abschnitt „Le caractère vital des phénomènes économiques" von *Jean Marchal*, Cours d'Economie Politique, Paris 1950, p. 297 ff.

verständlich gewesen. Auch die Annahme einer wechselseitigen Beziehung zwischen den objektiven Verhältnissen und dem subjektiven Verhalten, wie sie heute meist noch das wirtschaftstheoretische Denken bestimmt, erklärt sich aus einer wesentlich naturwissenschaftlich-mathematischen Einstellung. Das Wirtschaftsleben zeigt jedoch, daß der Mensch im entscheidenden Augenblick die Verhältnisse selbstverantwortlich bestimmen kann. „Wir werden uns von der Vorstellung frei machen müssen, daß der Mensch in die wirtschaftlichen Daten eingespannt ist wie die Unruhe in das Räderwerk der Uhr. Zwar steht die wirtschaftliche Aktivität ohne Zweifel nicht autonom da. Sie, die das Wirtschaftsgetriebe entscheidend bewegt, wird ihrerseits einen mächtigen Motor brauchen. Es ist aber sicherlich nicht richtig, wenn wir diesen Motor wiederum in wirtschaftlichen Daten suchen und uns mit der Annahme zufrieden geben, daß ökonomische Größen die menschliche Aktivität mit derselben Kraft verändern, mit der der Mensch die wirtschaftlichen Daten bewegt[28]."

Wird die wirtschaftliche Entwicklung weniger durch Quantitäten als durch Qualitäten bestimmt, so muß die quantitativ-numerische Analyse durch eine qualitative Analyse und Synthese ergänzt werden. Die Größe des Verbrauchs z. B. ist numerisch faßbar. Die Verbrauchsentscheidungen aber entziehen sich der Statistik. Gerade sie aber haben maßgebenden Einfluß auf die Wirtschaftsentwicklung. Die Verbrauchsentscheidung richtet sich nach der Bedarfsvorstellung. Diese wiederum ist von der Denk- und Willensrichtung abhängig. In den letzten hundert Jahren hat sich die „Konsumnorm" gegenläufig zu der statistisch feststellbaren Konsumgröße bewegt. Würde die Wirtschaftstheorie nur die Konsumgröße beachten, käme sie zu wirklichkeitsfremden Schlußfolgerungen. Die fortgesetzt steigende Größe des Verbrauchs hat der Masse nicht auch das Bewußtsein einer entsprechend großen wirtschaftlichen Bewegungsfreiheit gegeben. In den zu Wohlstand gekommenen Industrieländern hat man die steigende Konsumgröße vielmehr als „ständigen Abfall gegenüber der Konsumnorm" empfunden. Die Lebensansprüche laufen den Leistungen voraus. Da-

---

[28] *Heinz Droege*, Der Mensch als wirtschaftliches „Datum", Berlin-West 1952, S. 47.

her die Beschränkung der Kinderzahl[29]! Die „Antinomie der ökonomischen und demographischen Daten des ausgehenden neunzehnten Jahrhunderts" zeigt, daß das Wirtschaftsverständnis auch eine qualitative Analyse erfordert.

Einzelnes kann man zählen und zusammenzählen. Auch die einseitige und wechselseitige Wirkung von Teilen läßt sich quantitativ bestimmen. Eine wirtschaftliche Ganzheit, welcher Art auch immer, kann jedoch nur durch solche Methoden erfaßt und dargestellt werden, die uns das Ganze auch wirklich zu Bewußtsein bringen. Ganzheiten bieten sich der äußeren und inneren Anschauung dar. Sie können unmittelbar durch ein Bild wiedergegeben werden. Der Gesamteindruck eines Ganzen läßt sich jedoch auch begrifflich vermitteln. Allerdings dürfen sich die Begriffe dann nicht auf Wahrnehmungen und Beobachtungen, sondern müssen sich auf Anschauungen beziehen. Insofern ist der von Edgar *Salin* und Arthur *Spiethoff* in die Wirtschaftswissenschaft eingeführte Terminus „anschauliche Theorie" gerechtfertigt. Spiethoff hat die wissenschaftstheoretischen Grundlagen dieses Theorientyps unter Bezugnahme auf seine Theorie der wirtschaftlichen Wechsellagen und andere ganzheitliche Wirtschaftsprobleme dargestellt. Ein Grundbegriff der anschaulichen Theorie ist der „Wirtschaftsstil". „Ausgesprochen oder unausgesprochen befindet sich die anschauliche Theorie im Banne des ihr zugehörigen Stiles, sie geht aus von dessen sittlicher Zielsetzung, sie folgert aus dessen Beweggründen zum wirtschaftlichen Handeln, sie hat dessen natürlich-technische Grundlagen, wie dessen Gesellschaftsverfassung und Wirtschaftsverfassung zur Voraussetzung, sie stützt sich auf einen bestimmten zugehörigen Wirtschaftslauf." „Da die Zielsetzung ein unentbehrliches Merkmal des Stils ist, und da die anschauliche Theorie im Rahmen des Gesamtstils sich bewegt, gehört die Zielsetzung ausgesprochen oder unausgesprochen zu den Gegebenheiten anschaulicher Theorie[30]."

---

[29] Vgl. *Gerhard Mackenroth*, Bevölkerung und Wirtschaft, Jahrbuch für Sozialwissenschaft, Bd. 1, 1950, S. 75. Vgl. auch *Erich Egner*, Der Haushalt, Berlin-West 1952, S. 155 ff.

[30] *Arthur Spiethoff*, Anschauliche und reine volkswirtschaftliche Theorie und ihr Verhältnis zueinander, „Synopsis", Festschrift für Alfred Weber,

Die Ganzheitsbetrachtung der ökonomischen Lebenswirklichkeit findet ihren Abschluß in der philosophischen Wirtschaftsauffassung (Phänomenologie, Morphologie und Ontologie der Wirtschaft). Hier wird „Wirtschaft überhaupt" als Gestaltung wesentlicher Richtungen menschlicher Selbstbehauptung verstanden.

Normative Wirtschaftstheorie

Das gemeinsame Kennzeichen der bisher behandelten Wirtschaftstheorien ist die Bemühung um die Erkenntnis der internen und externen, endogenen und exogenen Bedingungen der Wirtschaftswirklichkeit. Immer ist die Grundfrage, wie sich die wirtschaftlichen Verhältnisse bei Einsatz bestimmter Mittel unter gegebenen oder angenommenen Zielen und Zwecken gestalten. „Applied Economics consists of propositicns of the form: If you want to do this, then you must do that." „If such and such is to be regarded as the ultimate good, then this is clearly incompatible with it[31]." Wir können z. B. annehmen, daß Vollbeschäftigung, allgemeine Wohlfahrt, eine ausgeglichene Konjunktur, die Stabilität der Währung usw. erwünscht ist. Der Theoretiker kann dann an Hand eines der Wirklichkeit angenäherten Modells zeigen, welche Mittel und Methoden eine zweckentsprechende Wirkung haben werden. „If we disagree about means, then scientific analysis can often help us tu resolve our differences[32]." Lionel *Robbins* bringt die überwiegende Meinung der Vertreter der Wirtschaftswissenschaft zum Ausdruck, wenn er eine relativ allgemein gültige Beurteilung der von der Wirtschaftstheorie angenommenen Ziele und Zwecke für unmöglich hält. Wo gibt es einen Maßstab, um solche von der Praxis für notwendig oder wünschenswert erachtete Wirtschaftsziele beurteilen zu können?! „In the rough-and-tumble of political

---

Heidelberg 1948, S. 643 ff. Vgl. auch *Georg Weippert*, Instrumentale und kulturtheoretische Betrachtung der Wirtschaft, Jahrb. f. Sozialwiss., Bd. I, 1950, S. 30 ff. Vgl. ferner *A. Müller-Armack*, Genealogie der Wirtschaftsstile, München 1944.

[31] *Lionel Robbins*, An Essay on the Nature & Significance of Economic Science, London, sd. Ed. 1948, p. 149.

[32] *Robbins*, a.a.O., p. 150.

struggle, differences of opinion may arise either as a result of differences about ends or as a result of differences about the means of attaining ends. Now, as regards the first type of difference, neither Economics nor any other science can provide any solvent. If we disagree about ends it is a case of they blood or mine — or live and let live, according to the importance of the difference, or the relative strength of our opponents[33]."

Ist eine allgemeine Verständigung über wesentliche politische, sozial- und wirtschaftspolitische Ziele faktisch unmöglich? Ist das Gebiet der Wissenschaft als „neutrale Zone" wirklich so scharf abgegrenzt von der „strittigeren Zone moralischer und politischer Philosophie"? Es wäre leicht darzutun, daß auch die „neutrale Wissenschaft" bestimmte Postulate voraussetzt. Hier interessiert jedoch nur das Problem einer normativen Theorie. Die Praxis erwartet von der Wissenschaft auch eine Beurteilung ihrer Prinzipien. Wieweit ist sie diesem Verlangen nachgekommen? Wieweit kann sie ihm nachkommen?

Objektiv-notwendige Aufgaben

Die theoretisch und praktisch bedeutendste Lösung des Problems einer objektiven Beurteilung politischer und wirtschaftspolitischer Ziele wird durch den *Marxismus* gegeben. Mögen westliche Wissenschaftler die Möglichkeit einer wissenschaftlich begründeten Zweckbeurteilung bestreiten, die Vertreter des „wissenschaftlichen Sozialismus" sind überzeugt, wirtschaftliche und politische Fragen exakt beantworten zu können. Der Beurteilungsmaßstab sei die in der Geschichte nachweisbare objektive Notwendigkeit. Nach Marx ist bisher jedes Wirtschaftssystem aus historischer Notwendigkeit entstanden und nach einer gewissen Blüte verfallen. So muß auch die Geschichte der gegenwärtigen kapitalistischen Wirtschaft mit dem Untergang dieses Systems enden. Der wissenschaftliche Sozialismus zeige die innere Gegensätzlichkeit der kapitalistischen Wirtschaft auf. „Der bisherige Sozialismus kritisierte zwar die bestehende kapitalistische Produktionsweise und ihre Folgen, konnte sie aber nicht erklären,

---

[33] *Robbins,* a.a.O., p. 150.

also auch nicht mit ihr fertig werden; er konnte sie nur einfach als schlecht verwerfen ... Es handelte sich aber darum, diese kapitalistische Produktionsweise einerseits in ihrem geschichtlichen Zusammenhang und ihrer Notwendigkeit für einen bestimmten geschichtlichen Zeitabschnitt, also auch die Notwendigkeit ihres Untergangs, darzustellen, andererseits aber auch ihren inneren Charakter zu enthüllen[34]."

Die Bourgeoisie sei infolge ihrer materiellen Interessengebundenheit nicht in der Lage, den objektiven Geschichtsprozeß zu erkennen. Diese Klasse stelle sich daher, freilich vergeblich, der Entwicklung der Verhältnisse entgegen. Nur wer zur Klasse des Proletariats gehört (oder nach Lenin: wer als Intellektueller zwischen den Klassen steht), sieht die realen Widersprüche, Gegensätze, Konflikte in der historischen Situation, sieht die Tendenzen, die zur Beseitigung einer für das Proletariat unerträglich werdenden Situation drängen, und weiß, welche Mittel und Methoden notwendig sind, um den historischen Entwicklungsprozeß im Sinne der in ihm angelegten Ziele zu beschleunigen. Wenn das Proletariat gegen das kapitalistische Wirtschaftssystem revoltiere, folge es dem unausweichlichen Zuge der geschichtlichen Notwendigkeit.

Der radikale Widerspruch, an dem das kapitalistische System zugrunde gehe, sei der Widerspruch zwischen den vorwärts drängenden gesellschaftlichen Produktivkräften und der einzelkapitalistischen Aneignung des gesellschaftlichen Produktes, ein „Grundwiderspruch, aus dem alle Widersprüche entspringen, in denen die heutige Gesellschaft sich bewegt". Der dialektische ziel- und zweckbestimmte Entwicklungsprozeß der Geschichte löse diesen Widerspruch, indem er die „fremden Mächte, die bisher die Geschichte beherrscht haben, unter die Kontrolle der arbeitenden Massen" bringe. „Das Proletariat ergreift die öffentliche Gewalt und verwandelt kraft dieser Gewalt die den Händen der Bourgeoisie entgleitenden gesellschaftlichen Produktionsmittel in öffentliches Eigentum. Durch diesen Akt befreit es die Produktionsmittel von ihrer bisherigen Kapitaleigenschaft und gibt

[34] *Friedrich Engels*, Herrn Eugen Dührings Umwälzung der Wissenschaft („Anti-Dühring" 1878). Berlin-Ost 1953, S. 31.

ihrem gesellschaftlichen Charakter volle Freiheit, sich durchzusetzen. Eine gesellschaftliche Produktion nach vorher bestimmtem Plan wird nunmehr möglich. Die Entwicklung der Produktion macht die fernere Existenz verschiedener Gesellschaftsklassen zu einem Anachronismus. In dem Maß, wie die Anarchie der gesellschaftlichen Produktion schwindet, schläft auch die politische Autorität des Staats ein. Die Menschen, endlich Herren in ihrer eigenen Art der Vergesellschaftung, werden damit zugleich Herren der Natur, Herren ihrer selbst — frei[35]."

Die realdialektische Analyse des Geschichtsprozesses führt zweifellos in vielen Beziehungen zu aufschlußreichen Erkenntnissen. Marx und die Marxisten verbinden jedoch mit der dialektischen Betrachtungsweise eine teleologische Geschichtsauffassung. Das Ziel der geschichtlichen Entwicklung ist vorausbestimmt. Die gesellschaftliche, proletarische Lebenspraxis erfüllt sich im Wissen und in der Durchsetzung dieser zweckbestimmten Notwendigkeit. Dem geschichtsbewußten Menschen bleibt keine andere Wahl, als das Notwendige zu tun. So wird der Mensch zum Funktionär eines objektiven Prozesses. Er kann sich mit gutem Grund gar nicht anders entscheiden, als das von der Geschichte aufgegebene Ziel mit den rationellsten Mitteln zu verfolgen. Dieses Ziel ist vorerst die Diktatur des Proletariats. Mit dieser Position aber sei die Basis für eine „weltbefreiende Tat" gegeben. Die Machtergreifung durch das Proletariat sei die Voraussetzung für eine klassenlose Gesellschaft in Freiheit und Frieden.

Im Marxismus vermischen sich fruchtbare Gedanken mit zweifelhaften Utopien. Utopisch ist die Meinung, daß die proletarische Diktatur die einmalige Voraussetzung für die menschliche Freiheit schafft. Utopisch ist der Glaube, daß sich mit dem Gemeineigentum auch eine soziale Gesinnung einstellen wird.

Der Wahrheitskern des Marxismus liegt in der grundsätzlichen Anerkennung situationsbedingter, objektiver Notwendigkeiten. Wir sind in unserem Denken und Handeln oft durch die Situation festgelegt. Die Verhältnisse sind oft stärker als die Macht, eigenwillig handeln zu können. Immerhin gibt es gerade in entscheidenden Augenblicken

---

[35] *Engels*, „Anti-Dühring", S. 353.

Möglichkeiten, sich so oder anders zu verhalten. Praktisch höchst nachteilig wirkt sich die Verkennung bzw. Leugnung der dem Menschen gegebenen persönlichen Entscheidungsfreiheit aus. Gewiß ist der Mensch oftmals nur ein Objekt gesellschaftlicher, politischer und wirtschaftlicher Verhältnisse. Andererseits aber ist er auch ein Subjekt, das sich dem Zuge alltäglicher und geschichtlicher Notwendigkeiten entziehen und eine völlig neue Situation schaffen kann. Wie und wonach orientiert er sich aber dann?

Subjektiv- und objektiv-notwendige Aufgaben

Aus der Geschichte lernen wir, wie etwas gekommen ist, wie etwas hat kommen müssen. Allein die Geschichte lehrt nicht, was notwendigerweise kommen muß. Arnold J. *Toynbee* meint, daß bisher etwa zwanzig Kulturen sozusagen „nach einem immer wiederkehrenden Schema" entstanden und zusammengebrochen sind. Befinden wir uns deswegen auch heute auf dem Wege in den Abgrund? „Wir sind nicht dazu verdammt, die Geschichte sich wiederholen zu lassen; es ist uns freigestellt, ihr in unserem Falle eine neue, noch nicht dagewesene Wendung zu geben[36]." Hängt die Zukunft aber von uns ab, so müssen wir wissen, wie wir sie gestalten wollen.

In der Praxis besteht in der Frage der Zielsetzung größere Übereinstimmung als in der Theorie. Der Theoretiker sieht in Gedanken vielerlei Möglichkeiten. Der Praktiker hat meist weder Zeit noch Gelegenheit zu weitreichendem Überdenken. Er muß seine Entschlüsse schnell fassen. Zu Zeiten liegt die Entscheidung bei einem Entweder — Oder. Es gibt „Augenblicke sozialer und politischer Not, in denen sich das Wollen der Klassen und Parteien oft ganz erstaunlich vereinheitlicht". „Allgemein als Übel empfundene Dinge verlangen unmittelbare Abhilfe, allgemein als Gefahren betrachtete Möglichkeiten müssen vermieden, allgemein als wünschenswert empfundene Ziele realisiert werden. Was begonnen ist, muß fortgeführt oder irgendwie ordnungsmäßig erledigt werden. Auf einmal gestellte Fragen muß man eingehen. Und sowohl der verantwortliche Politiker als Individuum, wie die verantwortungsvolle Gruppe oder Partei sieht sich sofort einge-

[36] *Toynbee,* Kultur am Scheidewege, Wien-Zürich 1949, S. 43.

spannt in ein System von Gegebenheiten, Notwendigkeiten, Verantwortungen, die ihnen keine Wahl zwischen beliebig vielen Wegen, noch auch die Möglichkeit des unbekümmerten Einschlagens des Weges lassen, den ihre Doktrinen weisen. Wo das vergessen wird, droht unmittelbar Mißerfolg und Niederlage[37]."

Gustav *Schmoller* hat in seinem Grundriß der Allgemeinen Volkswirtschaftslehre ein Kapitel den „geistigen Bewußtseinskreisen und Kollektivkräften" gewidmet, die das gesellschaftliche, politische und wirtschaftliche Leben maßgebend bestimmen. „Ein jeder einheitliche Bewußtseinskreis wird sich in übereinstimmenden Werturteilen äußern, die leicht zu feststehenden Wertmaßstäben sich verdichten und so längere Zeit das Urteil auf dem Markte, in der Politik, in der Gesellschaft beherrschen[38]." „Keine Familie, keine Werkstatt, keine große Unternehmung, kein Markt kann existieren, ohne auf einem eigentümlichen einheitlichen Bewußtseinskreis, auf gewissen Gefühlen der Sympathie, des Gemeininteresses, der Verträglichkeit und Übereinstimmung zu ruhen[39]." Jede Zeit hat ihre Grundsätze, ihre wesentlichen Ziele und Zwecke. Allein: „Trotz aller dieser Abweichungen hat die gleiche Menschennatur, die gleiche gesellschaftliche Entwicklung und die gleiche Ausbildung der Ideenwelt bei allen höher stehenden Völkern eine merkwürdige Übereinstimmung der geforderten Pflichten, Tugenden und Güter erzeugt. Eine Erfahrung von Jahrtausenden hat immer dieselben Handlungen, dieselben Gefühle als die notwendigen Bedingungen des Glückes der einzelnen, wie der Wohlfahrt der Gesellschaft aufgedeckt. Bei allen Völkern arbeiten sich nach langen Irrwegen dieselben Ideale durch, die in relativ wenigen und einfachen Sätzen und Ideen sich zusammenfassen lassen[40]."

Nur der primitive Mensch schwärmt für Kampf auf Leben und Tod. Wie muß man daher über eine Gesellschaft denken, in der der Klassenkampf herrscht?! Im Jahre 1885 sagte Schmoller: „Der dunkelste Punkt unserer parlamentarischen Debatten und Abstimmungen,

---

[37] *Joseph Schumpeter*, Gustav v. Schmoller und die Probleme von heute, Schmollers Jahrbuch, 50. Jahrg. 1926, S. 346.

[38] *G. Schmoller*, Grundriß etc., 3. A., München-Leipzig 1923, Bd. I, S. 17.

[39] *G. Schmoller*, a.a.O., S. 19.

[40] *G. Schmoller*, a.a.O., S. 45.

das ist der Klassenkampf, der Kampf der nackten wirtschaftlichen Sonderinteressen miteinander. Er vergiftet die Parteien, er reißt sie von der Höhe allgemeiner Prinzipien, von dem erhabenen Standpunkt des staatlichen Gesamtinteresses herab zu der leidenschaftlichen Klopffechterei gegenseitiger halbwahrer und unwahrer Vorwürfe, zu schamlosem Schacher, zu Interessenkoalitionen, die in der Tat die Füllung der Taschen der Wähler im Auge haben." Die Notwendigkeit wechselseitiger Anerkennung lebensnotwendiger und sachlich bedingter Interessen muß und wird mit der persönlichen und gesellschaftlichen Lebenserfahrung zunehmen. Infolgedessen kann auch die Wissenschaft in zunehmendem Maße von relativ allgemein anerkannten Grundsätzen ausgehen. „Immer näher kommt die Zeit, in der das soziale Wollen einheitlich genug sein wird, um in jeder gegebenen Situation Zielsetzung mit den Mitteln der Wissenschaft möglich zu machen. Schon jetzt kann man auf vielen Gebieten ruhig mit den Kategorien ‚falsch' und ‚richtig' operieren. So auf dem Gebiet der Währungs- und Kreditpolitik. Dann im Umkreis von Problemen wie z. B. dem der Arbeitslosigkeit und dem der Konjunkturschwankungen. Endlich kann es unmöglich ein Unglück sein, wenn man eine Lohnpolitik, welche das Lohnniveau so hebt, daß durch die dadurch ausgelösten Wirkungen die Lebenshaltung der Arbeiter leidet, oder eine Steuerpolitik, die Kapitalaufzehrung erzwingt, als ‚falsch' bezeichnet[41]."

Die für die gesellschaftliche und wirtschaftliche Lebensgestaltung maßgebenden Ideale wurzeln „im sittlichen Wesen des Menschen und seiner gesellschaftlich-historischen Entwicklung überhaupt; es sind Ideale, die vor Jahrtausenden schon in derselben Grundrichtung wirkten wie heute, und wie sie in späteren Jahrtausenden wirken werden. Es wird keine Zeit kommen, in der man nicht Billigkeit und Gerechtigkeit, Wohlwollen und Hingabe an die sozialen Gemeinschaften als Ideale anerkennen wird. In ihrer allgemeinen Tendenz und Wirksamkeit sind diese Ideen das Höchste, was im menschlichen Geiste existiert. Sie stellen auch die höchsten Kräfte der Geschichte und der gesellschaftlichen Entwicklung dar". Jedes Ideal kann freilich maßlos

---

[41] Vgl. *J. Schumpeter*, Gustav v. Schmoller und die Probleme von heute, S. 351.

übersteigert werden. Die radikale Verwirklichung eines Ideals wirkt lebenszerstörend. „Jedes hat sich im praktischen Leben zu paaren mit einem gewissermaßen entgegengesetzten Ideal: die Ausbildung des Individuums muß sich der der Gesellschaft anpassen und unterordnen; die Selbstbehauptung muß sich mit den Forderungen des Staates, die Freiheit mit der Ordnung des Ganzen vertragen." Der einseitige, vom Klassen- und Parteigeist erfüllte Doktrinarismus „verlangt Wahres und Falsches nebeneinander, oft Unmögliches. Schlüsse und Theorien, die so einseitig begründet sind, werden häufig zu ideologischen Kartenhäusern, zu verheerenden revolutionären Fahnen, wenigstens wenn sie in der Hand von Demagogen und Schwarmgeistern liegen"[42].

Die Bemühungen Schmollers und anderer Vertreter der jüngeren deutschen historischen Schule um die Grundlegung einer normativen Theorie der Politik bzw. Wirtschafts- und Sozialpolitik fanden erst in den politisch bewegten dreißiger Jahren ihre Fortsetzung. Gunnar *Myrdal* suchte „auf Grund sozialpsychologischer Forschung und eines umfassenden empirischen Erkenntnismaterials" die für die Praxis „notwendige wissenschaftliche Systematisierung der politischen Prämissen" vorzunehmen. „Die Ergebnisse bestehen in Normen, die als objektiv angesehen werden können, freilich nur von speziellen, konkretisierten Wertprämissen aus, gegeben in Form spezifizierter politischer Attitüdenkomplexe verschiedener Gesellschaftsgruppen. Die Ergebnisse haben Bedeutung und Interesse in dem Grade, wie die untersuchten Gesellschaftsgruppen politisch einflußreich sind. Auf eine solche vollständig relativisierte, sozialpsychologisch begründete praktische Nationalökonomie müssen wir uns einstellen[43]."

Es gibt in der Tat „gewisse allgemeine verbindende Prinzipien auf dem Felde der Praxis" (Myrdal). Sind es aber nur „konventionelle Wertmaßstäbe"? Geschichte und Erfahrung lehren, daß sich das menschliche Leben nach allgemein verpflichtenden Normen ausrichten muß, wenn es sinnvollen Bestand haben soll. Ideen sind jedoch nur Richtpunkte. Sie geben keinen Maßstab ab, nach dem man sich prak-

[42] *G. Schmoller*, Grundriß, Bd. I, S. 74.

[43] *G. Myrdal*, Das Zweck-Mittel-Denken in der Nationalökonomie. Zeitschrift f. Nationalökonomie, Bd. IV, Wien 1933, S. 325.

tisch entscheiden kann. Der Aufweis sinngebender normativer Wertgesichtspunkte ist Aufgabe der Ethik bzw. Sozial- und *Wirtschaftsethik*. Die Frage der Realisierung jener Ideen ist die Kardinalfrage einer *normativen Theorie der Politik*. Ihr wesentlicher Inhalt ist die *Erörterung der „Maßstäbe"*, nach denen wir uns jeweils zu orientieren haben, wenn wir uns an gültige *„Richtpunkte"* halten wollen.

Der Maßstab des Normalen

Normative Ideen zeigen sich je in bildlich oder begrifflich darstellbarem Ideal als ein nie und nirgends erfüllbares Optimum. Um zu einer annähernden Verwirklichung einer Idee, z. B. der Wahrheit, der Gerechtigkeit, der Freiheit, kommen zu können, müssen gewisse Mindestbedingungen erfüllt werden. Das Mindestmaß dessen, was vorhanden sein muß, um ein ideales Ganzes realisieren zu können, ist das Normale.

Von einer Normalisierung der gesellschaftlichen Lebensverhältnisse ist von vornherein keine Rede, wenn wir statt nach dem Optimum nach einem möglichen Maximum streben. Im Blick auf das Optimum müssen wir auf die wechselseitige Abstimmung aller Bedingungen, die zu einer annähernden Verwirklichung desselben notwendig sind, achten. Streben wir dagegen nach dem Maximum, konzentrieren wir uns auf Einzelnes. Nur ein Spezialist kann maximalen Erfolg erringen. So lassen sich z. B. auf einer ländlichen Versuchsparzelle unter speziellen Bedingungen maximale Erträge erzielen. In dem Ganzen eines Landbaubetriebes ist solch maximale Ertragssteigerung nicht zu erreichen. Hier muß auf viele einander bedingende Faktoren Rücksicht genommen werden. „Unendlich vielfältig sind die natürlichen Gegebenheiten der einzelnen Landschaft und alle die Einflüsse, die auf sie ausgeübt werden von Wind und Wetter, von Luft und Wasser, von Leben und Sterben Tausender von Tierarten, vom natürlichen und vom künstlichen Bewuchs und von der Tätigkeit des Menschen an Boden und Wasser, an Tier und Pflanze. Das Wissen um diese Dinge ist noch bei einzelnen verstreut, ist noch nicht zu Schulwissen zusammengefaßt. So ist es kein Wunder, daß jene, die nur in Parzellen zu sehen gelernt haben, die Ursache einer Erkrankung nicht zu erkennen vermögen, wenn sie außerhalb der Parzelle liegt, im Organismus ‚Landschaft'[44]."

Bis zu einem gewissen Grade können die Mindestbedingungen zur Realisierung eines idealen Ganzen quantitativ bestimmt werden. Von dieser Möglichkeit macht die Wirtschafts- und Sozialpolitik weitgehend Gebrauch. Wir kennen die Bemühungen um eine relativ allgemeingültige Bestimmung eines Mindestmaßes sozialer und wirtschaftlicher Lebensbedingungen, wie sie besonders vom Völkerbund und vom Internationalen Arbeitsamt kurz vor dem zweiten Weltkrieg unternommen worden sind. So heißt es in einem Bericht aus dem Jahre 1938: „Es scheint nicht falsch zu sein, wenn man sagt, daß die Erhaltung wirtschaftlicher und politischer Sicherheit blühender Nationen und reicher Einzelpersonen so weit gekommen ist, daß sie zu einem erheblichen Grade von der Durchführung von Maßnahmen abhängt, die wenigstens einen Minimalstandard physiologischen Lebens für die Masse des Volkes zum Zweck haben ... Wir können es als axiomatisch ansehen, daß die Erzielung jenes Verbrauchsniveaus, das den Völkern der verschiedenen Länder der Welt nötig ist, um ihnen einen erträglichen Grad physiologischen Wohlbefindens zu sichern, eine conditio sine qua non des Fortschritts in allen anderen Richtungen ist. Der Mensch mag nicht von Brot allein leben können, aber ohne das notwendige Minimum von ‚Brot' kann man vom gewöhnlichen Menschen kaum sagen, daß er überhaupt ‚lebt'[45]."

Das Normale ist kein Faktum, wie etwa der zahlen- und mengenmäßig feststellbare Durchschnitt. Es ist ein Sollbegriff. Die quantitative Bestimmung des Normalen hat daher ein normatives Lebens- und Kulturbewußtsein zur Voraussetzung. Da durch den Begriff des Normalen aber die untere Grenze der Realisierung des Optimalen oder

---

[44] *Alwin Seifert*, Gesunde und kranke Landschaft. Gesundes Land — Gesundes Leben. Herausgegeben von K. Saller, München 1953, S. 39.

[45] Völkerbund, Vorläufige Untersuchung von Maßnahmen nationalen und internationalen Charakters zur Hebung des Lebensstandards. Genf 1938. Vgl. hierzu *E. R. Walker*, Von der Wirtschaftstheorie zur Wirtschaftspolitik, Wiesbaden 1951, S. 296 ff. Vgl. zur Frage der Normalisierung der deutschen Sozialverhältnisse in den 20er Jahren: *Georg Jahn*, Sozialpolitik, Teubners Handbuch der Staats- und Wirtschaftskunde, II. Abtlg., 1. Bd., 4. Heft, S. 32 ff.

Idealen bezeichnet wird, ist hier die Bestimmung relativ einfacher als auf der höheren Ebene komplexer idealer Inhalte. In der Frage der Deutung von Wahrheit, Gerechtigkeit, Freiheit, Menschlichkeit können Meinungsverschiedenheiten bestehen, obwohl man gemeinhin normative Verpflichtungen anerkennt und die gemeinsame Überzeugung hegt, daß es Wahrheit usw. überhaupt gibt. Handelt es sich aber um die Bestimmung der Mindestbedingungen einer normativen Lebens- und Kulturgestaltung, um die Mindestbedingungen eines menschenwürdigen Daseins, so kann mit einem relativen Einverständnis, besonders in quantitativer Hinsicht, gerechnet werden.

In der Geschichte der positiv und normativ orientierten wissenschaftlichen Politik bzw. Wirtschaftspolitik gibt es nur wenig Theoretiker, die (mindestens unbewußt) zwischen dem allgemein verbindlichen Richtpunkt (der normativen Idee) und dem relativ allgemeingültigen Wertmaßstab (dem Richtigen bzw. Normalen) unterschieden haben. *In der Theorie der Politik* (in ihren verschiedenen Sparten) *ist der Fundamentalbegriff das Normale.* Wir haben jedoch gesehen, daß die begriffliche Fixierung des Normalen außer dem notwendigen Realverständnis ein Sinnverständnis voraussetzt. Friedrich *List* ist einer der seltenen Politiker gewesen, die sich über den notwendigen Zusammenhang zwischen der richtungweisenden Idee und der maßgebenden Norm klar gewesen sind. Die normative Idee, von der er sich leiten ließ, war die Idee einer freien und gerechten Menschengemeinschaft. Die reale Voraussetzung, ohne die, seiner Meinung nach, diese humanitäre Idee nicht verwirklicht werden konnte, war die Existenz innerlich und äußerlich gleichgewichtiger Nationalstaaten. „Agrikulturkraft und Manufakturkraft in einer und derselben Nation, unter der nämlichen politischen Gewalt vereinigt, ... können durch Kriege und fremde Handelsmaßregeln in ihrer Wechselwirkung nicht gestört werden, garantieren folglich der Nation den unaufhörlichen Fortschritt in Wohlstand, Zivilisation und Macht[46]." Friedrich List ist ein Meister im negativen Beweis für die Geltung normativer Ideen und Wertmaßstäbe, aber auch in der positiven Erörterung der Frage, wie sich das gesellschaftliche und politische Leben unter diesen

[46] *Friedrich List,* Das nationale System der politischen Ökonomie, Ausgabe Waentig, Jena 1928, 5. A., S. 67.

Wertgesichtspunkten entwickeln würde. Er hat einen sicheren Begriff von den normalen inneren und äußeren Verhältnissen eines Gemeinwesens, wozu z. B. auch der wechselseitig vorteilhafte Austausch zwischen Stadt und Land gehört. Agrikulturinteressen und Manufakturinteressen müssen in richtigem Gleichgewicht zueinander stehen. „Der eigene Vorteil der Städte macht es ihnen zur Pflicht, die Agrikulturisten zu Genossen ihrer Freiheit, ihrer Bildung und ihres Wohlstandes zu erheben. Denn je größer die Summe dieser geistigen Güter unter den Landbewohnern, um so größer ist die Summe der Lebensmittel und Rohstoffe, welche sie den Städten liefern, um so größer die Summe der Fabrikate, welche sie von den Städten beziehen, also der Wohlstand der Städte. Das Land empfängt Energie, Aufklärung, Freiheit und Institutionen von den Städten, die Städte aber garantieren sich den Besitz der Freiheit und der Institutionen, indem sie die Landbewohner zu Teilnehmern an dieser Errungenschaft erheben[47]."

Der von dem Wert und von der Bedeutung wissenschaftlicher Arbeit durchdrungene Politiker muß wissen, daß weder der Richtpunkt noch der Wertmaßstab inhaltlich gegebene, irgend woher zu übernehmende Wertgesichtspunkte sind. Jede Zeit muß an der Erhellung allgemeingültiger normativer Werte, aber auch an der Klärung und Begründung der relativ allgemeingültigen Wertmaßstäbe arbeiten, d. h. an der Darstellung jener Bedingungen, ohne die sich eine gesellschaftliche Gruppe in einer konkreten Situation nach Maßgabe normativer Wertgesichtspunkte nicht behaupten kann. Es ist immer möglich, ein weitgehendes Einverständnis über die Normalisierung der politischen, wirtschaftlichen Verhältnisse zu erzielen. Von solch gemeinsamer Plattform aus läßt sich dann auch in fruchtbarer Partnerschaft über Spezialfragen diskutieren. Besteht aber schon im Grundsätzlichen ein Zwiespalt, ein Zwiespalt in der Auffassung des normativen Richtpunktes und des praktischen Wertmaßstabes, so darf man vielleicht hoffen, um eines gemeinsamen Vorteils wegen eine kurze Strecke Weges zusammen marschieren zu können. Eine genossenschaftliche, kameradschaftliche, partnerschaftliche Gesinnung aber ist ausgeschlossen.

---

[47] *F. List*, a.a.O., S. 304.

Mit welchem Nachdruck und welchem Erfolg an der wissenschaftlichen Darstellung der den Praktiker maßgeblich interessierenden „normalen“ gesellschaftlichen, politischen und wirtschaftlichen Lebensverhältnisse gearbeitet werden kann, zeigt wiederum in ganz überragender Weise Friedrich List. „Die normalmäßige Nation besitzt eine gemeinschaftliche Sprache und Literatur, ein mit mannigfaltigen natürlichen Hilfsquellen ausgestattetes, ausgedehntes und wohl arrondiertes Territorium und eine große Bevölkerung. Ackerbau, Manufakturen, Handel und Schiffahrt sind in ihr gleichmäßig ausgebildet; Künste und Wissenschaften, Unterrichtsanstalten und allgemeine Bildung stehen bei ihr auf gleicher Höhe mit der materiellen Produktion. Verfassung, Gesetze und Institutionen gewähren ihren Angehörigen einen hohen Grad von Sicherheit und Freiheit, befördern Religiosität, Sittlichkeit und Wohlstand, haben mit einem Wort die Wohlfahrt der Bürger zum Zweck.“ „Große Bevölkerung und ein weites, mit mannigfaltigen Naturfonds ausgestattetes Territorium sind wesentliche Erfordernisse der normalen Nationalität, sie sind Grundbedingungen der geistigen Bildung wie der materiellen Entwicklung und politischen Macht[48].“

Der Kontakt zwischen Wissenschaftlern und Praktikern

Der Wissenschaftler kann den Praktiker durch seine Kenntnisse im Faktischen und Normativen orientieren. Allein er kann ihn nicht veranlassen, in seinem Sinne zu handeln. Die Entscheidung bleibt dem Praktiker vorbehalten, also auch die Verantwortung für die Tat. Bis zu einem gewissen Grade allerdings trägt auch der Wissenschaftler eine Mitverantwortung. Es genügt nicht, daß er theoretisch positive und normative Erkenntnisse erarbeitet. Diese Erkenntnisse müssen auch an die Praxis herangetragen werden. Solche Aufgabe kann unter Umständen wichtiger sein als die Arbeit für den wissenschaftlichen Fortschritt. So kann man vielleicht heute im Hinblick auf das Verhältnis von Landwirtschaftswissenschaft und -praxis (mit Georg Blohm) sagen: „Für die Förderung der landwirtschaftlichen Produktion und die Hebung der Rentabilität der Bauernwirtschaften ist zur

---

[48] *F. List,* a.a.O., S. 268/269.

Zeit die Übertragung der bisher erzielten Forschungsergebnisse auf die landwirtschaftliche Praxis bedeutungsvoller als die Forschungstätigkeit an sich."

Ein fruchtbares Verhältnis zwischen Wissenschaft und Praxis hat jedoch auch eine Empfänglichkeit und Aufgeschlossenheit der Praxis für die wissenschaftliche Forschungstätigkeit zur Voraussetzung. Natürlich fragt der Praktiker zunächst nach dem Nutzen, den wissenschaftliche Forschungsergebnisse für ihn haben. Das Verständnis hierfür hat jedoch einen gewissen *Kontakt mit der Sache,* mit situationsbedingten und sachnotwendigen Problemen zur Bedingung. Wer ganz und gar in subjektiv-individuellen Vorstellungen lebt, kann sich zu keiner sachlichen Betrachtung aufschwingen.

Die zweite Grundlage, die tiefere Basis, auf der sich Wissenschafter und Praktiker zusammenfinden müssen, wenn ihrer beider Arbeit Sinn und Zweck haben soll, besteht in einem gemeinsamen *Kontakt mit der Idee.* Beide müssen von der Geltung allgemein verpflichtender Normen durchdrungen sein. In diesem Verpflichtungsbewußtsein liegt die stärkste Garantie für eine fruchtbare Zusammenarbeit. Nur wo das normative Richtungsbewußtsein besteht, können Theoretiker und Praktiker gemeinsam an die gesellschaftlich und historisch notwendige Aufgabe der Normalisierung unserer Lebens- und Wirtschaftsverhältnisse herangehen.

WIRTSCHAFTSFREIHEIT IN DEN GRUNDFORMEN MENSCHLICHER SELBSTBEHAUPTUNG*

Das Problem der Wirtschaftsfreiheit

Wirtschaftsfreiheit — ein paradoxer Begriff! „Muß" der Mensch nicht wirtschaften? Wie kann er dann frei sein?! Seine Lebensbedürfnisse nötigen ihn, die Mittel zu ihrer Befriedigung zu suchen. Die natürliche Knappheit der Güter zwingt ihn, sich um die Güterbeschaffung und -verwendung zu bemühen. Er muß zusehen, wie er seinen Hunger stillt, seinen Durst löscht, sich vor Witterungsunbill schützt usw. Wäre nun faktisch dies schon „Wirtschaften", dann unterschiede es sich in nichts von dem gleichsinnigen Verhalten der Pflanzen und Tiere. Denn auch diese müssen vielerlei tun, um ihr Leben zu fristen. Der Selbsterhaltungstrieb zwingt sie, die durch ihre Natur aufgegebenen Zwecke zu erfüllen und so auch die zur Lebenserhaltung notwendigen Mittel zu erlangen. Die Lebensbedürfnisse bestimmen unmittelbar das Verhalten der Organismen, bestimmen die Auswahl der für die organische Existenz, für die Selbsterhaltung und Fortpflanzung notwendigen Stoffe und Kräfte.

Menschliche Wirtschaft ist aber mehr als eine noch so zweckmäßige Vorkehrung zur Bedürfnisbefriedigung, mehr als ein Mittel der Selbsterhaltung; sie ist ein Mittel der Selbstbehauptung. Der Mensch allein ist fähig, sich selbst zu behaupten. Denn er kann sich von der Nötigung seiner Bedürfnisse und seines Selbsterhaltungstriebes befreien. Dank seiner geistigen Begabung kann er sich den Sinngehalt seines Begehrens, den Zweck seiner Lebensbedürfnisse gegenständlich zu Bewußtsein bringen. Er kann sich vorstellen, worauf seine Bedürfnisse aus sind, was er also braucht. Seine Vorstellungskraft befähigt ihn, die einzelnen Vorstellungen miteinander in Beziehung zu setzen und sie zu ordnen. Das ordnende, zielbewußte Um-

* Aus: Schmollers Jahrbuch LXXII, 5, 1952.

gehen mit Vorstellungen ist Denken. Ehe der Mensch auf ein Bedürfnis reagiert, kann er die möglichen Folgen seiner Reaktion überdenken, kann die Reaktion hinausschieben und Ort und Zeit für ihre Auslösung bestimmen. So ist er fähig, Reaktion in Aktion zu verwandeln. Das aber heißt Handeln.

Wirtschaften ist Handeln. Es ist keine Reaktion auf Bedürfnisse, sondern eine Aktion auf Grund von Vorstellungen, die den Sinngehalt mannigfaltigen Begehrens geordnet zusammenfassen. Der zur Vorstellung gebrachte, gegenständlich geordnete Sinngehalt des Begehrens heißt Bedarf. Somit ist Wirtschaften nicht Bedürfnisbefriedigung, sondern Bedarfsbefriedigung.

Ist der Mensch nun nicht ebenso vom Bedarf abhängig, wie er es ursprünglich von den Bedürfnissen ist? Muß er nicht für Nahrung, Kleidung, Wohnung usw. sorgen? Gewiß muß er dies. Allein — und das ist entscheidend — der Bedarf ist auch von ihm abhängig. Denn er, der Wirtschafter selbst, bestimmt ja den Bedarf; er selbst entscheidet darüber, was gebraucht wird und beschafft werden soll.

Auch die äußere Natur zwingt den Menschen nicht zum Handeln. Allerdings kann sie ihn zu einer unmittelbaren Reaktion zwingen. Ist aber solche Augenblicksreaktion nicht notwendig, vielmehr die Möglichkeit zu überlegter Entscheidung gegeben, so veranlaßt den Menschen nicht die Natur, sondern die Vorstellung von der Natur, nicht die Situation, sondern die Vorstellung von der Situation, in Aktion zu treten. Nur der unmittelbar reagierende Mensch muß sich den äußeren Verhältnissen und Vorgängen anpassen. Die Vorstellung von der Natur aber befähigt den Menschen, sich von ihrem unmittelbaren Zwang zu befreien, sich von ihren Bindungen zu lösen und sich natürliche Stoffe und Kräfte nutzbar zu machen. Schon das primitivste Werkzeug in seinen Händen ist Ausdruck seiner Naturüberlegenheit, ein Symbol seiner Freiheit. Wieder ist an die Stelle direkter Abhängigkeit (von der Natur) wechselseitige Abhängigkeit (von der technischen Welt) getreten.

Der Mensch ist aber noch in anderer Beziehung ursprünglich und einseitig abhängig. Er ist als Glied der Gesellschaft gesellschaftlich abhängig. Will er sich in relativer Selbständigkeit behaupten, so muß er auch diese Abhängigkeit in eine zweiseitige verwandeln. Diesem Zweck dient die gesellschaftliche Ordnung. Hätte er die Fähigkeit gesellschaftlicher Ordnungsgestaltung nicht, müßte er ein unfreies Termitendasein führen. Erst die gesellschaftliche Ordnung schafft die notwendigen Gewichte und Gegengewichte, auf Grund deren er relativ selbständig und frei sein kann. Ohne solche Ordnung hätte der wirtschaftende Mensch keine Möglichkeit eigener Bedarfsbestimmung und keine Möglichkeit der Entscheidung über die zur Bedarfsdeckung notwendigen Mittel. Darum ist wirtschaftliche Freiheit vor allem gesellschaftliche Freiheit.

Grundsätzlich also liegt das Wesen wirtschaftlicher Selbstbehauptung in der Fähigkeit und Macht des Menschen, einseitige natürliche und gesellschaftliche Abhängigkeiten, in denen er als Natur- und Gesellschaftswesen ursprünglich lebt, in zweiseitige Abhängigkeiten umzugestalten. Das Ganze der Veranstaltungen und Einrichtungen zur Begründung und Sicherung dieser wechselseitigen Abhängigkeiten ist die *Kultur.* Also kann der Mensch nur als Kulturmensch frei sein. Denn nur in zweiseitiger Abhängigkeit kann er sich selbst behaupten. Die Möglichkeit seiner Selbstbehauptung aber ist zugleich die Möglichkeit seiner Freiheit.

Verstehen wir nun, wie der wirtschaftende Mensch grundsätzlich frei sein kann, so wissen wir doch noch nicht, wie er diese Freiheit realisieren soll. Welche Bedingungen müssen erfüllt sein, wenn er sich frei behaupten will? Wie muß er seine Wirtschaft ordnen und gestalten, um jenes Gleichgewicht der Abhängigkeiten zu erreichen? Dies ist das eigentliche *Problem der Wirtschaftsfreiheit.*

Die Wirtschaftsgeschichte zeigt eine Fülle von Veranstaltungen und Vorkehrungen des Menschen, auf jeweils besondere Art und Weise mit den erwähnten Abhängigkeiten fertig zu werden. Jede Wirtschaftsform und -gestaltung ist ein Versuch des Menschen, unter den besonderen Verhältnissen der Umwelt Existenz und Freiheit zu behaupten. Sind nun all diese Versuche und Unternehmungen gleichwertig? Haben sie alle den Charakter freiheitlicher Lebensformen? Gewiß nicht. Es gibt Wirtschaftsordnungen, in denen der Mensch augenscheinlich frei ist, und wieder Ordnungen, in denen er weniger oder gar nicht frei ist. Doch worauf gründet sich unser Urteil? Meinen wir, daß der Mensch nur in der individualistischen Verkehrswirtschaft frei ist? Der Sozialist bestreitet dies durchaus. Nach seiner Auffassung ist wahre Freiheit nur in der sozialistischen Wirtschaftsordnung möglich. Jeder ist überzeugt, in seiner Wirtschaftsordnung *die* Freiheit verwirklicht zu finden.

Wollen wir diesen Widerstreit der Behauptungen nicht als ein politisches Faktum hinnehmen, sondern eine begründete Entscheidung treffen, so müssen wir nach einem gültigen Kriterium suchen. Wir müssen zu erforschen trachten, unter welchen Bedingungen allein sich der wirtschaftende Mensch zu behaupten vermag. Kennen wir die *Grundformen wirtschaftlicher Selbstbehauptung*, so kennen wir auch die wesentlichen *Formen der Wirtschaftsfreiheit*. Dann haben wir ein Recht zu urteilen. Denn dann haben wir den erforderlichen Maßstab in Händen.

Die Frage nach den Grundformen wirtschaftlicher Selbstbehauptung führt uns freilich über die eigentliche Wirtschaftsbetrachtung hinaus. Wollten wir uns nämlich auf die Analyse der geschichtlichen Wirtschaftsformen beschränken, so wüßten wir nie, ob eine scheinbar freiheitliche Form auch die notwendigen Bedingungen der Freiheit enthält. Sollte es aber nicht doch möglich sein, ausschließlich unter wirtschaftlichem Gesichtspunkt die Grundformen aufzuweisen, in denen sich der wirtschaftende Mensch behauptet? Kommt es für die Charakterisierung der Wirtschaftsformen nicht entscheidend darauf an, wer ihre Ordnung bestimmt, der einzelne oder eine zentrale Stelle? Die beiden wesentlichen Grundformen wären danach, mit *Walter Eucken* gesprochen: Verkehrswirtschaft und Zentralverwaltungswirtschaft.

Allein: *nicht „wer" plant, ist wichtig, sondern: „wie" geplant wird.* Die Art der Planung aber hängt von dem *Geist* ab, in und aus dem geplant und gehandelt wird.

Zwei Geschäftsleute mögen das gleiche wollen, etwa optimal gewinnen. In welchem Geist aber suchen und verwenden sie ihren Gewinn? Dem einen ist jedes Mittel recht, der andere ist auf faire Geschäftsführung bedacht; der eine sieht zu, wie er reicher wird, der andere, wie er am besten seiner Unternehmung dient. Ebenso können sich zwei planende „zentrale Stellen“ sehr verschieden verhalten. Die eine Stelle läßt sich vielleicht von kollektiven Interessen leiten, die andere von kollektiver Verantwortlichkeit.

Worauf beruht nun dieser Unterschied des Wirtschaftsgeistes? Wie kommt es, daß der eine sich so, der andere sich anders verhält? Der Grund kann nicht im Wirtschaftsbewußtsein selbst, sondern nur in der Grundeinstellung des Menschen schlechthin liegen. Wie der Mensch im ganzen denkt, so denkt er auch als Wirtschafter. Der Geist, der ihn überhaupt beseelt, beseelt ihn auch in seinem wirtschaftlichen Denken, Planen und Handeln. Handelt er aber zuweilen nicht sozusagen aus zwei getrennten Bewußtseinssphären? Kennen wir nicht Menschen, die sich „im Dienst“ völlig anders verhalten als in ihrem privaten Leben? Doch auch sie sind im Grunde von *einem* Geist erfüllt.

Der Weg vom Wirtschaftsverhalten zu den Grundformen menschlicher Selbstbehauptung ist nicht zu umgehen, wenn wir die wesentlichen und notwendigen Formen wirtschaftlicher Selbstbehauptung und Freiheit finden wollen. Denn welche Wirtschaftsformen sind wesentlich? Diejenigen, die durch die Art und Weise „menschlicher“ Selbstbehauptung bedingt sind.

Wie nun diese Grundformen menschlicher Selbstbehauptung finden? Wir bedürfen eines Ansatzpunktes und eines Leitgesichtspunktes. Denn ohne Weg und Ziel keine Forschung. Der Ansatzpunkt, der uns auf den Weg hilft, ist die Vorstellung der menschlichen *Selbstdifferenzierung*. Wir nehmen also an, daß sich der Mensch in verschiedener Art und Richtung ausprägt, daß er sich differenziert, besondert. Danach müssen wir, auf der Suche nach den Formen menschlicher Selbstbehauptung, von einer relativ undifferenzierten, ungesonderten menschlichen Wesensart ausgehen.

Ist der Ausgangspunkt gewonnen, muß uns ein Leitgesichtspunkt weiterführen. Diesen gibt uns die Vorstellung der menschlichen *Selbstintegration*. Wir nehmen also an, daß sich der Mensch nicht nur differenziert, sondern sich in seiner verschiedenen Ausformung als ein Ganzes zu behaupten strebt, daß er sich nicht verlieren, sondern sich gerade durch Besonderung innerlich reicher und reifer zurückgewinnen und behaupten will.

Die integrale Idee der Selbstbehauptung leitet uns im ganzen und zugleich von Etappe zu Etappe. Denn wieso, müssen wir fragen, verharrt der Mensch nicht in einer besonderen Form seiner Selbstbehauptung? Warum sucht er sich in immer neuer Weise zu verwirklichen? Weil er in jeder errungenen Form ein Ungenüge findet, auf ein Negativum stößt, das ihn hindert, sich voll und ganz behaupten zu können. So ist der jeweils erlebte relative Selbstverlust das innere Antriebsmoment, das ihn zu neuer Differenzierung treibt. Jede Form hat ihre eigene, relativ selbständige Bedeutung; jede aber ist auf das Ganze bezogen, weil vom Ganzen gewollt. Der Mensch als ganzheitliches Wesen, das sich auch ganz behaupten will, ist daher der unsere Untersuchung beherrschende Leitgesichtspunkt.

Obwohl wir diesen Gesichtspunkt vorläufig nur als hypothetisch gelten lassen, schließen wir damit von vornherein doch die Auffassung aus, daß der Mensch „nichts anderes als" ein Naturwesen, „nichts anderes als" ein Individuum oder sonst etwas ist. Solch einseitige Behauptung erscheint uns als völlig irreale Fiktion. Dennoch setzen wir nicht Behauptung gegen Behauptung, sondern gehen von der gegenteiligen bloßen Annahme aus. Erweist sich diese Annahme als richtig, erfährt sie also im Fortgang der Untersuchung ihre Verifikation, so ist dies Ergebnis ein nicht gering zu veranschlagender Nebengewinn unserer Arbeit. Denn die „Nichts-als"-Denkweise ist zwar einzelwissenschaftlich gerechtfertigt, soweit eben der Mensch unter einem ganz besonderen wissenschaftlichen Aspekt betrachtet werden soll, nicht aber als eine durch die Realität geforderte Konzeption. *Aldous Huxley* hat auf die verhängnisvollen praktisch-politischen Konsequenzen dieser unrealistischen Denkweise aufmerksam gemacht: „Die Menschen, so wird mehr oder weniger stillschweigend angenommen, sind nichts als Leiber, Tiere, ja sogar Maschinen; die einzigen wirklichen Elemente der Wirklichkeit sind Materie und Energie in ihren meßbaren Aspekten; Werte sind nichts als Illusionen, die irgendwie mit unserer Erfahrung von der Welt in Vermischung gerieten; geistige Vorgänge sind nichts als Begleiterscheinungen, hervorgerufen und unabhängig von physiologischen; Vergeistigung ist nichts als Wunschträume und mißleitete Geschlechtlichkeit; und so weiter. Die politischen Folgen dieser Philosophie des „Nichts-als" kommen deutlich zum Vorschein in der für unsere Zeit so charakteristischen Gleichgültigkeit gegen den Wert der menschlichen Persönlichkeit und des menschlichen Lebens." („Wissenschaft, Freiheit und Frieden." Zürich 1947, S. 53.)

Der Hauptgewinn unserer Untersuchung liegt in dem Aufweis der besonderen Formen menschlicher Selbstbehauptung und demzufolge auch wirtschaftlicher Freiheit. Kein anderes Wirtschaftsproblem ist wesentlicher und wichtiger als dieses. Denn alle wirtschaftenden Menschen wollen sich selbst behaupten und frei sein. Doch was verstehen sie unter Freiheit? Ein Wirrwarr von Vorstellungen läßt kaum erkennen, was eigentlich Freiheit ist. Ein Wirrwarr von Wirtschaftsauffassungen läßt kaum erkennen, wie der Mensch sich je noch in einer Wirtschaftsordnung sinnvoll behaupten kann. Die Klärung des Tatbestandes ist eine vordringliche wirtschaftsphilosophische Aufgabe. Damit klären sich auch die geistigen Voraussetzungen sinnvoller Wirtschaftsgestaltung. Der Aufweis dieser Voraussetzungen ist die fundamentale Aufgabe der Wirtschaftsphilosophie. Das ist ihre königliche Aufgabe im Bereich der Wirtschaftswissenschaft.

Natürliche Freiheit

Ausgangspunkt unserer Forschung ist der verhältnismäßig undifferenzierte Mensch. Wir bezeichnen diesen relativ unkomplizierten, einfachen und einfältigen Menschen als natürlichen Menschen.

Der natürliche Mensch lebt in unmittelbarem Kontakt mit seiner natürlichen und gesellschaftlichen Umwelt. Denn während Differenzierung oder Besonderung zugleich Aussonderung, Absonderung, Vereinzelung ist, stellt sich Undifferenziertheit gegenteilig als ungesondertes Beisammensein dar. Ungesondert sind die Bewußtseinsformen, ungesondert die Bewußtseinsinhalte, ungesondert die Lebensformen.

Die geistige Form, in der der natürliche Mensch den Gegenstand seiner Aufmerksamkeit beisammen findet, ist die *Anschauung*. In ihr sind die Eindrücke, die er von einem Gegenstand empfängt, zu einem Ganzen zusammengezogen. Die Anschauung ist die Quelle aller weiteren, differenzierenden Erkenntnis. „Diese Gesamtanschauung, Gesamtauffassung, so unvollständig sie auch sein möge, geht jeder anderen voraus. Dieser Gesamteindruck des Gegenstandes ist das Herz, die Knospe, aus welchem sich später die Gestalt und Form in ihrer Einzelheit und Mannigfaltigkeit entwickelt." (Friedrich Fröbel, Die Menschenerziehung. Berlin 1863, S. 419.)

Was sich in der Anschauung zeigt, verdichtet sich in der Vorstellung zum Bild. Erst dieses *Vorstellungsbild* gibt dem Menschen die Orientierung. Das Bild der aufgehenden und untergehenden Sonne und ihrer in ewigem Rhythmus wechselnden Himmelsbahn wird Gesichtspunkt für die Gliederung des Zeitgeschehens, der Tages- und Jahreseinteilung, und für die Ortsbestimmung, die Bestimmung der Himmelsgegenden, der Morgen-, Mittag-, und Abendgegend. Das Vorstellungsbild gibt dem Menschen die Möglichkeit, sich auch in einer ihm fremden Umwelt zurechtzufinden.

Das Vorstellungsbild wird nicht willkürlich hervorgebracht, wird nicht gemacht, nicht konstruiert. Es wächst aus der Anschauung hervor. Ungewollt, ungezwungen steht es vor dem geistigen Auge des Menschen. Ungewollt ist auch die Verdichtung dessen, was die Eindrücke und Anschauungen vermitteln. Mancher Eindruck, mancher Erlebnisinhalt wird nicht in das Vorstellungsbild übertragen. Nur der lebenswichtige und beständige Eindruck bleibt haften. Daher zeigt sich das Vorstellungsbild auch beständig gegenüber wechselnden Eindrücken. Ja noch mehr: Die Bildvorstellung, zwar aus der Anschauung hervorgegangen, bildet ihrerseits die Anschauung um. Sie schiebt sich gleichsam vor den Gegenstand, so daß der Betrachtende diesen nur in ihrem Rahmen aufzufassen vermag. Mancherlei am Gegenstand wird nun nicht mehr beachtet, mancher Eindruck formt sich nicht mehr zu einem Motiv des Handelns. So trägt das beharrende Vorstellungsbild zur Beständigkeit der Lebensverhältnisse bei. Schließlich kann sich der Mensch nicht mehr denken, daß die Umwelt, daß er selbst und die Gesellschaft, in der er lebt, anders sein könnte, als er es in der Vorstellung hat. Sein Denken ist Anpassung, Einpassung, Einfügen von Vorstellungen in das maßgebende Vorstellungsbild. Jede Frage läuft am Ende darauf hinaus, jede Antwort wird schließlich von daher gegeben.

Aus seinem Vorstellungsbild entnimmt der natürliche Mensch nun auch seine Ziele und Aufgaben. Denkt er an seinen Bedarf, so leitet ihn das Bild der begehrten Dinge; will er diese beschaffen, so leitet ihn das Bild der hierzu erforderlichen Mittel und Verrichtungen. Wie sein Denken „Einbilden“, „Nachbilden“ ist, so ist auch sein Handeln, auch seine Technik ein Nachbilden, Nachgehen, Nachfolgen dem in der Vorstellung gegebenen Natur- und Handlungsverlauf. Nachahmung ist der Weg zur inneren und äußeren Reife; durch Nachahmung erhält das Leben und Wirken seine beständige und bewährte Form. Eine Generation übernimmt von der anderen deren Leitbild und Vorbild, das Bild der Lebensordnung und Lebensgestaltung, das Bild der Technik und Wirtschaft.

So ist der natürliche Mensch ein Mensch der Beharrung. Und dies, weil sein Vorstellungsbild zu beharren strebt. Würde die Vorstellung diese Tendenz nicht besitzen, könnte der Mensch nie im Bilde bleiben und infolgedessen auch nicht planen und handeln. Denn um handeln zu können, bedarf er eines konstant durchzuhaltenden Zieles. Von folgenreicher Bedeutung aber ist es, daß dieses Ziel eine Bildvorstellung ist, daß sich der Mensch überhaupt an Bildvorstellungen orientiert. Denn das Bild gibt ein vollständiges Konterfei der Handlung. Ist man im Bilde, so kennt man Weg und Ziel. Man braucht nur der inneren Anweisung des Bildes zu folgen. Vom Verstande wird nur gefordert, daß er das Passende sucht und das Unangepaßte meidet.

Wissen sich nun Menschen gleicherweise einig in ihren, gemeinsamem Erleben entspringenden Vorstellungen, so bilden sie eine *Erlebnisgemeinschaft*. Der natürliche Mensch ist von Natur Glied einer natürlichen Lebensgemeinschaft. Doch die natürlichen Lebensbedingungen sind zu schwach, um der Gemeinschaft über die unmittelbaren Lebenserfordernisse hinaus Bestand geben zu können. Gerade solcher Bestand aber ist wichtig und notwendig, um kulturelle Werte und Werke schaffen zu können. Eine bloße Blutsgemeinschaft kann nicht Trägerin solcher Werte sein. Hier werden alle Kräfte von der natürlichen Lebenserhaltung in Anspruch genommen. Hier wäre Wirtschaft faktisch Bedürfnisbefriedigung. Trägerin kultureller Werte kann erst eine Gemeinschaft sein, deren Glieder sich in gegenständlichen, jedoch subjektiv erlebbaren Vorstellungen verbunden wissen. Erst solche Gemeinschaft hat die Möglichkeit, ihren Sinn und ihre Kräfte auf dauerbare Ziele zu konzentrieren; erst sie hat die Fähigkeit, zu planen und in arbeitsteiliger Kooperation die für den Bedarf notwendigen Güter zu beschaffen.

Die Ordnung der *natürlichen Kulturgemeinschaft* ist nicht mehr die durch den primitiven Selbsterhaltungstrieb bedingte Gewaltordnung. Der Schwächere ist nicht bedingungslos dem Starken unterworfen. Auch der Schwächste noch hat sein Eigenrecht. Dies ist in der subjektiv-allgemein bindenden und verpflichtenden *Ordnung der Sitte* begründet.

Der Sitte dankt der natürliche Mensch seine Freiheit. Die Sitte setzt der subjektiven Willkür die für den Bestand der Gemeinschaft notwendige Grenze. In der durch die Sitte verbürgten Ordnung kann sich jeder nach Maßgabe des ihm zugebilligten Rechtes behaupten. Das Kind ist nicht der Willkür der Eltern, die Frau nicht der Willkür des Mannes, der Mann nicht der Willkür seines Herrn preisgegeben. Freilich heißt dies nicht: gleiches Recht für alle. Im Gegenteil: „Eines schickt sich nicht für alle!" Die Vorstellung einer objektiv-allgemeingültigen Rechtsordnung ist dem natürlichen Bewußtsein noch fremd. Der natürliche Mensch kennt nur subjektiv verständliche und subjektiv bindende Regeln. Diese normieren das Gemeinschaftsleben in dem Sinne, wie es dem Vorstellungsbild der Gemeinschaft entspricht. Die Normierung ist keine willkürliche, nicht einem bewußten Willensakt entsprungen. Sie ist mit dem Gemeinschaftsleben, mit dem Gemeinschaftserleben da, mit dem gemeinsamen Vorstellungsbild, Leitbild und Vorbild. Darum wird die Sitte auch von allen Gemeinschaftsgliedern als der selbstverständliche, richtige und gute Ausdruck ihres Zusammenlebens verstanden und gewertet.

Das trefflichste Wort über die Sitte hat *Gustav Schmoller* gesagt: „Die Sitte ist nicht das Sittliche, aber sie ist der äußere und gesellschaftliche Anfang desselben; sie ist und bleibt eine Offenbarung dessen, was den Menschen über das Tier erhebt; sie ist aus dem geistig-sittlichen Schatze des Volkes geboren; sie stellt dem einzelnen eine äußere Norm des Guten, des Schicklichen, des Wohlanständigen vor Augen, sie bändigt die Willkür, den Egoismus; sie setzt den ungezügelten Reizen der momentanen Lust feste Schranken, sie schlingt ein gemeinsames äußeres Band um die Stammesgenossen und um die wechselnden Geschlechter, sie vernüpft die abrollenden Geschicke des materiellen Lebens durch ihre Formen zu einem höheren geistigen Ganzen. Sie baut in die natürliche Welt die Welt der Konvention, aber auch die der Kultur hinein. Jede Sitte ist historisch geworden, kann zur Unsitte werden; aber sie ist in ihren gesamten Äußerungen ein wesentlicher Gradmesser der geistigen und moralischen Kultur. In den Anfängen des gesellschaftlichen Lebens ist es die Sitte, die vor Entstehung einer staatlichen Gewalt und eines geordneten Strafrechts den Frieden aufrecht erhält, die rohen Ausbrüche der Leidenschaft zurückhält und sühnt." (Grundriß der Allgemeinen Volkswirtschaftslehre, Leipzig 1908, I, S. 51.)

Die Sitte sichert und begrenzt die Freiheit der Angehörigen und der Zugehörigen, die Freiheit der Familienmitglieder wie der zum Hause gehörenden Mägde und Knechte; sie sichert und begrenzt die Freiheit der Sippen- und Stammesgenossen wie des Oberhauptes der Gemeinschaft.

Die dem natürlichen Menschen gemäße Wirtschaftsform ist die *Gemeinwirtschaft*. Denn der natürliche Mensch ist ja ein Mensch der Gemeinschaft. Stets fühlt und weiß er sich mit seinesgleichen zusammengehörig, sich einer Gemeinschaft angehörig oder zugehörig. Darum ist sein Bedarf Gemeinschaftsbedarf, seine Arbeit Gemeinschaftsarbeit, sein Verbrauch gemeinschaftliche Bedarfsbefriedigung. Grundsätzlich sind die Dinge, die all dem dienen, gemeinschaftliche Güter.

Der gemeinschaftliche Besitz schließt *Wirtschaftsfreiheit* nicht aus. Selbstverständlich ist diese Freiheit nicht die des wirtschaftenden Individuums. Es ist die Freiheit nicht des vereinzelten Menschen, sondern des Angehörigen, und zwar des Angehörigen einer durch die Sitte geordneten Gemeinschaft. Der einzelne hat daher auch gar nicht den Wunsch, daß ihm etwas ausschließlich zu eigen sein müßte. Denn solche Ausschließlichkeit ist mit dem Gemeinschaftsbewußtsein, dem Gemeinschaftserleben und der gemeinschaftlichen Lebensgestaltung nicht vereinbar. Das war und ist zu allen Zeiten so, wo sich natürliches Menschentum — und sei es nur noch in Resten — behauptet. *William Seagel* bemerkt in seinem interessanten Werk „The Quest for Law" sehr richtig: „Auch in einer modernen Familie ist es oft schwierig zu sagen, wem das Sofa, der Radioapparat oder Teller und Tassen ‚gehören'. Diese Frage wird überhaupt erst akut, wenn ein Verfall der Familie droht." (Dtsch. 1951, S. 83.)

Der Verfall der Gemeinschaft ist auch das Ende der natürlichen Freiheit. Dieser Verfall aber erfolgt zwangsläufig, wenn sich der Mensch nicht differenziert und eine neue Form seiner Selbstbehauptung erringt. Denn der natürliche Mensch kann sich und seine Freiheit nur im Rahmen und in der Ordnung der Sitte behaupten. Unmittelbares Gemeinschaftsbewußtsein und wechselseitige Zuneigung würden nicht hinreichen, dem Angehörigen oder gar nur Zugehörigen seine Freiheit zu sichern. Die Waagschale gegenseitiger Abhängigkeit würde nicht ins Gleichgewicht kommen. Die Sitte schafft die notwendigen Gegengewichte. Sie verbürgt das innere Gleichgewicht der Gemeinschaft. Nun aber gilt die Sitte nur für die Gemeinschaft. Aus dem Leben der Gemeinschaft stammend, breitet sie ihre Zweige auch nur über sie aus. Wo die Gemeinschaft aufhört, endet ihr Machtbereich. Daher ist die Freiheit des natürlichen Menschen auf seine angestammte Gemeinschaft beschränkt. Außerhalb dieser ist er der subjektiven Willkür des Fremden preisgegeben, wird er hörig dem „Barbaren". Daher die Abneigung des natürlichen Menschen, seine Heimat zu verlassen. In der Fremde (= „E-lend") sinkt er ins Elend. Wenn er in die Fremde ziehen muß, dann nur in Gemeinschaft. In der gemeinschaftlichen Niederlassung, in der Kolonie, genießt er heimatliche Freiheit. Doch wiederum nur eine Freiheit, die an den Toren aufhört. Da nun die Fremde weit größer, unheimlich größer ist als der räumlich eng begrenzte Bezirk der eigenen Gemeinschaft, so lebt der natürliche Mensch in steter Sorge und Furcht vor den ihn bedrohenden fremden Mächten. Diese Furcht ist berechtigt. Denn den Fremden hält keine Sitte, wie die bedrohte Gemeinschaft sie kennt, vor eigenen Gelüsten zurück. Gelüstet es ihn und hat er Macht in den Händen, so bricht er gewiß eines Tages ein in den Garten der Gemeinschaft. Gelingt es dieser nicht, ihn abzuwehren und zurückzuschlagen, wird sie dem Willen des Eroberers unterworfen und ihm hörig. So steht die *Hörigkeit* als stets drohendes Gespenst über der Gemeinschaft. Diese hat kein anderes Mittel, ihre Freiheit nach außen zu behaupten, als die Gewalt. Doch wie aufkommen gegen alle mögliche Gewalt der Fremde! Unausweichlich wird die Gemeinschaft hörig, wenn sie nicht eine andere Möglichkeit findet, sich selbst zu behaupten.

Doch auch *in* der Gemeinschaft wandelt sich zwangsläufig Freiheit in Unfreiheit. In der Gemeinschaft ist der die Freiheit des Angehörigen und Zugehörigen bedrohende Feind die Gewohnheit. Obwohl die Sitte lebendigem Gemeinschaftserleben entspringt, trocknet der Strom aus, wenn er nicht anderweit neue Impulse empfängt. Umgangsregeln und -formen, die sich stetig wiederholen, büßen an Eindruckskraft und subjektiver Verbindlichkeit ein. Die Sitte wird schließlich zu einer nur oberflächlich beachteten konventionellen Regel. In dem Maße und Grade aber, wie die erlebnisträchtigen subjektiven Beziehungen versiegen und verflachen, verlieren die durch die Sitte geschaffenen Gewichte ihre Bedeutung, und die robusten Überlegenheiten machen sich geltend. Der körperlich oder sonstwie Überlegene weiß sich nicht mehr an Rücksichten gebunden, zu denen ihn vordem die Sitte verpflichtet hatte. Wie ein „Barbar" zwingt er dem Unterlegenen seinen Willen auf. Ist nun wenigstens der Überlegene, der Herr und Gebieter, frei? Ihm droht das gleiche Schicksal, das er dem Unterlegenen geschaffen. Denn ein Stärkerer zwingt auch ihn in die Knie. Kurzum: Herrscht die Gewalt, so hat die Freiheit ihr Recht verloren.

Noch einmal also: Der natürliche Mensch wird hörig, wenn er in seiner natürlichen Selbstbehauptung verharrt und sich nicht in anderweiter, in gewisser Beziehung überlegener Form neue Lebens- und Wirkungsmöglichkeiten schafft.

Individuelle Freiheit

Der Mensch ohne unmittelbar-subjektiven Kontakt mit der Umwelt steht ihr distanziert gegenüber. Er sieht die Welt mit anderen Augen an; nicht mit den Augen des innerlich beteiligten, erlebenden, für alle

Eindrücke empfänglichen Menschen, sondern mit kühl und nüchtern und abwägend taxierendem Blick. Eigentlich sieht er jetzt erst, was und wie die Welt ist. Denn die Gefühle, Stimmungen und Erlebnisse, die das Weltbild des natürlichen Gemeinschaftsmenschen bestimmen, können oder sollen nicht zur Geltung kommen. Das Subjektive, All-zu-Subjektive verschließt der Mensch in sich. Darum verhält er sich aller Welt gegenüber reserviert. Was ihn noch mit der Umwelt verbindet, ist bloß sachliches Interesse. Dieses muß er schon an ihr nehmen, wenn er sich nicht unsachgemäß und zweckwidrig verhalten will.

Das sachlich interessierte Sehen heißt Wahrnehmung bzw. — wenn es in konstanter Richtung geschieht — Beobachtung. Sehen, Wahrnehmen, Beobachten sind die sinnlich-seelisch-geistigen Akte, durch die ein Gegenstand in seinen interessierenden Merkmalen erfaßt wird. Die Vorstellung, die die für die Gegenstandserkenntnis wichtigsten Merkmale in sich schließt und umgreift, heißt *Begriff*.

Der Gegenstandsbegriff gibt dem Menschen die Handhabe, sich nicht nur unabhängig von subjektiven Eindrücken und Vorstellungen sachentsprechend orientieren zu können, sondern auch die weitere Handhabe, die sachlich richtigen, objektiv zweckmäßigen Mittel wählen und sonach rationell handeln zu können. Aus Gegenstandskenntnis wird Erkenntnis, aus Wissen wird Wissenschaft, aus manueller Werkzeugtechnik wird maschinelle Technik. Der Rationalisierung, Technisierung, Mechanisierung und Organisierung sind keine Grenzen gesetzt. Denn der Mensch denkt und handelt nicht aus einem begrenzten und geschlossenen Vorstellungsbild, sondern aus einem Begriff, der sich inhaltlich fortschreitend genauer und exakter bestimmen läßt, ohne daß man sagen dürfte, der Gegenstand sei endgültig erkannt. Denn was am Gegenstand erkannt wird, ist ja stets nur ein Merkmal.

Der aus distanzierter und reservierter Einstellung sachlich interessiert und zweckmäßig handelnde Mensch ist *Individuum*. Obwohl dem Sinne nach ein vereinzeltes Wesen, lebt er selbstverständlich nicht beziehungslos in der Welt. Er muß Rücksicht nehmen und Rücksicht verlangen, wenn er sich behaupten will. Indes nur sachliche Rücksicht! Nun können die Individuen aber nur dann miteinander in Freiheit leben, wenn sich alle richtig und zweckmäßig verhalten. Subjektive

Willkür muß verpönt sein. Eine Ordnung, die subjektiv-individuelle Willkür ausschließt und jedermann die Möglichkeit gibt, sich objektiv zweckmäßig zu verhalten, ist eine Ordnung nach *Recht und Gesetz*. Unter Recht verstehen wir einen Inbegriff gesetzter Normen, die das wechselseitige äußere Verhalten der Individuen objektiv und allgemeingültig bestimmen. Nun kann das Recht freilich auch durch einen individuellen Gewaltakt gesetzt sein. Mit der Freiheit der Individuen ist jedoch nur solche Rechtsordnung vereinbar, die durch ein allgemein anerkanntes Gesetz statuiert wird. Nennen wir die Machtordnung zur Sicherung von Recht und Gesetz Staat, so verbürgt nur der vom Allgemeinwillen („volonté général") getragene *Rechtsstaat* individuelle Freiheit. Gewiß ist der Staat eine Zwangsordnung. Allein der Zwang wird von den Individuen freiwillig auf sich genommen, weil sie anders ihre individuelle Existenz nicht sichern können. So bedeutet auch der Gehorsam gegenüber Recht und Gesetz keinerlei Unfreiheit. Denn „der Gehorsam gegen das selbst gegebene Gesetz ist die Freiheit" (Rousseau). Auch die Unterordnung unter die Regierung ist keine Unterwerfung. Leitet doch die Regierung „ihre verfassungsmäßige Macht aus der Zustimmung der Regierten" her (Amerikanische Unabhängigkeitserklärung vom 4. 7. 1776). Solche auf wiederholter Zustimmung der Staatsbürger beruhende, die individuellen Rechte gleich und allgemein bestimmende Rechts- und Staatsordnung heißt *Demokratie*.

In welchem Sinne können nun die Individuen ihr Leben, insonderheit ihr Staats- und Wirtschaftsleben, gestalten? Welches also sind die *Formen individueller Selbstbehauptung*?

Wird sich der Mensch seiner selbst als Individuum bewußt, so schließt dies Bewußtsein zweierlei ein: Das Bewußtsein der individuellen Eigenart und das der individuellen Gleichartigkeit. Versteht sich der Mensch als eigenartiges, eigenwilliges, eigenmächtiges Individuum, so ist seine Denk- und Handlungsweise *individualistisch*. Versteht er sich dagegen als Partikel einer gleichartigen Masse oder als Element einer gleichartigen Gruppe, so ist seine Denk- und Handlungsweise *kollektivistisch*. Diese Grundverhaltensweisen des Individuums stehen in keinem ausschließenden Gegensatz zueinander. Denn das Individuum muß sich ja bei aller individualistischen Betätigung auch kollektivistisch verhalten. Denn ohne Rücksicht auf Kollektivinteressen können auch nicht Eigeninteressen verfolgt werden. Die Wahrung der Kollektivinteressen ist sogar Voraussetzung für die Behauptung der Eigeninteressen. Indessen kann doch praktisch das Eigeninteresse vordringlich betont werden. Handelt jedermann in wohlverstandenem Eigeninteresse, so scheint dies ohne weiteres im Gesamtinteresse zu liegen.

Die rechtlich-politische Form der individualistischen Selbstbehauptung ist die *liberalistische Demokratie.* Grundsätzlich hat hier das einzelne Individuum das Recht, zu tun und zu lassen, was ihm objektiv richtig erscheint. Eine kollektive Regelung der Lebensverhältnisse findet nur soweit Billigung, als der Einzelne — aus wohlverstandenem Eigeninteresse — auf Selbstregelung verzichtet (Subsidiaritätsprinzip). Solche Ordnung wächst nicht von selbst, sie ist eine große konstruktive Aufgabe. *Rousseau* formuliert sie in seinem „Contrat Social": „Es ist eine Gesellschaftsform zu finden, die mit der ganzen gemeinsamen Kraft die Person und das Eigentum eines jeden Mitgliedes schützt und verteidigt und in der jeder, obwohl er sich mit allen zusammenschließt, dennoch nur sich selbst gehorcht und ebenso frei bleibt wie zuvor." Gewiß „verliert der einzelne" dadurch „einen Teil seiner natürlichen Freiheit und das unbeschränkte Recht auf alles, was ihn reizt und was er erreichen kann; aber er gewinnt die bürgerliche Freiheit und das Eigentumsrecht auf alles, was er besitzt".

Die Wirtschaftsordnung des individualistisch eingestellten Menschen ist die *freie Verkehrs- oder Marktwirtschaft.* Die Freiheit des Individuums findet hier ihren adäquaten Ausdruck in der Freiheit des Wettbewerbs, der Freiheit des Privateigentums, der Vertragsfreiheit, der Freizügigkeit usw. Der freie Wettbewerb spornt jeden Wirtschafter zu höchster Leistung an. Will er durch seine Konkurrenten nicht vom Markt verdrängt werden, muß er seine Waren laufend besser und billiger anbieten. Darum wieder muß er seine Aufwendungen so rationell wie möglich gestalten und nach dem Prinzip optimaler Wirtschaftlichkeit handeln. Die Produzenten, die es unternehmen, in dieser Weise für den Markt zu arbeiten, sind *Unternehmer.*

Der Kompaß, nach dem sich die Unternehmer richten und nach dessen Ausschlag sie disponieren, ist der Marktpreis. Die Marktpreise zeigen, welche Waren mehr oder weniger knapp sind, wonach also mehr oder weniger Bedarf besteht. Gleichzeitig orientieren die Preisverhältnisse über die Gewinnmöglichkeiten. Wer sich auf dem Markt behaupten will, muß seine Gewinnchancen nutzen, wie und wo er kann.

Rechte Marktorientierung hat freilich zur Voraussetzung, daß die Preise die Knappheitsverhältnisse richtig signalisieren. Preiswahrheit aber kann nur bestehen, wenn der Markt in Ordnung ist und funktioniert. In Ordnung ist er, wenn allseitig freier Wettbewerb gewährleistet ist; funktionsfähig ist der Markt, wenn der Geldwert stabil bleibt und sich die Wirtschafter, Produzenten wie Konsumenten, sachlich richtig, rationell, marktkonform verhalten. Sind diese Bedingungen erfüllt, so müßte sich ein optimales marktwirtschaftliches Gleichgewicht einstellen, das seinerseits wieder die wirtschaftliche Freiheit des Individuums verbürgt. Denn nur in einer funktionierenden Marktwirtschaft kann das Individuum seine marktwirtschaftliche Funktion erfüllen.

Die freie Marktwirtschaft entwickelt jedoch aus sich heraus Tendenzen, die der Gleichgewichtsbildung entgegenwirken und die individualistische Freiheit bedrohen und beschränken. Die Ursache dieser Entwicklung liegt in der Verkoppelung von freiem Wettbewerb und freiem Privateigentum. Die Freiheit des Wettbewerbs führt zu einer Auslese der wirtschaftlich Tüchtigeren und Erfolgreicheren. Der Wirtschaftserfolg kommt in relativ wachsendem Einkommen zum Ausdruck. Die freie Verfügung über das Einkommen gestattet freie Kapitalbildung. So müssen sich unterschiedliche Kapitalverhältnisse ergeben, damit aber auch sehr ungleiche Startbedingungen. Größerer Kapitalbesitz ermöglicht eine rationellere Ausnutzung der Gewinnchancen. Der Großbetrieb kann sich die Vorteile der Massenproduktion zunutze machen. In welche Situation geraten aber die konkurrierenden Mittel- und Kleinbetriebe? Vielfach können sie überhaupt nicht mehr konkurrieren. Können sie doch weniger und weniger auf ihre Kosten kommen. Die Marktpreise nehmen ihnen jede Chance. Vorausgesetzt, daß sie vergeblich versucht haben, durch rationellere Wirtschaftsweise aus der bedrängten Lage zu kommen, so bleibt ihnen noch eine Möglichkeit, sich zu behaupten: der Zusammenschluß. Dann sind sie in der Lage, sich auch die Vorteile des Großbetriebes zu sichern und gegebenenfalls sogar auf den Markt Einfluß zu gewinnen. So kommt es zur Bildung von Kartellen und Konzernen und Genossenschaften. Die freie Marktwirtschaft wird von kollektivistischen Organisationen durchsetzt.

Gewisse kollektive Betriebsformen sind in der freien Marktwirtschaft von Anfang an zu Hause: die öffentlichen Betriebe. Allein diese werden zunächst ebensowenig als Fremdkörper empfunden wie die entstehenden Kartelle und Genossenschaften. Üben die Betriebe der öffentlichen Hand doch lediglich Funktionen aus, die die Individuen aus wohlverstandenem Eigeninteresse nicht für sich in Anspruch nehmen. Die privaten Einigungen aber sind ausgesprochen individualistische Zweckverbände. Sie sollen und wollen nichts anderes als den angegliederten Erwerbsbetrieben günstigere Erwerbschancen sichern.

Der eigentliche und nachhaltigste Anstoß zur *Kollektivierung der Marktwirtschaft* erfolgt von anderer Seite, nämlich von der Masse der in einseitige marktwirtschaftliche Abhängigkeit geratenen besitzlosen Arbeitnehmer. Diese haben nur ein Erwerbsmittel, auf dessen ertragreiche Verwertung sie durchaus angewiesen sind: ihre Arbeitskraft. Zwar haben sie wie alle anderen Wirtschafter die Freiheit, auch ihre „Ware" so profitabel wie möglich veräußern zu können, indem sie die für sie günstigsten Arbeits- und Lohnverhältnisse suchen. Allein was nützt ihnen diese rechtlich-formale Freiheit, wenn sie bei jeder Marktlage gezwungen sind, ihre Arbeitskraft zu veräußern? Unter Umständen müssen sie dies zu einem Preise tun, der nicht einmal die Lebenshaltungskosten deckt. Vielleicht finden sie aber auch gar keine Beschäftigung. Dann ist ihre Unfreiheit total. Denn in keiner anderen Wirtschaftsordnung hat die Beschäftigungslosigkeit solche Not zur Folge. Denn wer in der Marktwirtschaft lebt, muß kaufen und verkaufen. Hat er nichts zu verkaufen, so kann er auch nichts kaufen; kann er aber nichts kaufen, so kann er nicht existieren. Er steht vor dem Nichts.

Wohl findet sich früher oder später eine Chance, wieder zu Arbeit und Beschäftigung zu kommen. Allein das Bewußtsein totaler marktwirtschaftlicher Abhängigkeit bleibt und treibt die Massen zur Rebellion gegen das herrschende System, gegen das individualistische und kapitalistische Element der Marktwirtschaft. Im Bewußtsein ihrer Massenexistenz gewinnen sie ein neues Bewußtsein eigener Macht und Bedeutung. „Vereinzelt ein Nichts, ein wertloses Sandkorn in der Wüste des Lebens, schließen sie sich einer Gruppe, einem Verbande, einer Partei an, und sofort sind sie ohne weiteres eigenes Zutun ein Etwas. Denn der Verband verleiht ihnen Rechte, Aktionsgelegenheit, Wirkungsraum, Gewicht, Ansehen. Sie können repräsentieren, fordern, drohen, kämpfen, triumphieren. Der sonst eine Null ist, wird plötzlich Teil eines Kollektivs" (Otto Rühle).

Die liberalistische Demokratie gibt den Massen die Möglichkeit in die Hand, ihrem Willen auf legalem Wege Geltung zu verschaffen. Dieser Wille zielt auf die Beseitigung des Privateigentums an den marktwirtschaftlich wichtigsten Produktionsmitteln bzw. auf Sozialisierung dieses Eigentums. Die liberalistische Demokratie verwandelt sich somit zwangsläufig in eine *sozialistische Massendemokratie*, die freie kapitalistische Marktwirtschaft in eine *kollektivistisch-sozialistische Marktwirtschaft.*

Die öffentlichen Betriebe und Unternehmungen gewinnen sofort maßgebende Bedeutung. Sie beziehen sämtliche Schlüsselpositionen der Marktwirtschaft. Wo und wann immer private Unternehmungen eine marktbeherrschende Stellung einnehmen oder einnehmen können, treten öffentliche Unternehmungen an ihre Stelle. Auch die privaten kollektivistischen Einigungen rücken mehr in den Vordergrund. Zu ihren privaten Aufgaben gesellen sich öffentliche Aufgaben. Sie werden zu Funktionsträgern der öffentlichen Wirtschaft.

Die kollektivistische Marktwirtschaft schließt den freien Wettbewerb nicht aus. Im Gegenteil, der Wettbewerb muß allerwege wach und rege gehalten werden. Denn das Kollektiv ist nicht minder als der private Geschäftsmann an Leistung und Leistungssteigerung interessiert. Daher muß auch der Unternehmer der privaten und öffentlichen Gemeinwirtschaft ertragswirtschaftlich denken und handeln. Der einzige Unterschied zwischen ihm und dem Privatunternehmer scheint in dem fehlenden Privateigentum zu liegen. Der Unternehmer der Kollektivwirtschaft ist Unternehmer ohne Eigentumsrecht (Manager).

Indessen besteht doch noch ein anderer, bemerkenswerter Unterschied. Der Unternehmer der öffentlichen und privaten Gemeinwirtschaft hat neben dem Ertragsinteresse auch das Kollektivinteresse zu wahren. Dadurch aber entstehen Spannungen, die die Unternehmungsinitiative hemmen. Das Produzenteninteresse stimmt ja nicht immer und ohne weiteres mit dem Konsumenteninteresse überein. Da die Massen aber vor allen Dingen an ihrem Konsum interessiert sind, wird und muß das Konsumenteninteresse maßgebenden Einfluß gewinnen. Die Unternehmer müssen die Preise ihrer Güter und Dienste der Massenkaufkraft angleichen. Ebenso müssen sie eine den Massen genehme Personal- und Beschäftigungspolitik treiben. Wirtschaftlichkeit und Rentabilität der Unternehmungen werden gefährdet; der Staat muß eingreifen. Er muß Preise festsetzen, Höchstpreise verordnen und eine scharfe Preiskontrolle durchführen. Der Preisfestsetzung folgt die Rationierung auf dem Fuße, die „Bewirtschaftung" der notwendigen Rohstoffe, Halbfabrikate usw. An die Stelle der Preisdirektive der freien Marktwirtschaft tritt die Staatsdirektive. Der Staat muß allenthalben entstehende Disproportionalitäten beseitigen und durch umfassende und spezielle Planung für das notwendige Gleichgewicht von Produktion und Konsumtion sorgen. Die sozialistische Marktwirtschaft bildet sich zu einem Wirtschaftskollektiv um. Sie wird *Zentralplanwirtschaft.*

Inwieweit ist der Mensch nun in dieser Wirtschaftsordnung frei? Natürlich sind die Freiheiten der „individualistischen" Verkehrswertschaft dahin. Doch wie steht es um die „individuelle" Freiheit? Das kollektive Individuum ist frei, wenn es seinen Willen mit dem Kollektivwillen identifizieren kann. Verbürgt die Zentralplanwirtschaft solche Identifikation? Ist der Plan, auf den die Wirtschaft ausgerichtet ist und nach dem sie gestaltet wird, der Plan aller? Ist der Zwang, der mit der Durchführung des Planes verbunden ist, ein von jedermann sich selbst auferlegter Zwang?

Äußerlich hat es den Anschein. Denn die Regierung, die den Plan aufstellt und durchsetzt, beruft sich auf die „Zustimmung der Regierten". Und diese selbst? Sprechchöre preisen „ihren" Plan. In Wirklichkeit aber sind weder die Regierenden noch die Regierten die maßgebenden Instanzen der Planung. Die Regierten können wohl einmal dem Kollektivwillen ihre Zustimmung geben, sie haben jedoch nicht die Freiheit, sich dem Kollektiv zu entziehen oder die Erfüllung eines nicht für richtig erachteten Kollektivplanes zu verweigern. Ob sie wollen oder nicht, sie müssen im Sinne des Planes fungieren. Warum sollten sie aber nicht wollen? Bezweckt der Plan nicht das allgemeine Beste? Wäre es nicht Unverstand, Widerstand zu leisten? Wie darf man von Zwang und Unfreiheit reden, wenn es um aller Wohl und Wohlfahrt geht!

Also dient der Plan der allgemeinen Wohlfahrt? Mag dies der Wunsch derer sein, die ihn entwerfen und verordnen, sie müssen dennoch etwas anderes wollen. Der Wunsch der Massen zielt auf reicheren und besseren Konsum. Dem kann die Regierung nur nachkommen, wenn sie alle Kräfte auf die Produktion konzentriert. Produktion aber bedingt Konsumverzicht. Daher die Devise: zuerst produzieren, dann konsumieren; zuerst leisten, dann verdienen! Darum ist der Plan vor allem Produktions- und Leistungsplan. Hat die Regierung es nun aber in der Hand, Größe und Ausmaß der Produktion zu bestimmen? In der freien Marktwirtschaft bedarf es einer Regulierung nicht. Hier wird der Produktionsfortschritt indirekt durch die Preisbildung bestimmt und begrenzt. In der Zentralplanwirtschaft aber muß der Staat auch diese Funktion des Preises übernehmen. Hat er aber Macht über die Produktionsplanung? Bestimmt die Regierung aus freier Machtvollkommenheit Art und Menge der notwendigen Investition? Nein! Sie muß sich nach dem Investitionsbedarf der Industrie, der Landwirtschaft usw. richten. Dieser Sachbedarf aber ist praktisch unbegrenzt. Denn jede Investition erfordert neue und weitere Investitionen. Infolgedessen muß der Konsum zwangsläufig zurückstehen. Der Lebensbedarf wird dem Sachbedarf untergeordnet. Also nicht die Regierung und noch weniger die Regierten bestimmen den Plan, sondern die sachlichen Erfordernisse der Produktion. Der Mensch muß im Sinne seines Sachapparates fungieren. Die individuelle Freiheit verkehrt sich in die *Unfreiheit des Funktionärs.*

Zunächst mag man wohl meinen, das ist Freiheit: richtig funktionieren zu können. Man mag auch Stolz empfinden, wenn man seine Funktion erfüllt. Rechte Funktionserfüllung hat individuelle Ausrichtung auf einen einzelnen Zweck, also Spezialisierung zur Voraussetzung. Darum ist der Spezialist der wichtigste und wertvollste Funktionär. Seiner Züchtung dient daher das ganze Erziehungs- und Bildungssystem. So wird die zweckrationale Differenzierung des Menschen bis zur äußersten Grenze getrieben.

Allein die Reaktion bleibt nicht aus und kann nicht ausbleiben. Denn zu viele innere Anlagen und Möglichkeiten sind in dem rationalisierten Individuum zurückgedrängt und zurückgestaut, zu vieles im Menschen lebt in verhaltener Reserve. Ist doch die individuelle Selbstbehauptung grundsätzlich nur der Versuch des Menschen, sich — ungeachtet seiner emotionalen, irrationalen Wesensart — objektiv-rational, objektiv-zweckmäßig einzustellen und zu verhalten. Dieser Versuch mußte gewagt werden. Allein die Konsequenzen, die der Mensch auf diesem Wege ziehen muß, belehren ihn auf das nachdrücklichste, daß er seine Individuation begrenzen muß. Tut er es nicht, so wird er, der grandiose Rationalisator und Organisator, zum funktionalisierten und spezialisierten Mittel seiner Organisationen. Schließlich ist alles in seinem Leben kollektiviert, technisiert, mechanisiert. Irgendwie ist er immer im Betrieb. Selbst wenn er sich zerstreut, betreibt er etwas und muß auch da fungieren.

Der Mensch braucht es nicht zu solchen Konsequenzen kommen zu lassen. Er brauchte sich — bei aller notwendigen Individualisierung und Kollektivierung — nur als ganzheitliches Wesen zu behaupten. Ist er aber einmal den Weg der Vereinzelung und Einseitigkeit bis zu Ende gegangen, so kann er sich vor der völligen Unfreiheit des Funktionärs nur dadurch retten, daß er sich zurückreißt und auf dem Wege der Reintegration zu sich selbst zurückkehrt und sich auf sein ganzheitliches Wesen besinnt.

Persönliche Freiheit

Will sich der Mensch als Ganzes behaupten, muß er sich zuvor als Ganzes verstehen. Die sinnlich-seelisch-geistige Form, in der ihm Ganzheiten in ihrer äußeren Gestalt zu Bewußtsein kommen, ist die Anschauung (im weitesten Sinne des Wortes). Doch Anschauung ist noch nicht Verständnis. Ein Ganzes verstehen, heißt: es in seinem Grunde erfassen, es als Äußerung eines Inneren, als Ausdruck eines Wesens verstehen. Alles *Wesensverständnis* hat seinen Grund im Selbst-Verständnis. „Denn der Mensch versteht andere Dinge und Anderer Leben und die Wirkung anderer Kräfte nur in so weit, als er sich, seine Kraft und sein Leben versteht" (F. Froebel). Wie aber versteht der Mensch sich selbst? Gewiß in seinen Äußerungen. „Der Mensch ist mit allem seinen Sinnen und Trachten aufs Äußere angewiesen, auf die Welt um ihn her, und er hat zu tun, diese insoweit zu kennen und sich insoweit dienstbar zu machen, als er es zu seinen Zwecken bedarf. Von sich selber weiß er bloß, wenn er genießt oder leidet, und so wird er auch bloß durch Leiden und Freuden über sich belehrt, was er zu suchen oder zu meiden hat" (Goethe zu Eckermann am 10. 4. 1829). Doch dies „Von-sich-selbst-wissen" ist keine rationale, auf schlußfolgerndem Denken beruhende Objekterkenntnis, sondern ein unmittelbares, gefühlsmäßiges, intuitives Subjektverständnis. In dieser Art wird der Mensch auch fremden Wesens inne, mag es sich um das Wesen eines anderen Menschen, eines Gesellschafts- oder Kulturgebildes oder eines Wortes oder Werkes handeln.

Die Vorstellungen, die den Wesensgehalt von Erscheinungen sinnbildlich zum Ausdruck bringen, heißen *Ideen*. Ob und inwieweit solche Vorstellungen jeweils wesensadäquat sind, läßt sich nicht objektiv nachweisen oder beweisen. Denn das Wesen einer Erscheinung wird nicht objektiv festgestellt und begriffen, sondern subjektiv erspürt und gespürt, erfühlt und gefühlt. Das unmittelbare Wahrheitskriterium einer Idee ist daher auch nur ein Gefühl, das Evidenzgefühl. Indessen besitzt das Wesensverständnis auch ein objektives, allerdings nur indirektes Kriterium. Man kann hier von einem Tatbeweis sprechen. Eine Wesensvorstellung erweist sich dann als richtig, wenn die daraus oder danach erfolgenden Handlungen sinnadäquat sind. „An ihren Früchten sollt ihr sie erkennen!"

Wir nennen den Menschen, der sich als Ganzes weiß und als Ganzes behaupten will, *Person*. Als Ganzes kann sich der Mensch aber nur behaupten, wenn er sich einem höheren Ganzen einordnet und sich ihm widmet. Solch ganzheitliches, einem Ganzen gewidmetes Tun nennen wir *Dienst*.

Wer einem Ganzen dienen will, muß dessen Forderungen und Anforderungen zu beantworten verstehen, d. h. *verantwortlich* denken und handeln. Zunächst heißt dies: sachdienlich handeln. Denn das Ganze, welcher Art auch immer, ist ja obenhin ein äußerer Zusammenhang, ein Ganzes äußerer Beziehungen und Verhältnisse. Daher ist Sachverständnis und Sachkenntnis die erste, wenn auch nicht wichtigste Voraussetzung verantwortlichen Dienstes. Fehlurteil und Fehlgriff im Sachlichen bedingen eine verkehrte Wahl der Mittel. Infolgedessen könnte sich das Ganze nicht einmal zweckmäßig gestalten.

Doch über dem Sachdienlichen steht das Wesendienliche. Hier ist die wichtigste Voraussetzung ein Sinn oder Spürsinn für Wesentliches, somit ein Organ für Wertunterschiede, für Rangordnung. Wer keinen Sinn für Rangordnung hat, kann nicht verantwortlich dienen. Denn notwendig schließt aller Dienst die Unterscheidung niederer und höherer Werte in sich und die Anerkennung von Rang und Vorrang. Heißt doch dienen jemandem Vorrang geben vor sich selbst. In dem Ganzen, dem gedient wird, hat das Wesen, der Sinn, die Idee den Vorrang. Darum ist verantwortliches Handeln in seiner tiefsten Bedeutung sinn-beantwortendes, sinnentsprechendes Handeln.

Ein Soldat, der seinen Dienst als „sturen Gehorsam" versteht und blindlings einem Befehl gehorcht, handelt unverantwortlich, selbst wenn er dabei sein Leben opfert. Jeder Dienst verlangt Opfer. Denn nur eine sachlich bestimmte Aufgabe kann genau der Aufwendung entsprechend vergolten werden. Wo aber Sachdienlichkeit aufhört, hört auch die Entgeltlichkeit auf. Was darüber hinaus, im Dienste des Wesentlichen, getan wird, ist Opfer. Also ein Wertverlust? Allerdings! Indessen ein Wertverlust zu Gunsten eines höheren Wertes. Um dieses Wertes willen werden geringere Werte preisgegeben. Darum ist das recht verstandene Opfer wertschöpferischer Wertverlust.

So gewinnt das Ganze, dem der Mensch jeweils dient, an Wert. Was aber gewinnt er selbst? Denn grundsätzlich sollen die Opfer, die er bringt, doch sinnvoll sein, sollen trotz des Verlustes, den sie mit sich bringen, höhere Werte schaffen. Verantwortlicher Dienst ist Selbsterhöhung. Denn verantwortlich denken und handeln bedeutet antworten können, sachlichen und wesentlichen Forderungen aus eigenem Vermögen entsprechen können. Darum ist verantwortlicher Dienst zugleich Ausdruck von Eigenmacht und Freiheit. In solcher Tätigkeit glaubt sich der Mensch in seiner ganzen und wesentlichen Art bezeugen zu können.

Die verantwortliche, wertschöpferische Tätigkeit einer Person ist, kurz gesagt, *Schaffen.* Der Weg des Schaffenden geht durch vielerlei Entsagung und Verzicht. Und dies um so mehr, je höher hinauf der Weg führt! „Daß der Schaffende sei, dazu selber tut Leid not und viel Verwandelung. Ja, viel bitteres Sterben muß in eurem Leben sein, ihr Schaffenden! Also seid ihr Fürsprecher und Rechtfertiger aller Vergänglichkeit. Daß der Schaffende selber das Kind sei, das neu geboren werde, dazu muß er auch die Gebärerin sein wollen und der Schmerz der Gebärerin" (Nietzsche — Zarathustra).

In positivem Sinne ist Schaffen Wertschöpfung. Der Mensch selber ein Schöpfer! Ist dies nicht die höchste Form seiner Selbstbehauptung und Freiheit? Wirklich findet er auch im Schaffen die höchste innere Befriedigung, die reichste und reinste Freude, das edelste Glück.

Die *Grundformen personaler Selbstbehauptung* sind dadurch bestimmt, wie sich der Mensch in seinem Wesen versteht. Wird er sich seiner besonderen, ihm selbst eigenen Wesensart bewußt, so erscheint ihm die *Idee der Persönlichkeit* als die seinem Wesen adäquate Vorstellung. Wird ihm dagegen vor allem die ihn mit anderen Personen verbindende intersubjektive Wesenheit bewußt, so erscheint ihm die *Idee der Gemeinschaft* als der adäquate Ausdruck seines Wesensbewußtseins.

Beide Ideen sind im Wesen des Menschen begründet. Beide behaupten daher auch ihren Rang als Grundwerte menschlichen Handelns.

Den höheren Rang hat an sich die Idee der Gemeinschaft. Denn das Wesensgemeine ist der Nährboden, aus dem das Besondere erwächst. Erst im Lebens- und Schaffensraum der Gemeinschaft kann sich die Person zur Persönlichkeit gestalten. Andererseits freilich kann sich auch die Gemeinschaft nur dann ihrer Idee entsprechend gestalten und Gesinnungsgemeinschaft werden, wenn der Persönlichkeit ihr volles Recht gegeben wird. Denn nur dann kann sich der einzelne mit ganzer und voller Kraft für die gemeinschaftlichen Ziele einsetzen.

Die *rechtlich-politische Ordnung*, in der sich der Mensch als Person behauptet, ist im Grunde eine *Ordnung der Dienste und Verantwortlichkeiten*. Soll diese Ordnung dem Sinne aller entsprechen, so muß sie sich auch nach ihrem Sinne gestalten. Jeder muß für die allgemeine, gemeinschaftliche, staatliche Willensbildung mitverantwortlich sein. Jeder nach Maßgabe seines verantwortlichen Dienstes. Man kann auch sagen: jeder nach Maßgabe seiner Führungsmacht. Denn wer Verantwortung trägt, erfüllt eine Aufgabe, durch die er sich höheren Wert, höheren Rang gibt; wer aber Rang besitzt, hat Führungsmacht. Die gesellschaftliche Ordnung der Personen ist danach notwendig Rangordnung. Die gesellschaftliche Machtordnung, der Staat, der diese Rangordnung zu konstituieren, zu sichern und die Führungsmacht der Personen und seine eigene zu bestimmen und zu begrenzen hat, ist *Führungsstaat*. Er hat sinn-notwendig die Form der Demokratie, auch wenn er faktisch eine Aristokratie, eine Monarchie oder ein Führerstaat ist. Ein wesentlicher Unterschied in der Staatsform ergibt sich nur aus der Realisierung der beiden maßgebenden Ideen „Persönlichkeit“ und „Gemeinschaft“. Wohl gebührt der Idee der Gemeinschaft der Vorrang. Praktisch kann jedoch größeres Gewicht auf die Idee der Persönlichkeit gelegt werden. Um der Gemeinschaft willen! Denn muß diese nicht gewinnen und sich innerlich reicher gestalten, wenn der Persönlichkeit reichste Schaffensmöglichkeiten gegeben werden? Erhält so die Idee der Persönlichkeit faktisch den Vorrang, so bildet sich eine *liberale Demokratie* heraus. Wird dagegen der Idee der Gemeinschaft auch praktisch der Vorzug gegeben, so prägt sich der Staat im Stile einer *sozialen und nationalen Demokratie* aus.

In welcher Form erscheint die Wirtschaft? Auch sie ist eine Ganzheit bestimmter und begrenzter Verantwortlichkeiten, Schaffensräume und Schaffenskreise. Jeder Wirtschafter hat seinen Verantwortungsbereich, jeder seinen Rang und seine Führungsmacht. So ist die Wirtschaft in ihrem Wesen *Führungswirtschaft.*

Wieder gestaltet sich auch diese Ordnung je nach dem Rang von „Persönlichkeit" und „Gemeinschaft". In der einen Richtung entwickelt sich die *liberale,* in der anderen die *kooperative und universale Führungswirtschaft.*

Die adäquate Form der liberalen Führungswirtschaft ist die *freie Wettbewerbswirtschaft.* Wenn hier auch jeder Wirtschafter, ob Produzent oder Konsument, seine verantwortliche Aufgabe hat, in und mit deren Erfüllung er sich in seinem Kreise als führend erweisen kann, so hat doch ein besonderer Wirtschaftstyp die relativ größte Verantwortung und darum auch Führungsmacht: der *Unternehmer.* Er hat die reichste Schaffensmöglichkeit; er kann der Wirtschaft die stärksten Impulse geben.

Der Unternehmer dient seiner Unternehmung — wie eine Person nur verantwortlich dienen kann — durch sachdienliches und sinnvolles Verhalten. In seinem sachdienlichen Verhalten unterscheidet er sich nicht wesentlich von dem Unternehmer der individualistischen Verkehrswirtschaft. Er muß wie dieser rechnen, kalkulieren, organisieren und rationalisieren. Der Betrieb muß rationell arbeiten, das angelegte Kapital muß sich rentieren. Ohne nachhaltigen Gewinn keine Reproduktion, keine Neuinvestition. Wie könnte auch eine Unternehmung führen, wenn sie von Wind und Wetter der Konjunkturen abhängig ist! Um führen zu können, muß der Unternehmer sogar in noch höherem Grade als der kapitalistische Geschäftsmann Gewinn zu erzielen trachten. Denn von dem Gewinn lebt die Unternehmung. Will er aber mehr gewinnen, muß er auch mehr wagen. Was er aber wagt und riskiert, ist mehr als ein kapitalistisches Risiko, das durch entsprechend höheren Gewinn vergolten werden soll.

Die Aufwendungen der führungswirtschaftlichen Unternehmung haben verschiedenen Rang. Aufwendungen niederen Ranges sind die sachdienlichen, zweck- und zielbestimmten Kosten. Diese müssen in jedem Falle optimalen Ertrag bringen. Denn dieser Ertrag dient nicht nur der Durchhaltung der Unternehmung, sondern auch der Durchsetzung und Durchführung von Aufwendungen höheren Ranges. Diese aber dienen nicht dem Zweck, sondern der Idee der Unternehmung. Ob sie sich in absehbarer Zeit lohnen werden, ist ungewiß. Sie haben daher den Charakter echter Opfer.

Die *Idee der Unternehmung* ist kein gegenständlich greifbarer und begreifbarer Zweck. Sie ist daher auch in keinem betriebswirtschaftlichen Lehrbuch zu finden. Sie kann nicht erforscht, ermittelt, festgestellt und darum auch nicht gelehrt, gelernt und erlernt werden. Nicht das gründlichste Studium, nicht die ausgiebigste Praxis lassen sie erkennen, wenngleich derlei notwendig ist, um der Idee nahe zu kommen. Nur ein besonderer Spürsinn, ein „Fingerspitzengefühl" läßt den Unternehmer die Idee erkennen, auf die sein Unternehmen hindrängt und mit deren Realisierung es erst wird, was es sein soll. Die Idee kommt dem Unternehmer in der Anschauung und im Erleben des Wirtschaftslebens. Er spürt die noch unausgesprochenen Wünsche der Verbraucher, er spürt, wohin der Bedarf geht, er spürt, welche noch ungenutzten Möglichkeiten in einem Stoff oder in einer Kraftquelle oder in einer Betriebsform liegen. Indem er dies spürt, kommt ihm die Idee seines Unternehmens. Und wie nun dient er, wie dient der Mensch überhaupt einer Idee? Durch eigene Ideen! Auch diese kann er nicht greifen und ergreifen, nicht konstruieren und produzieren. Sie kommen ihm im tagtäglichen und verantwortlichen Dienst an der Idee; sie sind der „Lohn" für seinen Dienst. Der Dienst an der Idee wird durch Ideen vergolten!

Wohl kann nun eine Idee „einschlagen". Jeder Unternehmer, der seine Ideen zu verwirklichen strebt, hofft es. Zunächst aber und in jedem Falle müssen Aufwendungen gemacht werden, die sich nicht lohnen, die vielleicht auch noch in einem Jahrzehnt keinen Gewinn bringen. Darum eben sind die Aufwendungen höheren Ranges Opfer, jedoch Opfer von wertschöpferischer Bedeutung. *Friedrich List* hat für solch opferwillige, unter Umständen auch aufopferungsvolle, jedoch wertschöpferische Tätigkeit manch treffliches Wort gefunden: „Ein Vater, der seine Ersparnisse opfert, um seinen Kindern eine ausgezeichnete Erziehung zu geben, opfert Werte; aber er vermehrt beträchtlich die produktiven Kräfte der nächsten Generation ... Die Nationen, die wie die Vereinigten Staaten Hunderte von Millionen an Werten geopfert haben, um ihre National-Selbständigkeit zu erringen, haben durch dieses Opfer ihre Prosperität und ihre produktiven Kräfte ungeheuer vermehrt."

Das Wesen unternehmerischer Tätigkeit liegt nach alledem weder in bloßem Gewinnstreben bzw. in der rationellen Ausnutzung der Marktchancen noch in der „Durchsetzung neuer Kombinationen" (Schumpeter). So urteilen, hieße das Mittel zum Zweck machen. Nicht die profitreiche Durchsetzung neuer Kombinationen kennzeichnet das Unternehmertum, sondern die Konzeption und Verwirklichung wirtschaftlich relevanter Ideen. Nur um seiner Unternehmung und der Unternehmungsidee willen ist der Unternehmer an nachhaltigem Gewinn interessiert; nur aus diesem Grunde auch an gewinnversprechenden Preisverhältnissen. Er will weder durch marktwirtschaftlich ungerechtfertigte Preisüberhöhung (Monopolpreis) noch durch ebenso ungerechtfertigte Preisunterbietung (Dumping) gewinnen. Der Preis, an dem ihm gelegen ist, ist der relativ niedrigste Preis für die qualitativ beste Ware.

So ideal nun auch die liberale Führungswirtschaft, insonderheit die Unternehmungswirtschaft zu sein scheint, trägt sie doch einen wesentlichen Mangel in sich. Dieser erzwingt ihre Umgestaltung. Die persönliche Führungswirtschaft nimmt nämlich keine Rücksicht auf den weniger ideenreichen, weniger befähigten, weniger führungsmächtigen Unternehmer. Gewiß sind alle gleicherweise am Wettbewerb beteiligt. Jeder will vorankommen, jeder in seiner Branche führen. Doch wie viele erlangen wirklich führende Stellung! Und wer von diesen kann sich behaupten! Wer aber trotz aller Anstrengungen nicht mit kann, fällt mehr und mehr zurück und findet keine Möglichkeit, selbst wertvolle Ideen zu verwirklichen. Kann er aber seiner Unternehmung nicht mehr verantwortlich dienen, soll er sie dann ihrem Schicksal überlassen? Kann er auch als einzelner nicht mehr Verantwortung tragen, so mag wohl gemeinsame Verantwortung das Schicksal wenden. Gemeinsame Verantwortung von Unternehmer und Gefolgschaft,

Mitverantwortlichkeit eines jeden in der Unternehmung löst Kräfte aus, die der Unternehmung zu Erfolg verhelfen können. Die Idee der Persönlichkeit freilich wird durch die *Idee der kooperativen Partnerschaft* überrundet. Nicht einer allein trägt die Verantwortung für die Unternehmung; alle in der Unternehmung Tätigen, der Unternehmung Dienenden tragen gemeinsame Verantwortung. Mitverantwortlichkeit aber sichert jedem auch das Recht der Mitbestimmung.

Doch nicht nur *in* den Unternehmungen dringt die Idee der Gemeinschaft vor. Auch eine auf Partnerschaft gegründete Unternehmung kann ihren Rang vielleicht nicht behaupten. Wiederum kann dann nur gemeinsamer Dienst, gemeinsame Verantwortung die Situation bessern. Darum bilden sich schon in der liberalen Führungswirtschaft *kooperative Wirtschaftsformen* heraus. In ihrer äußeren Form gleichen diese, ob Kartelle oder Genossenschaften, Unternehmerverbände oder Gewerkschaften, den Einigungen der individualistischen und kollektivistischen Marktwirtschaft. In ihrem Wesen aber unterscheiden sie sich gänzlich von diesen. Denn die kooperativen Einigungen der Führungswirtschaft sehen ihre Aufgabe nicht in Ertrags- und Lohnsicherungen, sondern in der Begründung und Sicherung verantwortlicher Schaffensmöglichkeiten. Darum sind sie weniger Interessentengruppen und Interessenverbände als Gesinnungs- und Dienstgemeinschaften.

Die kooperative Führungswirtschaft vollendet sich in der alle Einzelwirtschaften, Wirtschaftsvereinigungen und -verbände in sich schließenden *universalen Führungswirtschaft*. Bereits in der liberalen Führungswirtschaft hat die Gemeinschaft wichtige Führungsaufgaben. Gibt es doch Dinge, für die die einzelnen Personen keine Verantwortung tragen können. Wer allein könnte die Verantwortung für die allgemeine Sicherheit und Ordnung, für den Schutz des Wettbewerbs, für die Sicherheit und Ordnung des Geldwesens tragen! Der einzelne, sei es auch der auf seinem Gebiet führende Unternehmer, kann auch keine Verantwortung für optimale Beschäftigung übernehmen. Denn auch der verantwortungsvollste Dienst an der Unternehmung schließt die Freisetzung von Arbeitskräften nicht aus. So ruft gerade die verantwortliche Sorge für allgemeine Beschäftigungs- und Schaffensmöglichkeit die Gemeinschaft bzw. deren Organe zur Tat. Eine verantwortungsbewußte Staatsführung muß sich diese Aufgabe vor allem angelegen sein lassen. Der *Staat* allein ist durch seine Lenkungs- und Führungsmacht und seine Mittel imstande, die notwendigen Bedingungen für eine allgemeine verantwortliche Wirtschaftsführung zu schaffen.

Die universale Führungswirtschaft ist die integrale Zusammenfassung aller persönlichen und kooperativen produktiven Kräfte. In diesem Ganzen hat die Einzelwirtschaft wie die Kooperativwirtschaft ihren wesentlichen Rückhalt. Dies hat wieder und vor allem *Friedrich List* gezeigt. Ihm schwebt die nationale Führungswirtschaft vor. „Nirgends", betont er, „haben Arbeitsamkeit und Sparsamkeit, Erfindungs- und Unternehmungsgeist der Individuen Bedeutendes zustande gebracht, wo sie nicht durch die bürgerliche Freiheit, die öffentlichen Institutionen und Gesetze, durch die Staatsadministrationen und durch die äußere Politik, vor allem aber durch die Einheit und Macht der Nation unterstützt gewesen sind." Wie der einzelne muß auch die Nation Opfer bringen, wenn sie verantwortlich denken und handeln will. „Die Nation muß materielle Güter aufopfern und entbehren, um geistige oder gesellschaftliche Kräfte zu erwerben, sie muß gegenwärtige Vorteile aufopfern, um sich zukünftige zu sichern."

Hat nun der Mensch und insonderheit der Wirtschafter erreicht, was er erreichen will und kann? Es scheint so. Denn Leben und Wirtschaft haben nicht nur einen Zweck, sie haben nun auch Sinn erhalten. In verantwortlichem Dienst wächst der Mensch über sich hinaus und gewinnt im Schaffen Freiheit und Befriedigung.

Allein, *auch diese Freiheit wird Unfreiheit.* Warum? Weil Verantwortung noch nicht Selbstverantwortung ist. Wer verantwortlich, jedoch nicht auch selbst-verantwortlich denkt und handelt, überantwortet sich dem Ganzen, dem er dient. Dann gilt der Satz: *Wer Ganzes will, gerät in den Sog des Ganzen; wer einem Ganzen dient, wird dem Ganzen dienstbar.* Denn jedes ganzheitliche Gebilde will werden, was es seinem Sinne nach sein soll. Dieser Sinn wird allemal durch Differenzierung und Integration realisiert. Je mehr sich das Ganze aber differenziert, um so mehr und in noch höherem Grade muß es sich integrieren. Mit zunehmender Integration aber gewinnt das Ganze an Führungsmacht gegenüber den Gliedern.

Diese jedem Sinngebilde innewohnenden Tendenzen zeigen sich nun in aller Deutlichkeit auch in der Entwicklung der gesellschaftlichen, politischen und ökonomischen Gebilde. Die politische und wirtschaftliche Differenzierung bringt innere Unstimmigkeiten und Störungen, wenn sie nicht von einer kräftigen integralen Entwicklung überholt und überrundet wird. Dadurch aber verlagern sich Verantwortung und Führungsmacht. Schließlich vereinigt die universale bzw. nationale Führungswirtschaft die wesentlichsten wirtschaftlichen Führungsaufgaben in ihrer Hand.

Der Führungsstaat will sein Eigenrecht behaupten. Darum drängt er auf Unabhängigkeit. Wie aber kann er diese erlangen und behaupten, wenn die innere wirtschaftliche Differenzierung zu mannigfaltigen und intensiven außenwirtschaftlichen Verflechtungen führt? Mögen die sich ergebenden außenwirtschaftlichen Abhängigkeiten, objektiv betrachtet, auch wechselseitig sein, sie werden doch als Abhängigkeit empfunden. Darum sind Führungsstaat und Führungswirtschaft bestrebt, sich von fremder Abhängigkeit zu befreien und sich fremde Märkte abhängig zu machen. Natürlich kann sich der nationale Führungsstaat auch nach außen abschließen. Allein die Autarkie wird mit rückläufiger Selbstdifferenzierung erkauft. Darum bleibt der verantwortlichen Staatsführung nur der Weg der Expansion. Der Nationalismus treibt den Imperialismus hervor.

Staats- und Wirtschaftsführer dienen dem Ganzen, indem sie sich in den Dienst der Idee des Ganzen und deren Verwirklichung stellen. Nach außen scheint es wohl, als wollten sie selber die Macht. Allein nichts wollen sie für sich, alles für das Ganze. Dieses aber will sich selbst und nur sich selbst. Darum sind Staats- und Wirtschaftsführer, die den Sinn und Zweck des Ganzen zum Sinn und Zweck ihres Willens machen, nicht von niedrigem privaten Egoismus, sondern von dem höheren Egoismus des Ganzen, dem „sacro egoismo" erfüllt und beseelt.

Die Idee des Ganzen ist die Norm, die über Wert und Unwert der dienenden Mittel entscheidet. Was dem Ganzen dient, ist gut; was ihm nicht dient, ist schlecht. Die Idee heiligt Mittel und Zweck. „Right or wrong, my country."

Die ganzheitliche Verantwortung enthebt Führende und Geführte der Selbstverantwortung. Sie brauchen nicht nach Recht und Unrecht, nach Gut und Böse zu fragen. Genau genommen, können sie auch nicht danach fragen. Denn sie kennen ja nur *ein* Ziel, nur *einen* Wert. Die Idee des Ganzen, dem sie dienen, ist die Norm, nach der sie sich einzig und allein richten und für deren Realisierung sie sich allein auch verantwortlich fühlen. Darum sind sie der Selbstverantwortung überhoben. Damit aber verwandelt sich zwangsläufig ihr verantwortlicher Dienst in *unfreie Dienstbarkeit.* Die Person reduziert sich zu der „persona" im ursprünglichen Sinne des Wortes. Sie wird das maskenhafte, unselbständige Organ eines hinter ihr stehenden, sie beherrschenden überpersönlich-unpersönlichen Willens. Ist dieser Wille aber heilig? In der Behauptung seines Eigenrechts kennt er keine Grenze. Diesem Willen ist schließlich jedes Mittel recht, Führungsmacht zu erlangen, auch das Mittel brutaler Gewalt.

Der Führungsstaat, in dem Führende und Geführte in den unterpersonalen Rang dienstbarer Kreaturen zurückfallen, ist *Diktatur.* Die Führungswirtschaft, in der sich Dienst in Dienstbarkeit verwandelt, ist *Befehlswirtschaft.* Hier wie dort hat der Mensch seine persönliche innere und äußere Freiheit verloren. Der Wille des Ganzen bzw. der diesen Willen verkörpernde und ihm Geltung verschaffende Wille des Staats- und Wirtschaftsdiktators ist Herr über Leben und Tod.

Was kann der Mensch tun, um solcher katastrophalen Entwicklung zu entgehen? Was kann er tun, daß sein verantwortlicher Dienst nicht in unverantwortliche Dienstbarkeit umschlägt? Seine Verantwortlichkeit muß von Selbstverantwortung getragen sein!

Gewissensfreiheit

Verantwortung gegenüber sich selbst ist Verantwortung gegenüber den Werten, die das Selbst erfüllen. Denn ganz er selbst ist der Mensch nur im Dienst an den Werten, die er in seinem *Herzen* findet.

Das Organ, das ihn zu diesen Selbst-Werten führt, ist die *Vernunft.* Durch sie vernimmt der Mensch den Anspruch jener Werte. Die Vorstellungen, durch die er sich die normativen Werte gegenständlich zu Bewußtsein bringt, sind *normative Ideen.* Wenn wir auch für diese wesensadäquaten Vorstellungen das Wort „Idee" wählen, folgen wir dem Vorgang *Platons.* Denn Platon verstand unter Idee sowohl die Vorstellung eines ganzheitlichen Sinngebildes (oft auch nur des Allgemeinen) als auch die Vorstellung wesentlichen Seins und wesentlichen Wertes. Galt ihm doch als höchste Idee die Idee des Guten.

In der Tat umschließt die Idee des Guten alle normativen Werte. Alles was uns unbedingt wertvoll erscheint, zeugt von innerer Güte. Gut ist, was so ist, wie es wesentlich sein soll; so, wie es den Vernunftwerten entspricht.

Das Vernunftbewußtsein, in dem wir die unser Handeln bestimmenden normativen Werte finden, ist das *Gewissen.*

Dem rational-begreifenden Menschen ist das Gewissen ein Rätsel, mehr noch: ein Skandalon. Zeugt es doch von Werten, die nicht begriffen, nicht auf andere Werte, nicht auf bestimmte Zwecke zurückgeführt werden können. Denn wie jeder weiß, wollen Gewissensnormen unbedingt gelten. Der rationale Mensch aber ist versucht, sie als Forderungen bloßer Zweckmäßigkeit zu deuten. Im Laufe der Geschichte, meint er, haben sich bestimmte menschliche Verhaltensweisen als gesellschaftlich wertvoll erwiesen. Durch Erziehung und Tradition sind diese Regeln tief in das Wesen des Menschen gedrungen. Gerät er nun in Konflikt mit solchen, großenteils unterbewußten Vorstellungen, so kommen sie ihm als gültige Normen zu Bewußtsein und werden als Forderungen seines Gewissens erlebt.

Diese Auffassung hat manches für sich. Wird doch verständlich, wieso und warum die sittlichen und sozialen Werturteile zu verschiedenen Zeiten und bei verschiedenen Völkern voneinander abweichen und wieso sich die Meinung über Recht und Unrecht vielfach gewandelt hat. Allein man muß Form und Inhalt dieser Urteile unterscheiden. Zweifellos ist ihr Inhalt historisch bedingt. Besteht z. B. in einer Gesellschaftsordnung die Institution des Privateigentums, so ist die Verletzung fremden Eigentums natürlich strafbares Unrecht. Rational verstanden, liegt das Unrecht in der Verletzung gesellschaftlicher Interessen. Wer Unrecht tut, verfehlt also einen Zweck?

Solche Deutung reicht nicht hin, um ein Faktum voll und ganz verständlich zu machen, das sich bei demjenigen findet, der sich rechtswidrig verhalten hat: das *Schuldbewußtsein*. Ist dieses wirklich nur ein ärgerliches oder beschämendes Eingeständnis, einen Zweck verfehlt, also nicht richtig gehandelt zu haben? Wer sich schuldig fühlt, weiß, daß er nicht nur in dieser oder jener Beziehung Schuld hat. Wenn sein Gewissen ihn anklagt: „Schuldig bist du, schuldig!", so gilt dieser den Menschen erschütternde Vorwurf nicht einem bestimmten Zweckverhalten, sondern ihm, ihm selbst.

Weiß sich der Mensch Rechtsnormen verpflichtet, so ist der eigentliche Verpflichtungsgrund nicht ihr Zweckgehalt. Denn dieser leitet wohl zu richtigem, zweckmäßigem Verhalten, verpflichtet aber nicht zu unbedingt rechtlichem Handeln. Diese Verpflichtung hat ihren Grund nicht in einem Zweck, sondern in der Idee des Rechts. Diese Idee aber erscheint derart mit dem wesentlichen Selbst des Menschen verbunden, daß er in seinem Schuldbewußtsein das Gefühl hat, mit der Rechtsverletzung sich selbst verletzt zu haben.

Das Schuldbewußtsein ist der negative Beweis für die Existenz zwecküberlegener normativer Werte. Es ist zugleich auch der negative Beweis der *selbstverantwortlichen Freiheit*. Niemand würde sich selbst verurteilen, wenn er für seine Handlung nicht selbst verantwortlich wäre. Gerade das Schuldbewußtsein beweist, daß er sich nicht durch Erbanlage oder Milieu zu seinen Handlungen gezwungen fühlt. Er ist sich vielmehr durchaus bewußt, daß er sich anders hätte verhalten können.

Ist diese Freiheit aber nicht vielleicht doch Selbsttäuschung? Ist die Freiheit des gewissenhaften Menschen nicht die Pseudofreiheit des Untertanen, der ein ihm auferlegtes Gesetz zu erfüllen hat? Nun, zunächst ist eine Gewissensnorm kein Zwangsgesetz. Ist der Mensch doch keineswegs gezwungen, gewissenhaft zu handeln! Er ist nur dazu verpflichtet. Indes wie kann er frei sein und sich für frei halten, wenn er die ihn verpflichtende Norm nicht selbst statuiert? Oder ist er autonom? Versteht man unter Autonomie die Fähigkeit des Menschen,

Normen zu statuieren, so ist der Mensch nicht autonom. Denn er ist nicht Schöpfer des Guten oder der Gerechtigkeit und Wahrheit. Diese Normen sind ihm in Herz und Vernunft gelegt. Es sind sinngebende Werte, Erscheinungsformen des Sinns überhaupt. Hat er aber den Sinn geschaffen? Er kennt und begreift ihn nicht einmal. „Der Sinn, den man ersinnen kann, ist nicht der ewige Sinn. Der Name, den man nennen kann, ist nicht der ewige Name. Jenseits des Nennbaren liegt der Anfang der Welt. Diesseits des Nennbaren liegt die Geburt der Geschöpfe" (Laotse, Tao Te King).

Ist der Mensch nun wesentlich unfrei, weil er die ihn verpflichtenden Normen nicht selbst statuiert hat, durch sie aber verpflichtet wird? Er wäre es, wenn die Verpflichtung einseitig wäre. In Wahrheit aber besteht eine wechselseitige Verpflichtung, sofern er den Gewissensforderungen entspricht. Der Mensch wird durch das Gewissen verpflichtet. Allein, so seltsam es klingt, er selbst verpflichtet sich auch die Normen. Was wäre Gewissensmacht ohne Gewissenhaftigkeit! Was wären die Gewissensnormen, wenn ihr Anspruch nie Beantwortung finden würde! Ohne die Sinn-Beantwortung oder Sinn-Verantwortung gäbe es keine Gewissenswirklichkeit. So ist der Mensch also auch in seinem innersten Wesen keineswegs einseitig abhängig bzw. einseitig verpflichtet. Besteht aber wechselseitige Abhängigkeit, in diesem Falle also wechselseitige Verpflichtung, so besteht Freiheit. Diese innerste Freiheit des Menschen nennen wir *Gewissensfreiheit*.

Der Mensch ist frei, weil er die mögliche einseitige Abhängigkeit durch *Selbst-Aktivierung* in eine zweiseitige Verpflichtung verwandelt. Die Selbst-Aktivierung aber besteht in der selbsteigenen Beantwortung des Gewissensanspruchs, m. a. W. in *Selbstverantwortung*. Indem der Mensch also auf die Gewissensforderungen sinnentsprechend antwortet, anders gesagt: selbstverantwortlich denkt und handelt, behauptet er sich und seine Freiheit. Diese Beantwortung und Verantwortung ist seine *Autonomie*. Denn wie er antwortet und sich verantwortet, liegt ganz und gar in ihm selbst.

Von dieser Auffassung aus wird uns ein zwiefaches Paradox verständlich. Einmal das Paradox des Einklanges von Heterenomie und Autonomie. Die Gewissensnormen sind heteronome Ideen. Dennoch ist der Mensch ein autonomes Wesen. Er ist nicht Urheber und dennoch Urheber der Ideen. Nicht Urheber ist er, weil er Sinn und Sinnforderungen nicht schafft. Urheber aber ist er, weil er auf jene Sinnforderungen durch eigene Sinnbildung und Sinngestaltung zu antworten vermag, weil er Ideen durch Ideen vergilt.

Sodann das Paradox des Einklanges von allgemeinem und individuell-persönlichem Gesetz. Der allgemeine normative Anspruch wird höchst persönlich beantwortet. Mit dieser Antwort erst gibt der Mensch sich selbst das Maß für sein Verhalten. Von dem wesensinneren Einklang allgemeiner Verpflichtung und Selbstverpflichtung, allgemeiner und persönlicher Norm kündet ein schönes (durch Heidegger bekanntgewordenes) Wort von *Hölderlin:* „Fest bleibt Eins, es sei um Mittag, oder es gehe bis in die Mitternacht, immer bestehet ein Maß, Allen gemein, doch jeglichem auch ist eignes beschieden; Dahin gehet und kommt jeder, wohin er es kann."

Selbst-Aktivierung ist freilich eine Aufgabe, die die Anspannung und Konzentration aller inneren Kräfte erfordert. Opferreicher noch als der Weg der personalen Selbstbehauptung ist der der normativen Selbstbehauptung. Niemals genügt das Errungene. Immer und immer mehr Opfer werden von dem gewissenhaften Menschen verlangt. Was er auch vollbringt, die Vernunft will das Vollbrachte noch besser und vollkommener. Wie kann der Mensch solcher Forderung genügen? Aus welchen Kräften kann er sich zu so gesteigerter Aktivität aufschwingen? Aus all seinen Kräften! Diese muß er gesammelt auf seine Ziele richten. Solche innere Sammlung und Konzentration aber gelingt nur, wenn die Ziele ihn im ganzen anziehen, bewegen, erregen, faszinieren. Darum muß er sich die ihn verpflichtenden Ideen gleichsam leibhaft zur Vorstellung bringen. Solche konkretisierten und in ihrer Leibhaftigkeit faszinierenden Ideen nennen wir *Ideale.* Sie sind Zielvorstellungen, die alle seine Interessen, Neigungen, Leidenschaften auf sich lenken. Wir nennen die Leidenschaft, mit der sich der Mensch auf seine Ideale richtet und seinen Idealen folgt, Begeisterung, Enthusiasmus. Diese Leidenschaft ist die psychische Triebkraft des zu jedem Opfer bereiten selbstverantwortlichen Menschen. Ihr gilt das Wort *Hegels:* „So sagen wir also, daß überhaupt nichts ohne das

Interesse derer, deren Tätigkeit mitwirkte, zustande gekommen ist; und indem wir ein Interesse Leidenschaft nennen, insofern die ganze Individualität mit Hintenansetzung aller der vielen anderen Interessen und Zwecke, die man auch hat und haben kann, mit allen ihr innewohnenden Adern von Wollen sich in einen Gegenstand legt, in diesem Zweck alle ihre Bedürfnisse und Kräfte konzentriert, so müssen wir überhaupt sagen, daß *nichts Großes* in der Welt *ohne Leidenschaft* vollbracht worden ist."

Um selbstverantwortlich und gewissenhaft handeln zu können, bedarf es keiner Bildung und Vorbildung. Darum kann Gewissenhaftigkeit ebenso in der Hütte des einfachen, unkomplizierten, natürlichen Menschen wie im Palast eines Staats- und Wirtschaftsführers zu Hause sein. Denkwürdige Bekenntnisse gewissenhafter Gesinnung finden sich schon in den Pyramidentexten des 4. Jahrtausends v. Chr. Von sittlichem Verständnis zeugt das Wort eines Großwesirs aus dem 27. Jahrhundert v. Chr.: „Wohl geachtet ist der Mann, dessen Maß Rechtschaffenheit ist und dessen Wandel sich danach richtet." Oder auch dies Wort eines altägyptischen Weisen aus dem 10. Jahrh. v. Chr.: „Der wahrhaft weise Mann, der sich selbst verleugnet, Ist wie ein Baum, der im Garten wächst, Er gedeiht und mehrt seine Frucht, Er dauert in der Gegenwart seines Herrn. Seine Frucht ist süß, sein Schatten ist lieblich, Er findet sein Ende im Garten." (Vgl. hierzu das aufschlußreiche Werk von James Henry Breastad, „Die Geburt des Gewissens", Zürich 1950.) Allgemeine und maßgebende Bedeutung aber gewinnen die normativen Werte doch erst in dem Menschen, der alle Stufen und Formen seiner Selbstbehauptung durchlaufen hat und sich zur Person und Persönlichkeit in dem Ganzen einer ihrer Verantwortung bewußten Kulturgemeinschaft gestaltet.

Welchen Sinn hat nun der *Staat* auf dem Grunde selbstverantwortlichen Denkens und Handelns der Staatsbürger? Der Staat ist nicht nur ein Rechts- oder Wohlfahrtsstaat oder Kulturstaat. Er ist, wie *Gustav Schmoller* ihn verstanden wissen wollte, „das großartige sittliche Institut zur Erziehung des Menschengeschlechts" oder, wie *Alfred Weber* sein Wesen kennzeichnet, „eine Integrationsform mit dem Ziel der Verwirklichung der Menschenrechte". Auch der letzte

Staatsbürger soll wissen, daß er selbstverantwortlich an der staatlichen Willensbildung mitzuwirken hat. Denn — betont *Rousseau* mit Recht — „wenn erst jemand zu den Staatsangelegenheiten sagt, was geht es mich an, dann muß man damit rechnen, daß der Staat verloren ist". Die Staatsform, die vor allem Selbstverantwortlichkeit fordert, ist die ideale *Demokratie*. „Besonders in dieser Staatsverfassung muß der Staatsbürger Kraft und Ausdauer aufbringen und jeden Tag aus dem Grund seines Herzens nachsprechen, was ein edler Woiwode auf dem polnischen Reichstag sagte: ‚Malo periculosam libertatem quam quietum servitium'. Gäbe es ein Volk von Göttern, würde es demokratisch regiert werden. Eine so vollkommene Regierung eignet sich nicht für Menschen" (Rousseau). Müssen wir diese Skepsis teilen?

Auch im *Wirtschaftsleben* stellen die freiheitlichen Wirtschaftsformen an den selbstverantwortlichen Menschen die höchsten Anforderungen. Läßt der Wirtschafter es an der erforderlichen Gewissenhaftigkeit fehlen, muß die Entwicklung jeweils den Weg nehmen, wie wir es dargestellt haben. *Grundsätzlich kann nur der selbstverantwortliche und gewissenhafte Wirtschafter frei sein und seine freiheitlichen Institutionen behaupten.* Nur ein selbstverantwortlicher und gewissenhafter Unternehmer darf hoffen, daß ihm seine Freiheit erhalten bleibt. So ist denn Selbstverantwortlichkeit auch das abschließende Merkmal echten und rechten Unternehmertums.

Jeder selbstverantwortliche Wirtschafter faßt seine Tätigkeit als *Beruf* auf, als eine Aufgabe, zu der er berufen ist und sich berufen fühlt. Die ideale Aufgabe, die er sich im Bewußtsein seiner Gewissensforderungen stellt, ruft all seine Kräfte auf und läßt ihm keine Ruhe im Schaffen.

Wie soll man solche Wirtschaft, in der jeder, wo er auch stehen mag, ob in Haushalt, Werkstatt, Fabrik, Ladengeschäft oder sonstwo, seine wirtschaftliche Tätigkeit als Beruf auffaßt und aus Berufung handelt, bezeichnen? Ihre Ordnung ist *Berufsordnung*. Ihr Sinn ist, *jedem die beruflichen Möglichkeiten* zu verschaffen, in denen er selbstverantwortlich, mit vollem Einsatz seiner Kräfte arbeiten und schaffen kann. In diesem Sinne ist auch die Politik der Vollbeschäftigung zu verstehen, die wir als die wesentlichste Aufgabe der Volkswirtschaftspolitik kennengelernt haben.

Ist nun der selbstverantwortliche, gewissenhafte Mensch *gegen Unfreiheit gesichert?* Ist wenigstens er nicht jenem verhängnisvollen Gesetz der abnehmenden Freiheit unterworfen? Leider verfällt auch er der Unfreiheit, wenn er nicht ... Doch fragen wir zuerst, wieso und warum er unfrei wird.

Der selbstverantwortliche, gewissenhafte Mensch fühlt sich verpflichtet, *nicht nur einer* Gewissensnorm zu folgen, sondern auch *eine* Norm gewissenhaft zu befolgen. Nun ist es leichter, viel leichter für ihn, sich grundsätzlich an eine Norm zu halten, als immer wieder den mannigfachen Gewissensforderungen zu entsprechen. Er erspart sich Gewissensnot und -qual, wenn er ein für allemal seine Entscheidung trifft. Die Neigung, so zu denken und zu handeln, ist ganz natürlich. Die Entscheidung aber ist verhängnisvoll. Glaubt der Mensch sich nur mehr *einer* Gewissensforderung verpflichtet, so ist sein Weg vorgezeichnet. Nun sieht er nicht links, nicht rechts; nun hat er keinen Sinn mehr für andere Werte, andere Überzeugungen und Glaubenssätze. Doch nicht nur das. Er fühlt sich auch verpflichtet, alles zu bekämpfen, alles zu beseitigen, was seinem Sinne widerstreitet und mit seinem speziellen Gewissen nicht vereinbar ist. So wird er aus einseitiger, extremer, übersteigerter Gewissenhaftigkeit radikal, intolerant, fanatisch. Der Fanatiker kennt kein Maß und keine Grenze. Was er aus seinem radikalen Verpflichtungsbewußtsein auch tun mag, sein Gewissen rechtfertigt alles. So wird Lüge, Treubruch, Verrat, ja Unmenschlichstes gutgeheißen und notfalls auch zur Pflicht gemacht. Gewissenhaftigkeit und Gewissenlosigkeit verschmelzen zu ungeheuerlicher Denkart.

Was ist geschehen, was hat sich so verkehrt und so verdreht? Aus Gewissenhaftigkeit ist Gewissenszwang geworden. *Gewissenhaftigkeit ist in Besessenheit, in Dämonie umgeschlagen.*

Blättern wir im Buch der Weltgeschichte, so gibt fast jedes Blatt Zeugnis von Taten dämonischer Naturen. Wir sehen große Männer aus radikalem Verpflichtungsbewußtsein Taten von Größe und zugleich von Ruchlosigkeit vollbringen. Es gibt kaum eine Gewissensnorm, in deren Namen nicht die ungeheuerlichsten Verbrechen verübt worden sind. Im Namen des „Heiligen" sind Religionskriege entfesselt worden, im Namen der „Freiheit" und der „Gerechtigkeit" sind Menschen versklavt, im Namen der „Gemeinschaft" Menschen verfolgt und ermordet worden.

Wir brauchen uns indessen nicht auf den Höhengrat der Geschichte zu begeben, um dem Unheilsweg des selbstverantwortlichen, gewissenhaften Menschen zur Besessenheit zu folgen. Ein Blick in die Alltagswelt zeigt, daß sich Menschen aus Verpflichtungsbewußtsein ins Extrem verlieren. Wir kennen die Besessenheit des „Rechtlichen und Gerechten" und seinen Wahlspruch: „Fiat iustitia, pereat mundus!" Wir kennen die Besessenheit des Paragraphenreiters, wir kennen die „Werkbesessenheit" des Unternehmers, wie den „Scheuerteufel" der Hausfrau.

Immer handelt der Besessene aus gutem Gewissen. Allein das ursprüngliche Gewissen ist dies nicht mehr. Der Kosmos der Gewissensnormen ist zerstört. Der Mensch hat sich in Verblendung einer einzigen Norm überantwortet und wird nun von der Verpflichtung ihr gegenüber dämonisch umklammert.

Früher oder später kommt dem Menschen wohl das Bewußtsein der Sinnlosigkeit seines Mühens, Strebens, Kämpfens und nicht zuletzt auch seines Opferns. Denn die Waagschale der geopferten Werte sinkt tiefer und tiefer herab. Schließlich wiegt der Verlust schwerer als alles je Erstrebte und Erreichbare. Was aber, wenn dem Menschen der Glaube an den Sinn seines Lebens und Strebens, der Glaube an sein fanatisch verfolgtes Ziel schwindet? Dann schwankt ihm der Boden unter den Füßen. Denn mit dem einen Sinn ist aller Sinn dahin. Dahin ist der Glaube an die Idee, dahin der Glaube an Verpflichtung und Verantwortung, dahin der Glaube an ein höheres Lebens. Was bleibt dem Menschen? Nur der Zweck! An ihn allein kann und mag er sich noch halten, nachdem das Höhere sich als Lug und Trug erwies. Man ist gar froh, von einer „fixen Idee" befreit zu sein. Denn was heißt „Sinn" des Lebens, was „Sinn" des Staates, „Sinn" der Wirtschaft? Sehe jeder zu, wie er seinen Zweck erfüllt, zweckmäßig denkt und handelt! Rationell denken, rationell arbeiten, rationell wirtschaften ist die einzige Aufgabe, die noch Mühe lohnt. Und der Lohn wird nicht ausbleiben. Der Mensch wird sicherer leben, wird mehr Güter erzeugen, wird reicher werden. Wie aber steht es um seine Freiheit? Genau gesehen, hat er sich zum zweck-rationalen Individuum zurückgebildet. Darum aber wird er nun auch den Weg der individuellen Selbstbehauptung gehen müssen. Das Wegende ist das Ende seiner Freiheit. Denn enden tut der Weg in dem unwerten, unwürdigen Dasein des fungiblen Funktionärs. Vielleicht reißt sich der Mensch aber zurück, um sich doch wieder als Ganzes, als Person zu behaupten. Doch dann wiederholt sich der Kreislauf. Wie Sisyphus rollt der Mensch den Felsblock wieder und wieder bergan, um mit diesem am Ende wieder in den Abgrund der Unfreiheit zu stürzen.

Was kann der Mensch tun, um dieser verhängnisvollen Entwicklung zu entgehen? Woran liegt es denn, daß sich immer wieder Freiheit in Unfreiheit verkehrt? Die Ursache kann nur in dem Geist liegen, aus und in dem der Mensch sich selbst behauptet. Verhält es sich aber so, dann müssen wir folgern, daß der Mensch von sich aus nicht zu wirklicher Freiheit gelangen kann.

Der Geist, der den Menschen von einer Form seiner Selbstgestaltung zur nächsten und schließlich zu vernünftiger und sinnvoller Selbstbehauptung führt, erweist sich als nicht mächtig genug, ihn vor Selbstverlust zu bewahren. Auch die Vernunft, auch das Gewissen gibt dem Menschen noch nicht die Möglichkeit, sich innerlich runden und gleichgewichtig gestalten zu können. Wohl hat er die Freiheit, in seiner jeweiligen Situation auch unter den Gewissensnormen zu wählen und sich für die jeweils dem Sinn der Situation entsprechende Norm zu entscheiden. Indessen liegt es in seiner Natur, sich der Last dieser Freiheit zu entziehen. Er verschließt sich dem mannigfachen Anspruch der Gewissensforderungen, um nur mehr „einer" Forderung entschlossen und verschlossen zu folgen. Dadurch aber verschließt er sich der Freiheit. Er gerät auf den verhängnisvollen Weg der Radikalität und Maßlosigkeit.

Was also muß der Mensch tun, um nicht radikal, maßlos und darum in jeder Beziehung unfrei zu werden? Er darf sich nicht verschließen. Er muß sich allen Forderungen der Vernunft und des Gewissens offen halten. *Gabriel Marcel* hat recht: *„Être disponible"*, *Aufgeschlossenheit,* ist die wesentliche Voraussetzung der menschlichen Selbstbehauptung. Doch wie kann sich der Mensch aufgeschlossen halten? Hat er den Geist, der gleichsam Macht hat über seinen Geist? Der Geist, aus dem er denkt und handelt, führt ihn doch den Kreis entlang, den wir gezeichnet haben, den Kreis, der mit der Quadratur der Unfreiheit wesentlich verbunden ist. Nein, in sich selbst findet er nicht den Geist, der ihn wahrhaft frei macht.

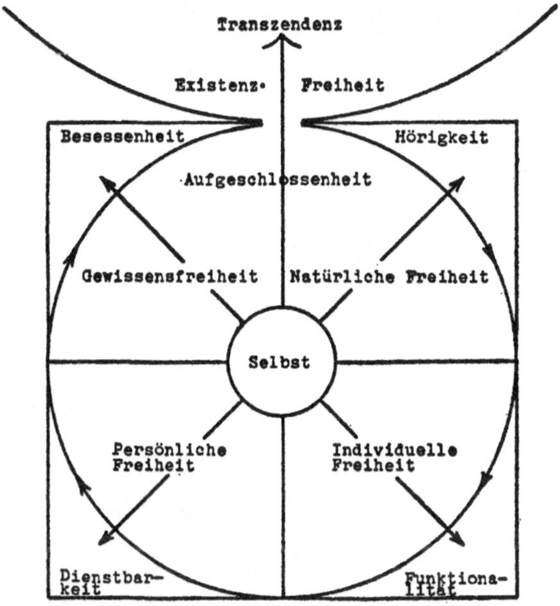

Der Mensch hat aber noch einen Sinn, von dem wir nicht gesprochen haben, einen „höheren Orientierungssinn" (Albert Schweitzer), der ihn auf eine transzendente Welt verweist. Doch nicht nur diesen Sinn besitzt er, sondern auch sein *Herz,* das einem transzendenten, überweltlichen Du entgegenschlägt, falls er diesen Herzschlag nicht ertötet; denn auch dazu hat er Freiheit. Hält er aber seinen Geist offen jenem Geist, der höher ist als seine Vernunft, dann darf er hoffen, die Kraft und Macht zu finden, sich selbst allen Gewissensforderungen offen halten und das Rad der Selbstbehauptung in einem neuen Geiste umschwingen zu können. So ist Freiheit nur auf dem Grunde steter innerer Erneuerung möglich.

Als einst in einem wundersamen nächtlichen Zwiegespräch ein „Meister in Israel“ die Frage stellte, wie es wohl zugehen möge, daß sich ein Mensch geistig erneuern könne, ward ihm die Antwort: „Laß dich es nicht wundern, daß ich dir gesagt habe, ihr müsset von neuem geboren werden. Der Wind bläst, wo er will, und du hörst sein Sausen wohl; aber du weißt nicht, von wannen er kommt und wohin er fährt. Also ist ein jeglicher, der aus dem Geist geboren ist.“

DER RICHTIGE UND GERECHTE LOHN*

Lohngerechtigkeit ist die Voraussetzung richtiger Löhne

Die Frage nach dem gerechten Lohn dürfte in einem Arbeiterbildungskursus zunächst kaum Interesse finden. Der gewöhnliche Arbeiter, würde man hören, interessiere sich nur für eine volle Lohntüte, gleichgültig, ob die Lohnhöhe jemandem gerecht erscheine oder nicht. Auch der aufgeklärte Arbeiter dürfte eine Erörterung des Gerechtigkeitsproblems für unangebracht halten. Die Wirtschaft kümmere sich nicht um Ideale, die privatkapitalistische Wirtschaft schon gar nicht. Die Erfahrung lehre, wer die Macht habe, sei im Recht; danach solle man handeln.

Vielleicht ist unsere Frage aber wenigstens ein akademisches Problem. In einer Hinsicht gewiß. Die Urteile und Meinungen über wirtschaftliche Verhältnisse sind nicht minder Tatsachen wie diese selbst. Infolgedessen müssen auch die Vorstellungen von einem gerechten Preis, gerechten Zins, gerechten Lohn usw. Gegenstand der Wirtschaftswissenschaft sein. Doch wie verhält es sich mit dem Sinn, mit der Idee der Gerechtigkeit? Diese Idee ist keine Tatsache. Sonach dürfte im allgemeinen noch gelten, was *Gustav Schmoller* (1881) vermerkt hat: Die Frage nach der Gerechtigkeit ist „heute weniger als je erlaubt. Selbst Leute, die sich etwas Besonderes auf ihren Idealismus zugute tun“, betrachten sie „als eine der unnützen Fragen, die niemand zu beantworten wisse“.

Die Frage nach der Gerechtigkeit ist indessen mehr als ein nur geistig interessierendes Problem. Sie kann jederzeit eine Existenzfrage werden. Im Grunde ist sie dies immer. Doch nur in gewissen Situationen wird dem Menschen ihre lebenswichtige Bedeutung klar. Wenn er Unrecht leidet, Ungerechtigkeit erleidet, erscheint ihm die Gerechtigkeit ganz und gar nicht als eine bloß subjektive oder gar utopische

---

* Aus: Schmollers Jahrbuch LXIII, 1, 1953.

Vorstellung. Dann beruft er sich auf die Gerechtigkeit wie auf ein objektiv gültiges Gesetz. So kommt es, daß trotz aller Leugnung und Anzweiflung (mit Schmoller gesagt) doch „immer von ihr geredet wird; es wird an sie geglaubt, es wird auf diesen Glauben spekuliert, und es hat dieser Glaube seine praktischen Folgen"[1].

Eine Untersuchung dieser „praktischen Folgen" wäre in mancher Hinsicht interessant und aufschlußreich. Sie würde z. B. zeigen, wie und wann und mit welchem Erfolg sich Arbeitgeber und Arbeitnehmer um eine gerechte Gestaltung der Arbeits- und Lohnverhältnisse bemüht haben. Allein sie würde nicht zeigen, welchen Sinn die Gerechtigkeit hat, infolgedessen auch nicht, ob die Vorstellung, die man sich jeweils von ihr macht oder gemacht hat, sinnadäquat ist oder nicht. Weiter wäre auch nicht ersichtlich, worauf die praktische Bedeutung der Gerechtigkeitsidee beruht. Wohl würde man erfahren, daß sie „eine der stärksten idealen Lebensmächte" (Schmoller) ist. Man wüßte jedoch nicht, ob sie dies nur zufällig oder notwendigerweise ist. Der Untersuchung praktischer Gerechtigkeitsfragen, wie also auch des Problems der Lohngerechtigkeit, muß daher eine Klärung des Sinnes und der Zweckfunktion der Gerechtigkeitsidee vorangehen.

Die Gerechtigkeit ist eine den Menschen als Person verpflichtende Vernunftidee. Unter Vernunft verstehen wir die schon im Unbewußten wirksame, auf normative Werte gerichtete und sich dieser Wertintention schließlich auch innewerdende Geistigkeit des Menschen. Das Wissen um die verpflichtenden Werte ist die Voraussetzung sinnvoller Lebensgestaltung. Gemeint ist jedoch nicht bloßes Kennen und Erkennen, sondern ein innerliches Wertverständnis. Der Mensch hat die Freiheit, sich der Vernunft zu erschließen oder zu verschließen. Er kann die Normativität der Vernunftwerte anerkennen, aber auch leugnen. Er kann sich über seine Zweckinteressen erheben oder nur für sie leben. Die Erfahrung bestätigt allerdings die Wahrheit des Goethe-Wortes: „Wer die Idee nicht festhält, hat zuletzt auch den Zweck nicht mehr". Wer nur Zwecke kennt, verfällt dem Kalkül der Zweckmäßigkeit. Alles wird Mittel zum Zweck, auch der Zweck selbst ist am Ende nur als Mittel zu rechtfertigen.

---

[1] *G. Schmoller,* Die Gerechtigkeit in der Volkswirtschaft. Jahrbuch für Gesetzgebung, Verwaltung und Volkswirtschaft, 5. Jahrg., 1881, S. 19 und 21.

Freiheit, Recht und Gerechtigkeit sind keine Zwecke oder Mittel, die irgendwelchen Zwecken dienen, sondern Selbstwerte, Ideen. Oft genug sind sie freilich als Mittel für Zwecke mißbraucht worden. Man hat aus Erwerbsinteresse, Gewinninteresse, Machtinteresse eine äußerlich rechtliche Ordnung statuiert. Wird aber das Zweckinteresse, etwa das Selbstinteresse oder Gemeininteresse, maßgebende ordnungspolitische Instanz, so hat das Recht bereits seinen eigentlichen Sinn verloren. Denn nun bestimmt das Zweckinteresse, was rechtens ist. Was dem Interesse widerstreitet, wird rechtlos.

Die Anerkennung der Unbedingtheit des Rechts in allen äußeren gesellschaftlichen Angelegenheiten gewährleistet erst individuelle und persönliche Freiheit. Erst wenn niemand vom Recht ausgeschlossen ist, können sich alle Gesellschaftsglieder frei behaupten. Nun sind aber Recht, Gerechtigkeit und Freiheit Vernunftwerte. Daher ist die Anerkennung dieser Ideen nicht eine Frage des Beliebens, sondern der persönlichen und gesellschaftlichen Selbstbehauptung. *Wir müssen Realisten sein; um aber Realisten sein zu können, müssen wir Idealisten sein.*

Die Wahrheit dieser Erkenntnis soll an einem praktischen Fall nachgewiesen werden. Wenn sich Arbeitgeber und Arbeitnehmer sachlich verständigen wollen und sich infolgedessen richtige Arbeits- und Lohnverhältnisse zum Ziele setzen, sind sie genötigt, sich rechtlich und gerecht zu verhalten. *Lohngerechtigkeit ist die Voraussetzung richtiger Löhne.*

Die Vernunft fordert allgemeine Rechtlichkeit. Das ist der formale Sinn der Gerechtigkeitsidee. Dieser Sinn wird durch die traditionelle Bezeichnung „rechtliche" Gerechtigkeit, *iustitia legalis,* zum Ausdruck gebracht.

Welcher Art soll diese Rechtlichkeit sein? Wieder ist zunächst allgemein-formal zu sagen: Jeder soll nach allgemeinem und gleichem Maße sein Recht erhalten. Bei Anwendung von zweierlei Maß würde einer bevorzugt, ein anderer benachteiligt werden. Die Gerechtigkeit verlangt gleichmäßige Behandlung.

Nach welchem Maße aber soll jedem Recht werden? Wo immer es sich um Gerechtigkeit handelt, stehen nicht „intersubjektive Verhältnisse" (wie Georgio del Vecchio meint)[2] in Frage, sondern subjektive Positionen. Unter Position verstehen wir die gesellschaftliche, politische, ökonomische Stellung, die ein Subjekt jeweils einnimmt oder einnehmen kann. Bezieht sich die Gerechtigkeit nun grundsätzlich auf Positionen, so kann der Maßstab, nach dem jeder Position ihr Recht wird, nur das Ordnungsgesetz des Ganzen sein, in dem die Positionen begründet sind. Dieses Ordnungsgesetz bestimmt das Verhältnis der Ordnungselemente zueinander und zum Ganzen. Daher gibt es grundsätzlich nur zwei Maßstäbe, nach denen individuelle Positionen ihr Recht erhalten können. Bei wesentlich gleicher Bedeutung für das Ganze darf niemand mehr Recht erhalten als der andere. „Was dem einen recht, ist dem andern billig." Da sich diese Forderung der Gerechtigkeit besonders im gesellschaftlichen Verkehr, insbesondere im Geschäftsverkehr, geltend macht, hat sie den Namen *iustitia commutativa* (Verkehrsgerechtigkeit, Tauschgerechtigkeit) erhalten.

Bei ungleicher Bedeutung für das Ganze sind die individuellen Rechte bzw. Rechtspositionen sinngemäß verschieden zu bewerten. Ungleiche Stellung, ungleiche Funktion bedingt ungleiche Rechte und ungleiche Pflichten. Es wäre ungerecht, Ungleiches als gleich zu behandeln. Da die Gerechtigkeit hier als eine Forderung erscheint, der bei jeglicher Teilung, Aufteilung, Verteilung, Zuteilung entsprochen werden soll, ist sie *iustitia distributiva* (verteilende Gerechtigkeit) genannt worden.

Die aus der Ideengeschichte bekannten Arten der Gerechtigkeit, die legislative, kommutative und distributive Gerechtigkeit, sind also tatsächlich auch ihre eigentlichen, wesentlichen Erscheinungsformen. Die Einteilung ist vollständig (wenn die kommutative Gerechtigkeit auch mehr als eine besondere Form der distributiven Gerechtigkeit zu verstehen ist). Da man sich aber kaum jemals des eigentlichen Grundes der Vollständigkeit dieser Erscheinungsformen bewußt gewesen ist, hat man immer wieder nach weiteren Ausdrucksformen geforscht. Unversehens aber ist man dabei vom Wesentlichen abgekommen und in den Bereich der historisch bedingten realen Erscheinungsweisen der

---

[2] „La Giustizia". Zweite, neubearbeitete deutsche Aufl., Basel 1950, S. 82 ff.

Gerechtigkeit gelangt. So hat neuerdings noch *Helmut Coing* die Unvollständigkeit der traditionellen Einteilung bemängelt und unter Hinweis auf das gesellschaftliche Schutzverhältnis gemeint, noch eine Grundform der Gerechtigkeit hervorheben zu müssen, die iustitia protectiva (schützende Gerechtigkeit)[3].

Sucht man allerdings die wesentlichen Merkmale der Gerechtigkeit in gesellschaftlichen Erfahrungstatsachen, so dürften sich gewiß noch weitere Erscheinungsweisen ausfindig machen lassen. Allein Wesentliches kann nicht Tatsachen entnommen werden. Nur eine Sinn-Analyse kann zeigen, was Gerechtigkeit ist. Man muß zwischen der Frage nach den wesentlichen Formen der Gerechtigkeit und ihren geschichtlich bedingten realen Erscheinungsweisen unterscheiden.

Wird nun für bestimmte Urteile, Handlungen, Verhaltungsweisen, Verhältnisse und Einrichtungen der Anspruch auf Gerechtigkeit erhoben, so kann dieser Anspruch prinzipiell nur innerhalb eines realen Ordnungsbereiches geltend gemacht werden. Nur in einer realen Ordnung kann die Idee der Gerechtigkeit verwirklicht werden. Reale Gerechtigkeit ist daher grundsätzlich relativ. Was unter „einem" Ordnungsprinzip als gerecht erscheint, braucht nicht auch unter einem anderen als gerecht zu erscheinen. Von diesem anderen Gesichtspunkt aus gesehen, kann sich noch ein Rest von Ungerechtigkeit zeigen. Infolgedessen ist auch die Forderung zu erfüllen, die sich aus dem neuen Ordnungsprinzip ergibt. Der sich praktisch um Gerechtigkeit bemühende Mensch schlägt also gleichsam einen Kreisbogen nach dem anderen um die ideale Mitte. *Die Gerechtigkeit ist eine zum Ganzen führende Idee.* Sie erfüllt sich auf dem Wege von Ordnung zu Ordnung, schließlich im Ganzen der Ordnungen, in denen die in Frage stehenden Positionen begründet sind.

Die Geltungsbeschränkung der realen Gerechtigkeit auf einen bestimmten Ordnungsbereich ist gewiß ein Mangel gegenüber der unbedingt gültigen Idee der Gerechtigkeit. Dafür aber ist die reale Gerechtigkeit eindeutig, genau bestimmt. Denn der Maßstab, nach dem die individuellen Rechte bemessen werden, ist genau definierbar. Der objektiv bestimmte Charakter realer Gerechtigkeitsforderungen ist

[3] *Helmut Coing*, Grundzüge der Rechtsphilosophie, Berlin 1950, S. 180 ff.

auffällig. *Adam Smith* bemerkt hierzu in seiner „Theory of moral sentiments" (1759): „Die Regeln der Gerechtigkeit sind im höchsten Grade genau und lassen keine anderen Ausnahmen oder Modifikationen zu als solche, die ganz ebenso bestimmt werden können wie die Regel selbst, und die im allgemeinen tatsächlich aus ganz den gleichen Prinzipien erfließen wie diese." „Die Regeln der Gerechtigkeit können mit den Regeln der Grammatik verglichen werden, die Regeln der anderen Tugenden dagegen mit jenen Regeln, wie sie die Ästhetiker für die Erlangung des Erhabenen und des Eleganten in Stil und Darstellung aufstellen. Die einen sind fest und bestimmt, genau und unnachläßlich. Die anderen sind lax, vage und unbestimmt ..." (III. Teil, 6. Kap.).

Die Realisierung der Gerechtigkeitsidee ist aber nicht nur von der Existenz einer Ordnung abhängig. Diese muß von denjenigen, denen Recht werden soll, auch anerkannt werden. Andernfalls würde die Bemessung und Bewertung ihrer Rechte als willkürlich, jedenfalls nicht als gerecht empfunden werden. Unterschiedliche oder gar gegensätzliche subjektive Interessen stehen der Anerkennung einer allgemeinen Ordnung nicht entgegen. Solche Interessengegensätze können durch das gemeinsame objektive Ordnungsinteresse überbrückt werden. Mangelt es aber an einem übereinstimmenden Ordnungsinteresse, so fehlt jede Möglichkeit zu einer Regelung, die auf allgemeine Zustimmung rechnen darf. Daher ist ein gemeinsames Ordnungsbewußtsein das wichtigste subjektive Erfordernis für eine gerechte Gestaltung der gesellschaftlichen, politischen, wirtschaftlichen Verhältnisse.

Erhalten nun die Träger individueller Rechtspositionen ihr Recht nach Maßgabe eines ganzheitlichen, allgemeinverbindlichen Ordnungsgesetzes, so sind die individuellen Positionen und Funktionen in Ordnung. Was in Ordnung ist, ist richtig; es erfüllt seinen Zweck, seine Aufgabe. Somit ist die *Gerechtigkeit die Voraussetzung des Richtigen.* Andererseits kann sich die *Gerechtigkeit nur auf dem Wege über das Richtige verwirklichen.* Will der Richter ein gerechtes Urteil sprechen, muß er sich um ein richtiges Urteil bemühen. Soll eine gerechte staatliche und wirtschaftliche Ordnung geschaffen werden, so kann dies nur über eine richtige Ordnung geschehen. Mit einer aus den Fugen geratenen Ordnung ist Gerechtigkeit unvereinbar. So stellt uns die Idee der Gerechtigkeit praktisch die Aufgabe, das jeweils Ordnungsgemäße oder Richtige ausfindig zu machen.

Obwohl nun das Gerechte die Bedingung des Richtigen ist, ist das Richtige deswegen nicht auch ohne weiteres gerecht. Denn richtig ist etwas ja immer nur unter einem ganz bestimmten Ordnungsprinzip. Nur mit dem vollkommen Richtigen würde die Gerechtigkeit eines sein. Wir Menschen können in keiner möglichen Lebensform Vollkommenheit erreichen. Wir müssen uns genügen lassen, der unbedingten Forderung der Gerechtigkeit durch bedingt richtige Erscheinungsformen zu entsprechen.

Damit ist der Standpunkt gekennzeichnet, der in der vorliegenden Untersuchung eingenommen wird. In Frage steht das Recht des Lohnempfängers. Nach Maßgabe welcher Ordnung wird ihm faktisch sein Recht? Da ein dieser Ordnung entsprechender Lohn als richtig gelten darf, so wird die Frage nach dem gerechten Lohn durch die Bestimmung richtiger Löhne beantwortet.

Welches ist nun die Ordnung, in der die Position des Lohnarbeiters begründet ist? Bei näherer Betrachtung zeigen sich mehrere Ordnungen. Zunächst begegnen wir dem Arbeitnehmer auf dem Arbeitsmarkt. Da er keine sachlichen Erwerbsmittel besitzt, ist er genötigt, seine Arbeitskraft einer Fremdwirtschaft zur Verfügung zu stellen. Für diese Leistung beansprucht er ein dem Wert seiner Arbeitskraft entsprechendes Entgelt. In der Marktwirtschaft kann er dieses nur nach Maßgabe der Bedingungen eines geordneten, funktionsfähigen Marktes erhalten. Der gerechte Lohn erscheint hier daher als ein *marktwirtschaftlich richtiger, marktgerechter Lohn.*

Die zweite Position des Arbeitnehmers ist durch seine Tätigkeit im Betrieb gekennzeichnet. Hier kann ihm sein Recht nur nach Maßgabe der Wirtschaftlichkeit dieses Leistungsgefüges werden. Der danach bemessene Lohn ist ein *betriebswirtschaftlich richtiger, betriebsgerechter Lohn.*

Der Zweck einer Wirtschaft ist die materielle Sicherung des Lebens- und Kulturbedarfs. So dient auch das Einkommen, das der Arbeitnehmer aus seiner erwerbswirtschaftlichen Tätigkeit zieht, der Sicherung seines Lebensstandards. Dem Arbeitnehmer muß also schließlich auch sein Recht werden nach Maßgabe seiner Bedarfswirtschaft. So hat sich der gerechte Lohn am Ende auch als ein *bedarfswirtschaftlich richtiger, bedarfsgerechter Lohn* zu erweisen.

Der marktwirtschaftlich richtige Lohn

Wenn der Arbeitnehmer einen marktwirtschaftlich bestimmten Lohn für gerecht halten soll, muß er die Marktwirtschaft selbst in Ordnung finden. Ist dies der Fall? Ist die Arbeiterbewegung nicht im Gegenteil die Geschichte eines immerwährenden Kampfes gegen die Marktwirtschaft?

Adam Smith glaubte, die freie Marktwirtschaft sei die natürlichste und beste Wirtschaftsform. Sie gebe dem natürlichen Selbstinteresse der Menschen freien Spielraum und entfessele dadurch alle Kräfte. Der Wettbewerb sorge für die Auslese der Tüchtigsten. So müsse die Wirtschaft fortschreiten und der Güterreichtum zunehmen. Doch schon *Robert Malthus* und *David Ricardo* zogen die Güte der „natürlichen" Ordnung in Zweifel. Die Bevölkerung wachse zwangsläufig über ihren Nahrungsmittelspielraum hinaus. Ricardo zeigte, daß sich gleichzeitig die Einkommensverhältnisse verschieben müssen. Boden- und Kapitaleigentümern falle, soweit sie nicht gerade Grenzproduzenten sind, ein wachsendes Renteneinkommen zu. Mit der fortschreitenden Wirtschaft würden sich also die sozialen Gegensätze vertiefen. *Karl Marx* brauchte aus diesen Erkenntnissen nur die weiteren Schlüsse zu ziehen. Er sah nicht nur gegenwärtige und kommende Klassengegensätze. „Die Geschichte aller bisherigen Gesellschaft ist die Geschichte von Klassenkämpfen." Immer haben Unterdrücker und Unterdrückte „einen ununterbrochenen, bald versteckten, bald offenen Kampf" geführt. Die privatkapitalistische Wirtschaft ist durch den Klassengegensatz der Kapitaleigentümer und der besitzlosen Arbeitnehmer charakterisiert. Die Klasse der Kapitaleigentümer hält die Klasse der Besitzlosen nicht nur in ständiger wirtschaftlicher Abhängigkeit, sondern ist durch den Kapitalbesitz auch in der Lage, die Masse der Arbeitskräfte kapitalistisch zu verwerten. Die kapitalistische Wirtschaft selber aber setzt dieser Verwertung die Grenze. Mit dem Produktionsfortschritt bildet sich ein immer größeres Mißverhältnis zwischen der Kapitalakkumulation und dem Arbeitseinkommen heraus. So muß das System aus innerer Notwendigkeit an der unzureichenden marktmäßigen Verwertung der Massenerzeugnisse bzw. an Überproduktion bzw. Unterkonsumtion zugrunde gehen. Das Proletariat kürzt diesen Prozeß nur ab, wenn es seine revolutionären Kräfte dem geschichtlichen Entwicklungsprozeß einfügt und der stürzenden privaten Eigentumsordnung den letzten Stoß versetzt.

Der Marxismus hat das Fernziel der Vernichtung des freien Wirtschaftssystems nie aufgegeben. Wohl aber hat er Mittel und Methoden geändert. Schon *Friedrich Engels* ist von der revolutionären Gewaltpolitik abgerückt. Die Kampfesweise von 1848 sei nicht mehr zeitgemäß. Die Demokratie gebe dem Proletariat die Mittel in die Hand, auf legalem Wege zur Macht zu kommen. „Die Ironie der Weltgeschichte stellt alles auf den Kopf. Wir „Revolutionäre", wir „Umstürzler", wir gedeihen weit besser mit den gesetzlichen Mitteln als bei den ungesetzlichen und dem Umsturz. Die Ordnungsparteien, wie sie sich nennen, gehen zugrunde an dem von ihnen selbst geschaffenen Zustand." (Vorwort zu der Schrift von Karl Marx, Die Klassenkämpfe in Frankreich, 1895.)

Sollte die Arbeiterschaft aber die bestehenden Verhältnisse so lange hinnehmen, bis die Stunde der Machtergreifung gekommen war? Zu viele Tagesfragen erforderten eine vorzeitige Entscheidung. Je mehr die Arbeiterschaft zum Bewußtsein ihrer Klassenlage kam, um so mehr drängte sie auf eine schleunige Stärkung ihrer wirtschaftlichen Position. Unabhängig von dem Kampf gegen das System lief infolgedessen der Kampf gegen offenbare Bedrückungen und Bedrängnisse im System. So setzten sich die Arbeitergewerkschaften für die Einführung eines Normalarbeitstages und die Sicherung eines Normalarbeitslohnes ein. In dem Maße, wie es den Arbeitnehmern gelang, sich zu organisieren und sich in großen Gewerkschaften machtvolle Interessenvertretungen zu schaffen, gewannen sie eine der Position der Arbeitgeber gleichwertige Marktposition. Damit aber erhielt die kapitalistische Wirtschaft in gewissem Sinne ihr verlorenes Gleichgewicht zurück. Denn Marx hatte ganz recht mit der Voraussage des Zusammenbruches der privatkapitalistischen Wirtschaft. Derart ungleiche Startbedingungen, wie sie dieses System kennzeichnen, müssen zu wirtschaftlichen und sozialen Katastrophen führen. Die Koalition der Arbeitnehmer beseitigte in etwas die Startungleichheit und schuf so — allerdings wider Willen — die Voraussetzung für die Erhaltung des Systems.

Die Arbeitnehmerschaft kam mehr und mehr in den Genuß der mit der kapitalistischen Wirtschaft verbundenen Vorteile eines fortgesetzt steigenden Produktionsertrages. Nichtsdestoweniger wahrte man vielfach in dogmatischem Starrsinn die feindselige Haltung gegenüber dem herrschenden Wirtschaftssystem. Erst die bitteren Erfahrungen, die die Arbeiterschaft nach dem 1. Weltkrieg in Europa machen mußte, zeigten ihr, wohin der Weg der Marktvernichtung führt. In den Ländern, wo die Marktwirtschaft zerstört wurde, folgte ihr die totalitäre Planwirtschaft bzw. Befehlswirtschaft. Der Staat erhielt einen unerhörten Machtzuwachs durch die Vereinigung der politischen und wirtschaftlichen Mittel in seiner Hand. Der erste Schritt nach der totalitären Staatsbildung war allemal die Entrechtung und Entmachtung der privaten Organisationen. Die Gewerkschaften wurden zu Funktionären der Staatsverwaltung. So wurden die Arbeitnehmer unfreier, als sie es in der kapitalistischen Wirtschaft gewesen waren.

Heute sind sich die Arbeitnehmer der westlichen Welt der ihre Position bedrohenden Gefahren bewußt. Sie haben gelernt, zwischen individualistischem Kapitalismus und Marktwirtschaft zu unterscheiden. Sie bekämpfen nicht mehr das System, sondern die Fehler, Auswüchse und Entartungen im System.

Gehört nun zu den Systemfehlern nicht auch das Lohnarbeitsverhältnis? Läßt sich mit der Vernunft bzw. unserer Vorstellung von einer sinnvollen Wirtschaftsordnung vereinbaren, daß der weitaus größte Teil der Produzenten wirtschaftlich unselbständig ist und für eine gesellschaftliche Minderheit arbeiten muß? Es wäre in der Tat menschenunwürdig, wenn sich ein Mensch einem anderen zu dessen alleinigem Vorteil verdingen müßte. Menschenunwürdig wäre es aber auch, wenn der Arbeitnehmer zur Dienstleistung in einer Befehlswirtschaft gezwungen würde.

Die marktwirtschaftliche Position des Lohnarbeiters braucht jedoch keineswegs so unwürdig zu sein. Gewiß wäre es ideal, wenn jeder Wirtschafter über Erwerbsvermögen verfügen würde. Man mag dies als ein wirtschafts- und sozialpolitisches Fernziel ins Auge fassen. Wichtiger aber als das, was einmal werden soll, ist das, was unmittelbar zu tun ist. Wie die Dinge liegen, ist im Raume der heutigen Marktwirtschaft noch auf lange Sicht mit höchst ungleichen Vermögensverhältnissen und somit auch sachlich ungleichen Startbedingungen zu rechnen. Die Koalition der Arbeitnehmer ist ohne Zweifel eines der wichtigsten Elemente für den Ausgleich dieser gefährlichen unterschiedlichen Startbedingungen. Die Herausbildung gleichwertiger Machtpositionen bzw. quasimonopolistischer Marktpositionen gewährleistet jedoch noch nicht ein sachliches Verhalten der Marktteilnehmer.

Eine wechselseitige sachliche Verständigung ist nur auf dem Boden einer gemeinsamen Wirtschaftsgesinnung möglich. Nur wenn ein Partner dem anderen das gleiche Recht zubilligt wie sich selbst, ist eine einseitige, selbstsüchtige Ausnutzung der Machtposition ausgeschlossen. Das Bewußtsein gleicher Rechte aber kann nur mit dem Bewußtsein auch mindestens gleicher Pflichten verbunden sein. Wem aber sollten Arbeitnehmer und Arbeitgeber gleicherweise verpflichtet sein? Ihrer beruflichen Aufgabe! Bezeugt die Hausfrau der Hausangestellten durch Wort und Tat, daß auch sie dem Haushalt dient, bezeugt der Betriebsleiter der Belgschaft tagtäglich, daß sein Wirken und Schaffen der Förderung des Betriebes und der Unternehmung gilt, dann läßt das Wissen um Mitarbeit und gemeinsamen Dienst das Gefühl einseitiger Abhängigkeit oder Unfreiheit nicht aufkommen. Dieses Wissen muß indessen in den tatsächlichen Verhältnissen dauerbare Bestätigung finden.

Haben Arbeitnehmer und Arbeitgeber gleicherweise den Willen, miteinander der Wirtschaft und ihren Aufgaben zu dienen, so müssen sie auch ein gemeinsames sachliches Interesse an der Funktionsfähigkeit ihres Wirtschaftssystems haben. Damit aber ist der objektive Wertgesichtspunkt gegeben, nach dem nunmehr jedem Partner sein Recht werden kann. Eine gerechte Wirtschaftsgestaltung hat also zur Voraussetzung, daß sich Arbeitnehmer und Arbeitgeber im Bewußtsein eines gemeinsamen Dienstes und im Wissen um die sachlichen funktionswirtschaftlichen Erfordernisse hierfür zusammenfinden.

Die Zweckfunktion des Marktes besteht im Ausgleich von Angebot und Nachfrage. Anbieter und Nachfragende begegnen sich in der Erwartung, bestimmte Güter und Dienste absetzen oder empfangen zu können. Ihre Erwartungen sind sachlich begründet, wenn sie sich auf richtige Marktbeobachtungen stützen. Da nun Güter und Dienste nur unter Voraussetzung einer kaufkräftigen Nachfrage auf den Markt kommen, sind die Erwartungen der Anbieter für Art, Ausmaß und Entwicklung der Marktwirtschaft entscheidend. Erfüllen sich die begründeten Erwartungen auch des letzten Anbieters (im Hinblick auf die letzte kaufkräftige Nachfrage), so müssen Gesamtangebot und Gesamntachfrage in *optimalem Gleichgewicht* stehen. In der idealen Marktwirtschaft findet jeder Produzent seinen Konsumenten, jeder Verkäufer seinen Käufer, jeder Sparer seinen Investor, jeder Arbeitnehmer seinen Arbeitgeber. Jeder erwartet von dem anderen, daß er sich nicht Rechte anmaßt, die ihm nach seiner marktwirtschaftlichen Position nicht zustehen. Jeder erwartet von dem anderen, daß er sich marktkonform verhält. Da sich diese Erwartungen voll und ganz erfüllen, ist kein Marktteilnehmer genötigt, jemals seine getroffenen Dispositionen zu ändern. Infolgedessen gibt es hier keine unvorhergesehenen Ereignisse, keine Umstellung, keinen Umbruch, keine Störung, keine Krise. Alle wirtschaftlichen Faktoren stehen in einem idealen Verhältnis zueinander. Jeder Leistungsträger ist von dem Bestreben erfüllt, seine Aufgabe bestmöglich zu erledigen. Der freie Wettbewerb ist ein Wetteifer um die beste Leistung. Da nun jeder Leistungsträger seinem Leistungsvermögen entsprechend beschäftigt ist, ist das optimale marktwirtschaftliche Gleichgewicht durch Vollbeschäftigung gekennzeichnet.

Diese ideale Wirtschaft ist freilich nirgendwo in der Wirklichkeit anzutreffen. Sie ist jedoch auch kein willkürlich konstruiertes Gedankenmodell, kein bloßes Phantasiegebilde. Die gekennzeichneten Struktur- und Funktionsmerkmale sind zwar aus einem Idealbegriff abgeleitet, andererseits aber auch der Wirklichkeit entnommen, in der sie als reale Möglichkeiten angelegt sind. Weil sie gewisse reale Tendenzen zum Ausdruck bringen, können sie der wissenschaftlichen und praktischen Orientierung dienen. Sie geben die Richtpunkte ab, mit deren Hilfe wir uns in dem verwirrenden Geflecht der Wirtschaftsbeziehungen zurechtfinden können.

Ein Richtpunkt ist aber noch kein Maßstab. Das „Optimum" ist der Realität zu fern gerückt, um als Beurteilungsmaßstab dienen zu können. Nichtsdestoweniger bietet es eine Handhabe, solchen zu finden. Die Verwirklichung eines Optimums kann infolge immer vorhandener realer Widerstände nur gradweise, stufenweise erfolgen. Zunächst müssen gewisse Mindestbedingungen erfüllt werden. Diese Mindestbedingungen werden unter dem Begriff des *Normalen* zusammengefaßt. Das Normale enthält alle Momente des Optimalen im ersten realen Ansatz.

Das optimale marktwirtschaftliche Gleichgewicht ist die ideale Erscheinung marktwirtschaftlicher Verhältnisse. Soll dieses Ideal annähernd verwirklicht werden, müssen die hierfür notwendigen Mindestbedingungen geschaffen werden. So ist die vordringliche Aufgabe der Marktwirtschaftspolitik die *Normalisierung der marktwirtschaftlichen Verhältnisse.*

Auch ein normales marktwirtschaftliches Gleichgewicht hat eine bestimmte Haltung der Marktteilnehmer zur Voraussetzung. Natürlich ist keine ideale Gesinnung zu erwarten. Ein Mindestmaß rechtlichen und gerechten Verhaltens ist jedoch notwendig, wenn ein Zusammenspiel der marktwirtschaftlichen Funktionen erfolgen soll. Doch auch solche Rechtlichkeit ist praktisch nur gewährleistet, wenn sie notfalls erzwungen werden kann. Recht ohne Macht kann sich nur in idealem Raum uneingeschränkte Geltung verschaffen. In der Wirklichkeit muß sich mit einer Rechtsposition auch eine entsprechende Machtstellung verbinden. Die Arbeitnehmerschaft ist erst durch ihre Koalition ein Machtfaktor geworden. Im Zuge des gewerkschaftlichen Zusammenschlusses und der dadurch wieder vorangetriebenen Organisation der Arbeitgeber hat die Marktwirtschaft aber eine wesentliche strukturelle Änderung erfahren. Sie hat sich zu einer gebundenen Wirtschaft entwickelt. Da der Staat hierbei vielfach in eine schiedsrichterliche Funktion gedrängt wurde und sich überhaupt mehr und mehr für die Gesamtwirtschaft verantwortlich zeigen mußte, gewannen die staatlichen Interventionen an Bedeutung. Die mannigfachen Wirtschaftsbindungen wuchsen sich zu einer Wirtschaftslenkung aus. Damit aber war das marktwirtschaftliche Gleichgewicht nicht mehr eine Frage der selbsteigenen Wirtschaftsentwicklung oder der Wirtschaftsbildung, sondern der bewußten internen und externen Wirtschaftsgestaltung. An die Stelle der Preisdirektive trat in zunehmendem Maße der lenkende Wille der privaten Organisationen, der halböffentlichen Verbände und des Staates.

Diese Entwicklung scheint nun von weittragender Folge zu sein für die durch die Idee der Gerechtigkeit geforderte Äquivalenz von Leistung und Gegenleistung. In dem Gedankenmodell der freien Marktwirtschaft ist diese Äquivalenz auf Grund der für dieses Modell gültigen Voraussetzungen ohne weiteres gegeben. Niemand wird nachhaltig Verluste tragen wollen und können. Niemand wird auch nachhaltig mehr gewinnen können, als seinem Leistungsaufwand entspricht. In einer frei gebundenen, gelenkten Marktwirtschaft ist dieser Gewinn und Verlust ausgleichende Marktautomatismus aufgehoben. Preise und Löhne können nach irgendwelchen Gesichtspunkten bestimmt werden. Hat nun das Leistungsprinzip, überhaupt das Prinzip marktmäßiger Entgeltlichkeit, keine Gültigkeit mehr? Es kommt darauf an: will man „mit" der Marktwirtschaft, d. h. im großen und ganzen ihren Grundsätzen entsprechend, oder „gegen" die Marktwirtschaft handeln? Natürlich können die Preise ohne Rücksicht auf die gegebenen oder erwarteten Ertragsverhältnisse festgesetzt werden. Dann aber müssen sich die hierfür verantwortlichen Politiker auch der wirtschaftspolitischen Konsequenzen ihrer Handlungsweise bewußt sein. Soll die Marktwirtschaft wenigstens zu einem größeren Teil erhalten bleiben, muß ihren Forderungen Rechnung getragen werden. Diese Forderungen gipfeln nicht in dem Postulat eines unbedingt freien Wettbewerbs, auch nicht in dem Postulat einer völligen Beweglichkeit der Preise. Denn praktisch kann eine Marktwirtschaft nur erhalten bleiben, wenn die individuellen Freiheiten eine gewisse Einschränkung erfahren. Der Fehler der auf der klassischen Theorie begründeten Wirtschaftspolitik lag in der naiven Übertragung des Gedankenmodells der freien Wirtschaft auf die Wirklichkeit. Man übersah, daß dieses System nur unter bestimmten Voraussetzungen so wunderbar funktioniert. Eine der wichtigsten Voraussetzungen (objektiver Art) ist die Startgleichheit. Gerade diese Voraussetzung aber ist in Wirklichkeit infolge der ungleichen Einkommensverteilung nicht gegeben. Soll die Marktwirtschaft trotzdem ins Gleichgewicht kommen, so muß diese Startungleichheit wenigstens zu einem gewissen Grade beseitigt werden. Dies kann nun durch eine interne und externe Organisation des Marktes geschehen. Die gebundene Marktwirtschaft ist daher nicht das Ende der Marktwirtschaft, sondern ihr Anfang im Sinne eines wirklich funktionierenden Systems. Ohne staatliche Interventionen könnte ein allgemeiner Beschäftigungsstand nicht gehalten werden. Nur unter der Voraussetzung wirtschaftlicher Selbsthilfe und Staatshilfe können die für den allgemeinen Beschäftigungsstand noch notwendigen Grenzbetriebe ein Äquivalent ihrer Leistung erwarten. Leistungsäquivalenz und allgemeine und ausreichende lohnende Beschäftigung bedingen einander.

So ist die Beschäftigung auch das einzig sichere Merkmal eines normalen wirtschaftlichen Gleichgewichtes, auch des Gleichgewichtes einer gebundenen Marktwirtschaft. In einer freien Wirtschaft gilt ein stabiles Preisniveau als Kennzeichen ausgeglichener marktwirtschaftlicher Verhältnisse. In der gebundenen Wirtschaft aber kann Preisstabilität mit wirtschaftlicher Unausgeglichenheit zusammen bestehen.

Der Normalbeschäftigungslohn

Befindet sich die Marktwirtschaft in einer Unterbeschäftigungslage, so ist die Normalisierung der marktwirtschaftlichen Verhältnisse die vordringlichste wirtschaftspolitische Aufgabe. Vordringlich ist vor allem die Normalisierung der Beschäftigung. Infolgedessen muß die Beschäftigungspolitik der Lohnpolitik vorangehen.

Die Arbeitnehmer haben jedoch die Macht, auch in einer Situation der Unterbeschäftigung höhere Löhne zu fordern und den Arbeitgebern sogar den Normalbeschäftigungslohn abzuringen. Betreiben sie einmal diese Politik, so wollen sie damit natürlich kein Privileg für die Beschäftigten schaffen oder die Beschäftigungslosigkeit verewigen. Die Unternehmer sollen vielmehr durch die höheren Lohnkosten zu einer verstärkten Betriebsrationalisierung genötigt werden. Mit der steigenden Produktivität der Unternehmungswirtschaft aber muß die Nachfrage nach Arbeitskräften zunehmen.

Werden die Unternehmer aber derart positiv reagieren? Vielleicht geraten sie durch die überhöhten Lohnkosten in solche Bedrängnis, daß sie ihren Betrieb einschränken oder gar stillegen müssen. Finden sie jedoch eine Möglichkeit anderweitiger Kostenersparnis und verstehen sie sich zu einer nachhaltigen Preissenkung, so ist noch die Frage, ob das preiswertere Angebot auch faktisch eine größere Nachfrage bzw. einen größeren Verbrauch auslösen wird. Ein preiswerteres und reichlicheres Angebot von Gütern, die in jedem Falle nachgefragt werden, also auf eine starre Nachfrage stoßen, würde diesen Effekt nicht haben.

Wie die Arbeitnehmer an steigendem Lohneinkommen interessiert sind, so die Arbeitgeber (Unternehmer und Betriebsleiter) an sinkenden Lohnkosten. Darunter brauchen nicht die Lohnsätze verstanden zu werden. Diese können gleichbleiben oder sich erhöhen. Trotzdem kann das Lohnkonto infolge gesteigerter Arbeitsproduktivität und verbesserter Ertragslage abnehmen. Vielleicht aber ist der Weg einer Lohnkostensenkung aus irgendwelchen Gründen nicht oder nicht mehr gangbar. Sollen Betrieb und Unternehmung dennoch wirtschaftlicher und rentabler arbeiten, so bleibt nur die absolute Kostensenkung. Durch eine Herabsetzung der Lohnsätze würde die Unternehmung liquider werden. Sie könnte also mehr investieren, ihre Produktion verbessern und mit einem reichlicheren und preiswerteren Warenangebot aufwarten. Trotz der Preissenkung ist jedoch infolge der allgemeinen Einkommensminderung nicht mit einem größeren Absatz im Inland zu rechnen. Indessen könnte das Ausland angeregt werden, in größerem Umfange als Käufer aufzutreten. Wieder aber fragen wir: Ist diese Erwartung gerechtfertigt? Wird das Ausland in der gekennzeichneten Weise reagieren? Vielleicht betrachtet es eine Preissenkung auf dem Wege eines Lohnabbaues als eine unfaire Maßnahme (Dumping), die zu Gegenmaßnahmen herausfordert. Eine Politik sinkender Löhne begegnet also zweifellos noch größeren Bedenken als eine Politik steigender Löhne.

Sehr wichtig für die Beurteilung des lohnpolitischen Effekts ist natürlich auch die Frage, wie der Arbeitnehmer reagiert. Wenn der Lohnabbau zu einer Minderung der Arbeitsproduktivität, insonderheit der Arbeiterproduktivität führt, würde das Gegenteil von dem erreicht werden, was man erreichen wollte. Die depressiven Tendenzen würden sich verschärfen, die Allgemeinbeschäftigung würde weiter abnehmen.

Kommt es übrigens nur darauf an, den Unternehmungen eine größere Liquidität zu verschaffen, so stehen hierzu zweckmäßiger finanzwirtschaftliche und monetäre Mittel zur Verfügung. Allerdings ist größere Geldflüssigkeit noch nicht gleichbedeutend mit größerer Kapitalkraft. Diese hat geeignete Anlagemöglichkeiten zur Voraussetzung. Seit den beschäftigungstheoretischen Untersuchungen von *John Maynard Keynes* dürfte der Zusammenhang zwischen Lohnveränderungen und Beschäftigung, wenigstens in großen Zügen, hinreichend geklärt sein.

Die Beschäftigungspolitik führt zu einer Erhöhung des gesamten Lohneinkommens. Man darf annehmen (allerdings aus anderen Gründen, als Keynes meinte), daß die nominellen Löhne bzw. Lohnsätze zunächst nicht steigen werden. Das Lohneinkommen im ganzen würde durch den Zuzug bislang Unbeschäftigter in die Beschäftigungswirtschaft zunehmen. Mit der vermehrten Nachfrage nach Lohngütern würden nun allerdings die Preise der Güter steigen, die nur zu höheren Grenzkosten vermehrt werden können. So würde die reale Kaufkraft der Löhne in bezug auf diese und jene Güter sinken. Sowie aber die Masse der mit sinkenden Kosten produzierbaren Lohngüter zunimmt, würden die Reallöhne steigen. Die anfängliche Preiskonjunktur würde in eine Mengenkonjunktur auslaufen.

Die normale Lohnquote

Das Nettoergebnis der gesellschaftlichen und sachlichen Aufwendungen einer staatlich geordneten Marktwirtschaft wird als Sozialprodukt bezeichnet. In welchem Umfange sind nun die Arbeitnehmer als eine besondere Leistungsgruppe an dieser allgemeinen Wertschöpfung beteiligt? Sind sie es in dem Maße ihres eigenen Wertschöpfungsbeitrages? Es wäre ungerecht, wenn eine Leistungsgruppe einen größeren oder kleineren Anteil am Sozialprodukt erhielte, als ihrem Leistungsbeitrag entsprechen würde; es wäre ungerecht, wenn die einen fortgesetzt gewinnen, die anderen vielleicht gar verlieren würden.

Bei normalem marktwirtschaftlichem Gleichgewicht stehen die Grundeinkommen in einem normalen Verhältnis zueinander. Wäre die Einkommensverteilung nicht annähernd leistungsgerecht, würde keine allgemeine und ausreichende lohnende Beschäftigung gegeben sein. Es liegt nun nahe, diese normalen Einkommensrelationen auch als Maßstab für die weitere Einkommensentwicklung zu nehmen. Würde dann etwa festgestellt werden, daß die Lohnquote relativ zurückbleibt, so würde diese Feststellung Veranlassung geben, eine dem normalen Quotenverhältnis entsprechende Lohnkorrektur vorzunehmen.

Bereits *Carl Rodbertus* ging von ähnlichen Erwägungen aus. Die Einkommensquoten müßten mindestens immer den Normalverhältnissen entsprechen. Ein normaler Status der Wirtschaft aber entstehe nicht von selbst. „Von selbst ist Fabelland, Schlaraffenland. Schon nach Naturgesetzen kommt uns Menschenkindern nichts von selbst zugute; es gehört saure individuelle Arbeit dazu. Nach Gesellschaftsgesetzen kommt uns aber auch von selbst die Frucht zur individuellen Arbeitsgemeinschaft nur höchst unvollkommen zugute; es gehört saure Staatsarbeit dazu. Also auch bei dieser tieferen Lösung des sozialen Problems, die durch Normalarbeit ermöglicht wird, muß die energische Hand des Staates intervenieren.“ Die häufigen Handelskrisen hätten ihre Ursache in einer anormal niedrigen Lohnquote. Der Mangel an Massenkaufkraft habe Absatzschwierigkeiten und Depressionen zur Folge. „Die Wertanteile der bei der Nationalproduktion beteiligten Klassen sind es nämlich, die allein deren Kaufkraft bestimmen, sind die Kräfte, die in der Nachfrage den Markt im Gleichgewicht erhalten. Eine bei dem einen Beteiligten infolge seines sinkenden Wertanteils am Produkt fortwährend abnehmende Kaufkraft muß natürlich zum Verlust des Gleichgewichts ausschlagen.“ „Man wende nicht ein, das Quantum Kraft, das dem einen Beteiligten entzogen werde, wachse ja den anderen beiden Beteiligten zu und müsse mit derselben

Stärke auf den Markt wirken ... Was in der Hand des einen Beteiligten noch wert geblieben wäre, wird in den Händen der anderen eben überflüssiges, d. h. unverkäufliches Produkt." Übermäßige Gewinnakkumulation treibe zu Luxus. „Man baut glanzvolle Passagen, aber keine gesunden Arbeiterwohnungen. Und das ‚herrschende' System hat hierin recht, denn es bringt nur zu Markt, was seine Bezahlung findet ... So bewegt sich denn das System in seinen eigentümlichen Geleisen weiter: nach unten streut es ob der zunehmenden ungleicheren Verteilung des Nationalreichtums immer mehr Neid, Haß und Rache aus. Nach oben wird die Bewegung etwas anders; hier folgt auf den Wetterwerb der Wettgenuß, auf den Wettgenuß die Korruption[4]."

Die Forderung der Arbeitnehmer, am Sozialprodukt leistungsgerecht beteiligt zu werden, ist recht und billig. Allein es fragt sich, ob sie durch den Hinweis auf globale Quotenverhältnisse und deren Veränderung begründet werden kann. Zunächst müßten die Quoten zahlenmäßig genau bestimmt werden. Welche Beträge des Sozialprodukts gehören zur Lohnquote, welche zur Gewinnquote? Da nur die Nettoeinkommen eine Vergleichsbasis bieten, müßten die Nettolohn- und Nettogewinnquote berechnet werden. Die Nettolohnquote kann ermittelt werden. Wie aber ist der Nettogewinn zu finden? Man müßte u. a. doch wissen, welche Beträge vom Bruttoertrag zur Sicherung gegen etwaige Verluste abzusetzen sind. Die Verlustgefahren der Unternehmungen sind indes individuell verschieden. Sie lassen sich nicht allgemein abschätzen.

Damit sind gewisse technische Schwierigkeiten bei der Ermittlung der Einkommensrelationen angedeutet. Ungeachtet solcher Problematik aber müssen wir fragen: Hätten Erkenntnisse dieser Art überhaupt einen lohnpolitischen Aussagewert? In einer stationären Wirtschaft bleiben die einmal erreichten normalen Einkommensverhältnisse maßstäblich erhalten. Einkommensverschiebungen können nach jenen Normalverhältnissen beurteilt und korrigiert werden. Wie aber verhalten sich die Dinge in einer diskontinuierlich fortschreitenden, dynamischen Wirtschaft? Hier kann sich ein normales marktwirtschaftliches Gleich-

[4] Gesammelte kleine Schriften (1871). Herausgegeben von M. Wirth, Berlin 1899, Bd. 4, S. 357.

gewicht auch bei Einkommensverschiebungen erhalten. Denn in der fortschreitenden Wirtschaft ändert sich die organische Zusammensetzung der Leistungen. In einer fortschreitenden arbeitsintensiven Wirtschaft würde der Faktor Arbeitskraft natürlich auch erhöhte Bedeutung gewinnen. Anders in einer zunehmend kapitalintensiven Wirtschaft. In jedem Falle ändert sich das Verhältnis der Arbeits- und Kapitaleinkommen zueinander. Es wäre verkehrt, dieses Verhältnis nun etwa nach den normalen Einkommensrelationen einer kapitalextensiven Wirtschaft zu beurteilen. Dazu kommt folgendes: Angenommen, der Anteil des Lohneinkommens am Sozialprodukt würde abnehmen. Darf man hieraus auf eine Verschlechterung der wirtschaftlichen Lage der Lohnarbeiterschaft schließen? Mit der Verminderung der Lohnquote kann sich die Zahl der Arbeitnehmer verringert haben. Die globalen Einkommensquoten lassen also nicht erkennen, über welches Einkommen die einzelnen Einkommensträger verfügen. Auf dieses individuelle Einkommen und seine Verwendung aber kommt es praktisch an.

Der betriebswirtschaftlich richtige Lohn

Nach Abschluß des Arbeitsvertrages tritt der Arbeitnehmer in den Dienst eines Betriebes. *Karl Marx* hat den Weg vom Arbeitsmarkt zum Betrieb in der ihm eigenen sarkastischen Weise geschildert: „Beim Scheiden von dieser Sphäre der einfachen Zirkulation oder des Warenaustausches ... verwandelt sich schon in etwas die Physiognomie der Figuren unseres Dramas. Der ehemalige Geldbesitzer schreitet voran als Kapitalist, der Arbeitskraftbesitzer folgt ihm nach als sein Arbeiter, der eine bedeutungsvoll schmunzelnd und geschäftstüchtig, der andere scheu, widerstrebend, wie jemand, der seine eigene Haut zu Markte getragen und nun nichts anderes zu erwarten hat, als die — Gerberei" (Das Kapital, I. Bd., 2. Abschnitt, 4. Kap.). Marx konnte sich bei solcher Darstellung auf sehr unwürdige Arbeitsverhältnisse seiner Zeit berufen. Heute sichert der Tarifvertrag, der „kollektive Arbeitsnormenvertrag" (Sinzheimer), den Betriebsangehörigen gewisse Mindestrechte zu. Zweifellos aber müssen die Arbeitnehmer doch aus sachlichen Gründen einen Teil ihrer individuellen Freiheit aufgeben.

Denn der Betrieb ist ein Leistungsgebilde, das bei aller möglichen Dezentralisierung der einzelnen Werkverrichtungen im ganzen straff zentralisiert sein muß. Der Arbeitnehmer übernimmt eine Funktion, die durch den Zweck des Betriebes bestimmt ist. Er hat nicht die Freiheit, diese Funktion zu ändern oder eine andere auszuüben. Er muß im Sinne des Betriebes fungieren. Ist er insofern auch unfrei, so doch keineswegs unfreier, als es der Betriebsleiter ist. Denn auch dieser muß sich den sachlichen Erfordernissen des Betriebes fügen.

Der Zweck des Betriebes ist die Herstellung oder Bereitstellung einer bestimmten Art und Menge von Gütern oder Diensten. Diese Güter (im allgemeinsten Sinn des Wortes) kommen meist oder überwiegend nicht wieder dem Betrieb zugute, sondern werden zu Markt gebracht. Soweit sie für den Markt bestimmt sind, sorgt die Unternehmung für den Absatz, wie sie übrigens auch für die betriebsnotwendigen Rohstoffe usw. zu sorgen hat. Die Unternehmung verbindet den Betrieb mit dem Markt. Beide, Betrieb und Unternehmung, bilden in der modernen Marktwirtschaft eine untrennbare Einheit. Eine Unternehmung ohne Betrieb könnte dem Markt nichts bieten; ein Betrieb ohne Unternehmung hätte kein Kapital, um sein Leistungsvorhaben durchzuführen und keine Möglichkeit, seine Erzeugnisse marktmäßig zu verwerten.

Die Unterscheidung von Betrieb und Unternehmung ist wichtig für die genauere Kennzeichnung der Position des Arbeitnehmers. Der Arbeitnehmer wird vom Unternehmer zur Dienstleistung im Betrieb angeworben und verpflichtet. Den Unternehmer interessiert zunächst nur der marktwirtschaftliche Wert der Arbeitskraft. In der Regel ist dieser Wert bzw. Preis für ihn ein gegebenes Faktum, wie sich denn überhaupt die Unternehmer im allgemeinen nach den Preisen richten. Jedenfalls nehmen sie in der Wettbewerbswirtschaft grundsätzlich keinen unmittelbaren Einfluß auf die Preise. Sie betrachten diese vielmehr als ihren Kompaß, nach dem sie sich in ihren Dispositionen richten. Ihr Einfluß auf den Markt ist nur mittelbar und erfolgt über die von ihnen angebotene Menge an Erzeugnissen. Bahnbrechende Unternehmer aber können unmittelbar die Preise bestimmen. So ist der marktübliche Preis der Arbeitskraft nicht in jedem Falle ein Datum, mit dem die Unternehmungen rechnen müssen. Der Arbeitswert kann, je nach der unternehmungswirtschaftlichen Situation und Position, auch von der einzelnen Unternehmung überprüft und unter Umständen abweichend von der üblichen Höhe fixiert werden. Überprüfung und Neubewertung aber erfolgen grundsätzlich nach Maßgabe der Leistung des Arbeitnehmers im Betrieb und für den Betrieb.

Der Leistungslohn

Ein Erwerbsbetrieb kann seine Funktion nur erfüllen, wenn alle Leistungen gleichmäßig, d. h. nach gleichem Maß vergolten werden. Eine ungleiche Leistungsbewertung stört oder zerstört den inneren Zusammenhang des Betriebes. So wirkt sich die relative Unterbewertung z. B. der Arbeitskraft mithelfender Familienangehöriger in der bäuerlichen Wirtschaft zum Schaden der Betriebsfunktion aus. Der bäuerliche Betrieb ist auf die ständige Hilfe gerade dieser Arbeitskräfte angewiesen. Darüber hinaus beschäftigt er je nach seiner Größe auch Lohnarbeiter. Solange der Betrieb den Charakter einer reinen Familienwirtschaft trug, wurde die Lohnarbeit nach bedarfswirtschaftlichen Gesichtspunkten bewertet und vergolten. Die Entwicklung der bäuerlichen Wirtschaft zu einem rationellen Betrieb und einer mit der Marktwirtschaft verbundenen Unternehmung mußte jedoch zu einem Wandel der maßgebenden Wertgesichtspunkte führen. Die Landarbeiter verlangen heute, nach Maßgabe der marktwirtschaftlichen und betriebswirtschaftlichen Ordnung entlohnt zu werden. Wenn sie nun einen leistungsgerechten Lohn fordern, so muß dieser in gewissen Grenzen auch den mithelfenden Familienangehörigen zugestanden werden. Geschieht dies nicht, so wandern diese Arbeitskräfte zum Schaden des Betriebes ab. Die entstehende Lücke kann nicht durch Fremdarbeiter, jedenfalls nicht in vollem Umfange geschlossen werden, da die Grenzbetriebe höhere Lohnkosten nicht tragen können. Mithelfende Familienangehörige sind ja in jedem Falle billigere Arbeitskräfte, da ihre Leistung nicht nur in barer Münze vergolten zu werden braucht.

Eine betriebsgerechte Bewertung der Arbeitskraft muß von ihrem Leistungsvermögen und den Anforderungen ausgehen, die der Betrieb stellt. Eine Arbeitskraft wird durch die Arbeitsaufgaben in verschiedenem Grade und in sehr verschiedener Weise beansprucht. Manche Arbeiten sind mit besonderen Schwierigkeiten oder Gefahren verbunden. Um eine Bezugsgröße für die verschiedene Arbeitsbeanspruchung zu erhalten, muß von einer typischen Arbeitskraft ausgegangen werden. Gemeint ist nicht ein Idealtypus. Die bestmögliche Arbeitskraft ist ein theoretischer Grenzbegriff. Der praktische Leitbegriff kann wieder nur das Normale sein, d. h. hier ein Arbeitstypus, der ein für die betriebswirtschaftliche Funktion erforderliches Mindestmaß optimaler Kräfte und Fähigkeiten verkörpert.

Ein Betrieb, der seine Funktion voll und ganz erfüllen will, ist auf Bestleistung ausgerichtet. Er erreicht diese bei optimaler Wirtschaftlichkeit. Der Gesichtspunkt aber, nach dem er sich praktisch orientiert, ist die Leistung bei normaler Wirtschaftlichkeit. Diese ist dann gegeben, wenn sich die aufzuwendenden Kosten so lohnen, daß die Betriebsleistung laufend gewährleistet ist.

Ist nun für jeden Arbeitsplatz im Betrieb ein Normalarbeitstypus gefunden — ein Typus, der mehr oder weniger als die durchschnittliche Arbeitskraft leisten kann —, so lassen sich nach dieser Bezugsgröße die vorhandenen Arbeitskräfte rangmäßig bewerten. Im einzelnen ist zu untersuchen, ob und wieweit eine individuelle Arbeitskraft faktisch mehr oder weniger in Anspruch genommen wird als der den Maßstab bildende Normaltypus. Früher versuchte man die verschiedenen Grade der Beanspruchung durch Punktwerte zu kennzeichnen. Heute bildet man zu jedem Bewertungsmerkmal, wie Umgebungseinflüssen oder körperlicher Belastung, Rangreihen und vergleicht diese miteinander. Wertvolle Unterlagen und praktische Anleitungen für eine derartige Arbeitsbewertung sind von *H. Euler* und *H. Stevens* gegeben worden[5]. Bei der Bewertung einer Arbeitskraft, betonen beide Forscher, bilden nicht übliche oder durchschnittliche Leistungsmerkmale den Maßstab, sondern „diejenigen Kenntnisse und Fähigkeiten, die zur Erledigung dieser Arbeit bei Normalleistung sachlich erforderlich sind und vorausgesetzt werden müssen". Die rangmäßige Feststellung des Arbeitswertes ist nicht nur für eine gerecht abgestufte

[5] Vgl. Zeitschrift für Maschinenbau und Fertigung, 81. Jg. 1948, H. 3 und 4.

Entlohnung wichtig, sondern auch für eine richtige Auswahl geeigneter Arbeitskräfte. So mag sich z. B. zeigen, daß auch ein bloß angelernter Arbeiter Aufgaben erledigen kann, für die man bisher eine fachliche Ausbildung für notwendig gehalten hat.

Die arbeitswissenschaftliche Feststellung des individuellen Arbeitswertes schließt mit der Zuordnung marktwirtschaftlich bekannter Lohngruppen zu gewissen Punktbereichen oder Rangreihen ab. Schwieriger als diese betriebstechnische Ermittlung ist die Neubestimmung einer einem bestimmten Punktbereich zuzuordnenden Lohngruppe. Man kann sich natürlich an die marktwirtschaftliche Wertordnung und Lohngruppierung halten, zumal der Tariflohn ja in jedem Falle gezahlt werden muß. Ein nach optimaler Wirtschaftlichkeit strebender Betrieb muß jedoch auch eine selbständige Arbeitsbewertung vornehmen. Möglicherweise gelangt er dadurch zu einer Neuprofilierung der Arbeitsplätze. Gegebenenfalls wird er überbezahlte Arbeitskräfte durch andere ersetzen. Geschieht nun die Auswechselung unwirtschaftlicher Arbeitskräfte durch wirtschaftlichere nicht nur vereinzelt, so muß die marktwirtschaftliche Rangordnung der Arbeitswerte eine entsprechende Änderung und Berichtigung erfahren.

Im Betrieb gibt es aber nicht nur rangmäßig differenzierte Arbeiten und demgemäß abgestufte Lohngruppen. Ein und dieselbe Arbeit kann sich durch einen verschiedenen *Leistungsgrad* auszeichnen. Gerechterweise muß eine bessere und intensivere Leistung auch höher entlohnt werden. Nach welchem Maßstab aber kann der Leistungsgrad bemessen und beurteilt werden? Wie die Arbeit, kann auch der Leistungsgrad nur indirekt gemessen werden. Merkmale eines höheren oder geringeren Leistungsgrades ist die durch die Leistung benötigte Zeit bzw. die Art und Menge der Leistungserzeugnisse. Auch bei der Leistungsgradbeurteilung müssen wir eine Bezugsgröße haben, auf die wir die verschiedenen Leistungsabstufungen praktisch beziehen können. *F. W. Taylor*, dem wir die ersten exakten Leistungsstudien verdanken, hielt die Bestleistung bzw. die Bestzeit einer Leistung für den maßgebenden Wertgesichtspunkt. Spitzenleistungen können jedoch nur von wenigen vollbracht und durchgehalten werden. Die große Mehrheit der Arbeitnehmer würde einen danach bemessenen Lohn nie erreichen.

Der Reichsausschuß für Arbeitszeitermittlung (gegründet 1924, genannt REFA) legte seiner Leistungsbeurteilung den durchschnittlichen Leistungsgrad zugrunde. In den REFA-Schriften von 1944 wurde zwar schon zwischen Ist-Leistung und Soll-Leistung unterschieden, grundsätzlich jedoch noch an der früheren Auffassung festgehalten: „Normal“ ist uns das, was der hinreichend geeignete und hinreichend geübte Schaffende ‚ohne weiteres‘ leistet, ja: was von ihm billigerweise im Betriebe als ‚berufsüblich‘ verlangt werden muß. Dieser untere Grenzpunkt wird bestimmt durch die Erfahrung über das Leistungsniveau, bei dem ‚richtige Arbeit erst anfängt‘, im Gegensatz zu dem ‚Noch-nicht-können‘ oder ‚Spielen‘ und ‚Bummeln‘ oder Zurückhalten der Leistung“ (Erich Kupke). Allein, die berufsübliche oder durchschnittliche Leistung ist grundsätzlich kein Maßstab für die Leistungsbeurteilung. Niemals kann ein Ist-Zustand einen maßgeblichen Wertgewichtspunkt abgeben. Das Ist kann nur nach einem Soll beurteilt werden. Der vollkommene Ausdruck einer Soll-Leistung ist die optimale Leistung. Sie ist jedoch ein nie und nirgends ganz realisierbares Ideal. Praktisch muß aber ein Mindestmaß dieser optimalen Leistung verlangt werden, weil der Betrieb sonst nicht funktionsfähig wäre. In der angeführten Definition wird gesagt, daß mit der Normalleistung „richtige Arbeit erst anfängt“. Sie repräsentiert in der Tat den Leistungsgrad, den der Betrieb fordern muß, wenn er seine Funktion erfüllen soll.

Wie läßt sich nun der *normale Leistungsgrad* bestimmen? *Hermann Böhrs, Erwin Bramesfeld* und *Hans Euler* haben dieser Frage eine gründliche Untersuchung gewidmet. Zunächst muß der gegebene Zustand des Arbeitsablaufes auf seine gerade erreichbare, bestmögliche Form gebracht werden. „Erster Schritt: bereinigende Arbeitsablaufstudie zur Herstellung eines bereinigten Ist-Zustandes.“ Der zweite Schritt erfolgt durch Umrechnung des Ist-Zustandes auf den Normalstand, indem die hierfür erforderlichen Bedingungen eingesetzt und vorgegeben werden. Eine wichtige Unterlage für diese Umrechnung gibt die Zeitstudie. „Ziel der Zeitstudie ist, mit Hilfe der Zeitaufnahme aus der Ist-Zeit über die bereinigte Ist-Zeit und über die Normalzeit die Vorgabezeit zu entwickeln.“ Unter letzterer versteht man die Vorbereitungs- und Ausführungszeit sowie die vom Arbeiter beeinflußbare und nicht beeinflußbare Zeit. Die Zeitbestimmung bezieht sich auf die Herstellung oder Bereitstellung einer bestimmten Art und Menge von Gütern. So kommt man zu einer genau umrissenen „Auftrags-Vorgabeleistung". Hierunter wird die „Leistung in Menge je Zeiteinheit" verstanden, „die vor Beginn der Arbeit für die planmäßige Vorbereitung und Ausführung des Auftrages aus ‚n' Einheiten unter Zugrundelegung der Normalleistung und unter Einrechnung der abzugeltenden Zeitverluste und der Erholungszeit vorgegeben wird"[6].

Setzt man die Normalleistung mit 100 an, so kann jeder individuelle Leistungsgrad prozentual bestimmt werden. Solche Leistungsbewertung genügt aber leider noch nicht zu einer „wirtschaftlichen" Bewertung bzw. Lohnbemessung. Die betriebstechnische Bestimmung der Normalleistung ist die notwendige, jedoch noch nicht ausreichende Bedingung betriebswirtschaftlicher Bewertung. Jede Leistung ist für den Betrieb mit einem Kostenaufwand verbunden. Der einem höheren Leistungsgrad entsprechende wirtschaftliche Entgelt kann nur verantwortet werden, wenn sich die zusätzlichen Kosten lohnen. So ist auch der für die Beurteilung des „Leistungsgrades" maßgebende Gesichtspunkt die *normale Wirtschaftlichkeit.* Würde sich diese mit der „durchschnittlichen" Wirtschaftlichkeit decken, so könnte sie aus den Ergebnissen vergangener Betriebsperioden errechnet werden. Allein die normale Wirtschaftlichkeit ist ein Soll-Begriff, der sich inhaltlich nicht auf die Vergangenheit, sondern auf die Zukunft bezieht. Infolgedessen sind Fehlschätzungen möglich. So ist die Bewertung der Normalleistung und des danach bestimmten individuellen Leistungsgrades mit einem gewissen Risiko verbunden. Normale Leistung, normale Wirtschaftlichkeit, normale Rentabilität bedingen einander zwecknotwendig. Ein den Dingen selbst eigener ursächlicher Zusammenhang aber besteht nicht. Kann doch z. B. ein Betrieb, der den Forderungen normaler Wirtschaftlichkeit nicht genügt, ganz rentabel sein. Andererseits braucht eine erhöhte Betriebsleistung nicht auch eine erhöhte Rendite zu bringen. Trotz gesteigerter Leistung können (infolge

[6] *H. Böhrs, E. Bramesfeld, Hans Euler,* Einführung in das Arbeits- und Zeitstudium, München 1948, S. 64 und 81.

marktwirtschaftlicher Veränderungen) sogar Verluste entstehen. Bei der Bewertung der Arbeitsleistung muß jedoch unterstellt werden, daß sich eine gesteigerte Leistung durch höhere Wirtschaftlichkeit und Rentabilität bezahlt macht. Anderenfalls würde jeder Grund zu einer Leistungssteigerung und jede Möglichkeit einer leistungsgerechten Entlohnung entfallen. Die besagte Unterstellung muß sich jedoch faktisch rechtfertigen, denn auf irreale Fiktionen lassen sich keine realen Wirtschaftspläne gründen.

Der Wert eines normalen Leistungsgrades dürfte im allgemeinen eher zu niedrig als zu hoch geschätzt werden, zumal wenn die wirtschaftliche Entwicklung ungewiß ist. An sich ist der Arbeitnehmer durch den Tariflohn vor einer Unterbewertung seiner Leistung geschützt. Sind die tariflichen Lohnsätze doch Richtwerte, an die sich der Betrieb grundsätzlich zu halten hat. Der Tariflohn ist allerdings nicht gleichbedeutend mit dem markt- und betriebswirtschaftlichen Normallohn, wenngleich er von den Sozialpartnern unter Beachtung der markt- und betriebswirtschaftlichen Verhältnisse festgesetzt wird. Der Tariflohn kann, wie bereits bemerkt, normal wie anormal sein. Gerade aus diesem Grunde muß der Betrieb aus den eigenen Verhältnissen und Erwartungen die Normalleistung zu bestimmen suchen. Maßgebend für die wirtschaftliche Leistungsbewertung ist unmittelbar die Wirtschaftlichkeit des Betriebes. Da diese aber grundsätzlich nur bei einer ausreichenden Rentabilität der Unternehmung gewährleistet ist, so liegt der eigentliche Beurteilungsmaßstab in einem normalen funktionellen Zusammenhang von Betrieb und Unternehmung. Der Wert einer Leistung bemißt sich also danach, ob und wieweit sie das Zusammenspiel der betriebs- und unternehmungswirtschaftlichen Funktionen verbürgt. Eine Unter- oder Überbewertung der Arbeitsleistung wirkt sich in einer Störung dieses normativen Zusammenhanges aus. Eine Überbewertung der Leistung hat zur Folge, daß der Betrieb über seine Verhältnisse Mittel der Unternehmung in Anspruch nimmt, eine Unterbewertung aber, daß der Unternehmung unverhältnismäßig zuviel Mittel verbleiben. Im ersten Falle kann der Betrieb auf die Dauer seine normale Funktion nicht erfüllen, weil ihm die hierfür erforderlichen (bereits in Anspruch genommenen) Mittel fehlen. Im anderen Falle wird die Unternehmung veranlaßt, mehr Kapital zu investieren, als sich marktwirtschaftlich verantworten läßt.

Der Ergebnislohn

Das Ergebnis, mit dem eine Unternehmung ihre Geschäftsperiode abschließt, kann in Gewinn oder Verlust bestehen. Gewinn ist der Geldertrag, der der Unternehmung nach Zahlung der öffentlichen Abgaben und der betriebsnotwendigen Aufwendungen frei zur Verfügung steht. Die Leistungsträger sind ihrer Leistung entsprechend abgegolten. Der Kapitalgeber hat seinen ausbedungenen Zins, der Arbeitnehmer seinen Lohn erhalten. Wer darf nun den Gewinn beanspruchen? Ausgeschlossen soll eine Gewinnverteilung nach der Machtposition sein. Schließen wir willkürliche Maßstäbe aus, so kann das Verteilungsprinzip nur dem Sinn der Sache, d. h. hier dem sinnvollen funktionellen Zusammenhang der Unternehmungswirtschaft entnommen werden.

Danach hat die Unternehmung selbst den ersten Gewinnanspruch. Gewinn ist die Grundlage ihrer Existenz, die Bedingung ihrer Funktionserfüllung. Nur mit Hilfe zusätzlicher finanzieller Mittel können zusätzliche technische und wirtschaftliche Aufgaben bewältigt werden. Gerade die moderne Unternehmung ist genötigt, Zusätzliches zu leisten. Sie wird nicht nur durch den Wettbewerb gezwungen, für eine fortgesetzt ergiebigere Kapitalverwertung zu sorgen. Dabei ist das Kapitalinteresse keineswegs die allein treibende Kraft des Unternehmens. Selbst in der frühkapitalistischen Wirtschaft lag dem Unternehmer weniger an einem „Extraprofit“ oder der Mehrung seines Vermögens als an dem Gedeihen seiner Unternehmung. Faktisch fiel der Gewinn allerdings dem Kapitaleigentümer zu. Denn der Unternehmer war in der Regel auch der Eigentümer der Unternehmung. Allein, es macht einen wesentlichen Unterschied, in welchem Sinne dies Eigentum verwertet wird. Die zahlenmäßig kleine Gruppe kapitalistischer Unternehmer war, mit den Worten von *Keynes*, die Klasse, von der man am wenigsten erwartete, daß sie ihr Einkommen verzehren würde. „Hierin lag in der Tat die hauptsächliche Rechfertigung des kapitalistischen Systems. Hätten die Reichen ihren neuen Reichtum für ihre eigenen Vergnügungen ausgegeben, so hätte die Welt schon lange eine solche Wirtschaft unerträglich gefunden; aber sie sparten und sammelten wie die Bienen . . ."[7]. Die technischen und wirtschaftlichen Einrichtungen wuchsen, vermehrten und verbesserten sich, die Produktion wurde ergiebiger, die allgemeine Güterversorgung nahm zu. Der Vermögenszuwachs auf der einen Seite erhielt ein gewisses, wenn auch oft nicht ausreichendes Äquivalent in der Erhöhung des Realeinkommens der Besitzlosen.

Geschichte und Erfahrung lehren, in welcher Richtung die Aufgabe der Unternehmung zu suchen ist. Eine nur auf Kapitalverwertung ausgerichtete Unternehmung würde sich durch ihre eigenen marktwirtschaftlichen Dispositionen zerstören. Sie würde das Wirtschaftssystem, dem sie ihre Position verdankt, in ihren Untergang mitreißen. (Das Wichtigste hierüber ist bereits im Kommunistischen Manifest gesagt worden!) Die Unternehmung kann auf die Dauer nur dann existieren und funktionieren, wenn sie ihre Aufgabe in der Leistung für den Markt, im lohnenden Dienst am Kunden sieht. Zu diesem Zwecke muß sie für ihre Betriebserzeugnisse einen jederzeit aufnahmebereiten Markt suchen, die ausgesprochenen oder unausgesprochenen Wünsche der Verbraucher erkunden und damit deren Bedarf dienen. In diesem Dienst finden sich Betrieb und Unternehmung zu einer Leistungsgemeinschaft zusammen.

Die moderne Industrieunternehmung ist in viel höherem Grade als die frühere Handelsunternehmung Verlustgefahren ausgesetzt. Der Gedanke an mögliche Verluste überschattet daher, wie besonders *Peter F. Drucker* hervorhebt, das unternehmungswirtschaftliche Denken. „Nicht darin liegt schon die Rechtfertigung und die Berechtigung der Ansprüche der Unternehmung, daß sie Überschüsse abwirft. Das unausweichliche und sehr reale Risiko, mit einem Defizit zu enden, und die absolute Notwendigkeit, solchen Verlust zu meiden und sich gegen diese Möglichkeit zu sichern, das ist das Kernproblem." „Es ist also klar: das eherne Verlustgesetz ist das erste Gesetz, unter dem ein Unternehmen steht. Denn an seinem wirtschaftlichen Erfolg hängt

[7] „Die wirtschaftlichen Folgen des Friedensvertrages". Deutsche Ausgabe, München und Leipzig 1920, S. 13.

seine Existenz, und wie jede andere Institution, muß auch das Unternehmen zuerst auf Selbsterhaltung bedacht sein[8]." Infolgedessen ist über die Verwendung des Gewinnes, oft schon zum größten Teil vorweg, sachnotwendig Bestimmung getroffen. Der Gewinn erscheint weniger als das frei verteilbare Ergebnis eines Geschäftes denn vielmehr als das notwendige Mittel, die Funktionsfähigkeit der Unternehmung zu sichern.

Erst nachdem der Anspruch der Unternehmung durch Rücklagen und Reservestellung erfüllt ist, können die in der Unternehmung mitwirkenden Partner am restlichen Gewinn beteiligt werden. Der Unternehmer hat über den Unternehmerlohn hinaus Anspruch auf Gewinn, sofern er durch seine schöpferischen Ideen die Voraussetzungen für einen marktwirtschaftlichen Erfolg geschaffen hat. Der Kapitaleigentümer hat Anspruch auf eine über den normalen Zins hinausgehende Risikoprämie. Und der Arbeitnehmer? Hat er nicht gleicherweise und gleichermaßen Anspruch auf einen Gewinnanteil? Sofern er durch seine Leistung dazu beiträgt, gewiß! Doch dieser Anspruch wird bereits durch den Leistungslohn erfüllt. Hier aber handelt es sich um die Beteiligung an einem Gewinn, der nicht einer besonderen Arbeiter-Produktivität zu danken ist.

Der Arbeitnehmer ist im Betrieb tätig. Grundsätzlich dürfte er daher auch nur an dem Betriebsergebnis beteiligt werden (Leistungslohn). Diese Betriebsstellung gibt ihm eine gewisse Sicherheit. Denn er erhält seinen Lohn verhältnismäßig unabhängig von der wirtschaftlichen Lage der Unternehmung. Selbst wenn die Unternehmung vorübergehend Verluste erleidet, hat er rechtlichen Anspruch auf Erfüllung seines Arbeitsvertrages.

Indirekt ist der Arbeitnehmer jedoch in ganz entscheidendem Maße und Grade von der Unternehmung abhängig. Der Unternehmung verdankt er seine Beschäftigung. Gewiß können die Unternehmungen nicht alle Bedingungen für eine allgemeine und normale Beschäftigung schaffen. Gerade in dieser Hinsicht sind sie auf die verständnisvolle

[8] *Peter F. Drucker,* Gesellschaft am Fließband (Titel der Originalausgabe „The New Society / The Anatomy of the Industrial Order"), Verlag der Frankfurter Hefte, 1950, S. 77 und 89.

und verantwortungsvolle Mitwirkung des Staates bzw. der Regierung angewiesen. Allein die unmittelbaren Voraussetzungen einer sogenannten Vollbeschäftigung liegen doch in der Unternehmung. Ist nun der Arbeitnehmer in seiner Beschäftigung und damit seiner wirtschaftlichen Existenz überhaupt derart an Gedeih und Verderb der Unternehmung gebunden, so ist es nur recht und billig, wenn er im gleichen Maße, wie er durch ihren Niedergang oder gar Zusammenbruch betroffen wird, auch an ihrem Aufstieg und ihrer Blüte teilhat. Diese Teilhabe erfolgt einmal durch eine seiner produktiven Leistung entsprechenden Entlohnung, sodann aber auch — was hier in Frage steht — durch eine darüber hinausgehende Beteiligung am positiven Ergebnis der Unternehmung. Wenn wir von der Arbeiter-Produktivität absehen, kann dies Ergebnis nur der zunehmenden Arbeits-Produktivität (Technisierung, Mechanisierung, Rationalisierung) oder einer günstigen Konjunkturentwicklung zu danken sein. Schon im ersten Falle ist aber schwer zu sagen, in welchem Grade und Maße die einzelnen Leistungspartner über ihre sachlich bestimmte Leistung hinaus an dem Ergebnis beteiligt sind. Selbst wenn die Arbeits-Produktivität durch den Einsatz von Maschinen vielfach gesteigert wird, wäre es jedoch falsch, den erzielten Mehrwert nur dem in der Maschine investierten Kapital zuzurechnen. Denn ohne die unternehmerischen Dispositionen würde die Maschine nicht angeschafft worden sein, und ohne die verständnisvolle Mitwirkung der Arbeitnehmer würde sie nicht laufen. Infolgedessen müssen grundsätzlich alle im Betrieb mitwirkenden Partner an dem Rationalisierungs-Gewinn beteiligt werden.

Doch nach welchem Maßstab? Das Ergebnis läßt sich nicht dem einen und dem anderen Partner exakt zurechnen. „Wie man bei einem Baum, der auf Grund von Sonnenschein, Regen, Erdbeschaffenheit und Düngung sich entfaltet, nicht ermitteln kann, welcher Anteil an seinem Wachstum auf diese einzelnen Elemente entfällt, so ist auch die Bestimmung des Anteils der planenden, gestaltenden, kontrollierenden und ausführenden Arbeiten und der motorischen Kräfte an der vollbrachten Gesamtleistung nicht exakt rechenhaft möglich. Zu den Quellen des Ertrages zählen ja auch Sondereinflüsse des Standorts, Beziehungen zum Beschaffungs- und Absatzmarkt, als Monopol wirkende Herstellungsverfahren sowie Initiative und Ideen des wagenden Unternehmers, der das Risiko nicht scheut, von dessen Entschlüssen vor allem das Schicksal der Unternehmung abhängt[9]." In der Praxis hilft man sich mit rohen Schätzungen, indem man der Gewinnverteilung z. B. die im Betrieb investierten Sach- und Lohnkapitalsummen zugrunde legt. Dabei würde indes der Unternehmer selbst leer ausgehen. Erst recht problematisch ist eine Beteiligung der im Betrieb mitwirkenden Partner an den etwa anfallenden Konjunkturgewinnen. Hier gibt es überhaupt keine Beziehung zwischen den Leistungsfaktoren im Betrieb und dem Unternehmungsergebnis.

Infolge der hier nur angedeuteten Problematik einer indirekten Gewinnbeteiligung[10] erscheint es sowohl betriebs- wie marktwirtschaftlich gerechter und richtiger, die der Unternehmung frei zur Verfügung stehenden Nettogewinne zur Verbesserung und Verbilligung der Produktion zu verwenden. Besonders im Hinblick auf den Konjunkturgewinn ist eine Gewinnverteilung auf dem Wege über ein besseres und preiswerteres Angebot an Erzeugnissen das empfehlenswerteste Verfahren. Haben die Verbraucher durch ihre Nachfrage und ihre zusätzlichen Ausgaben zu den Unternehmungsgewinnen ihr Teil beigetragen, so ist es nur recht und billig, wenn ihnen durch ein steigendes Realeinkommen ein knappes Äquivalent geboten wird. Die Marktwirtschaft im ganzen hätte den Vorteil, auf solche Weise aus einer nicht ungefährlichen Preiskonjunktur in eine immer wünschenswerte Mengenkonjunktur hinübergeleitet zu werden.

Der bedarfswirtschaftlich richtige Lohn

Wenn der Arbeitnehmer Arbeit sucht oder zu seiner Tagesarbeit geht, verläßt er sein Haus (im Sinne von Behausung); wenn er von der Arbeit kommt, kehrt er in sein Haus zurück. Mit dem Schritt aus dem Hause beginnt seine erwerbswirtschaftliche Tätigkeit, mit der Heimkehr findet sie ihren Abschluß. Doch dieser Abschluß ist kein

[9] *Wilhelm Kalveram*, „Einige grundsätzliche Fragen zur Gewinnbeteiligung". Zeitschr. f. Betriebsw., 21. Jahrg., S. 319.

[10] Vgl. über direkte und indirekte Gewinnbeteiligung die Abhandlung von *W. Neumayer:* „Direkt-Gewinnbeteiligung durch Leistungslohn und Plankostenrechnung" in der Zeitschr. f. Betriebsw. a.a.O., S. 269 ff.

Ende. Denn das Haus als Sozialgebilde umgreift eine neue, eigene Wirtschaftssphäre, den heimischen Haushalt. In diesen Haushalt fließen die durch die Erwerbstätigkeit erzielten Einkünfte. Hier wird über sie disponiert; hier wird darüber bestimmt, wie sie verwendet werden sollen. Der Haushalt dient unmittelbar dem Lebensbedarf der Haushaltsträger. Diesen Zweck kann er aber nur erfüllen, wenn die Einkünfte hinreichen, die bedarfsnotwendigen Ausgaben zu bestreiten. Der Lohn, den der Arbeitnehmer nach Hause bringt, muß sonach bedarfsgerecht sein.

Ein bedarfsgerechter Lohn ist natürlich nicht ein Einkommen, mit Hilfe dessen alle „Wünsche" des Arbeitnehmers befriedigt werden können. Nach den Wünschen zu urteilen, würde kein Lohn hoch genug sein. Natürlich kommt nur ein sachlich begründeter Bedarf in Frage. Was aber heißt sachlich begründet? Meint man „kausal bedingt"? Denkt man an den durch die Marktverhältnisse begrenzten und bestimmten Bedarf? Vielleicht erinnert man sich der Argumente der klassischen Lohntheorie und der Formulierung, die *Lassalle* ihnen in seinem „Ehernen Lohngesetz" gegeben hat. Der Lohn könne auf längere Sicht nicht höher oder niedriger sein, als es durch die notwendigen Lebenshaltungskosten bedingt sei. „Dies ist der Punkt, um den der wirkliche Tageslohn in Pendelschwingungen jederzeit herum graviert, ohne sich jemals lange weder über denselben erheben noch unter denselben hinunterfallen zu können. Er kann sich nicht dauernd über diesen Durchschnitt erheben — denn sonst entstünde durch die leichtere, bessere Lage der Arbeiter eine Vermehrung der Arbeiterehen und der Arbeiterfortpflanzung, eine Vermehrung der Arbeiterbevölkerung und somit des Angebots von Händen, welche den Arbeitslohn wieder auf und unter seinen früheren Stand herabdrücken würde ... Der Arbeitslohn kann auch nicht dauernd tief unter diesen notwendigen Lebensunterhalt fallen, denn dann entstehen — Auswanderungen, Ehelosigkeit, Enthaltung von der Kindererzeugung und endlich eine durch Elend erzeugte Verminderung der Arbeiterzahl, welche somit das Angebot von Arbeiterhänden noch verringert und den Arbeitslohn daher wieder auf den früheren Stand zurückbringt[11]." Die einzelnen

[11] Offenes Antwortschreiben an das Zentralkomitee (1863). Karlsruhe 1919, 2. Bd., S. 113.

Unzulänglichkeiten dieser Argumentation interessieren hier nicht. Auch der hier ausgesprochene Grundgedanke liegt außerhalb unserer Betrachtung. Denn wir fragen nicht, wodurch der Lohn faktisch bestimmt wird, sondern wie er bestimmt werden soll. Infolgedessen dürfen wir nicht von einem irgendwie gegebenen Bedarf, sondern von einem Soll-Bedarf ausgehen. Wie aber diese „Bedarfsnorm"[12] finden? Sie verrät sich im Lebenshaltungsstil und dem für die Stil-Ausprägung maßgebenden Lebensstandard.

Jede gesellschaftliche Gruppe hat ihren Lebenshaltungsstil. Denn jede richtet ihr Leben nach einem anderen Lebensstandard aus. Die einem Lebensstandard im Mindestmaß entsprechende Lebenshaltung kann als normal oder angemessen bezeichnet werden. Gibt es nun ein Kriterium für die Angemessenheit der Lebenshaltung? Subjektive Maßstäbe, wie z. B. die Auffassung der betreffenden gesellschaftlichen Gruppe oder auch eine durch Tradition und Gewohnheit gefestigte Meinung, kommen natürlich nicht in Betracht. Wir müssen nach einem objektiven Maßstab ausschauen. Dieser kann nur im Haushalt liegen. Denn durch Haushaltsführung und Haushaltsgestaltung wird ein Lebensstandard unmittelbar verwirklicht. Wodurch wird er realisiert? Durch die dem Haushalt zur Verfügung stehenden Einkünfte. In der Marktwirtschaft haben diese Einkünfte grundsätzlich eine entsprechende Leistung des Bedarfsträgers zur Voraussetzung. Stimmen nun Leistungs- und Bedarfsnorm ungefähr überein, so ist der Haushalt funktionsfähig. Das objektive Merkmal einer angemessenen Lebenshaltung ist nach alledem die Funktionsfähigkeit eines einem bestimmten Lebenshaltungsstil zugeordneten Haushaltes.

Die Sicherung des Lebensstandards

Ein Haushalt ist nur dann funktionsfähig, wenn der Haushaltsträger über ein hinreichend hohes und sicheres Einkommen verfügt. Für die Höhe des Lohnes ist grundsätzlich die markt- und betriebswirtschaftliche Leistung maßgebend. Soll der Arbeitnehmer aber sei-

[12] Vgl. die ausgezeichnete Darstellung der mit dem Bedarf zusammenhängenden Probleme von *Erich Egner*, Der Haushalt. Berlin-West 1952, S. 156 ff.

nen Lebensstandard halten können, so muß die nominelle und reale Lohnhöhe einigermaßen gesichert sein.

Wieweit ist unter den dargestellten markt- und betriebswirtschaftlichen Bedingungen eine *Sicherung des Geldeinkommens* möglich? Kann dem Arbeitnehmer gleichsam eine Garantie auf eine bestimmte Lohnhöhe für längere Zeit gegeben werden? *Bodo K. Spiethoff* hat in seinem Buch „Gesicherte Löhne — freie Preise" (Berlin-West, 1950) und zuvor in seinem Aufsatz „Der garantierte Jahreslohn" (Schmollers Jahrbuch, 69. Jahrgang, II. Halbband 1949) das hier interessierende Problem sorgfältig untersucht. Dem Anspruch des Arbeitnehmers auf ein gesichertes Geldeinkommen müßte eine darauf hinzielende Verpflichtung des Arbeitgebers entsprechen: „Der Arbeitgeber muß sich also formell zu einer Garantie verpflichten, um dem Arbeitnehmer einen klagbaren Anspruch auf das durch die Garantie Zugesicherte zu geben. Lediglich mündliche Abreden oder die stillschweigende Fortsetzung eines traditionellen Brauchs sind ungenügend, um dem Charakteristikum einer Garantieabmachung zu entsprechen[13]." Der „garantierte Jahreslohn" wurde schon vor zwei Jahrzehnten in den Vereinigten Staaten lebhaft propagiert. In den 40er Jahren befaßte sich die oberste Schlichtungsbehörde mit dieser Frage. Gegenüber der grundsätzlich positiven Einstellung des mit der Untersuchung des Garantieproblems beauftragten Enquête-Ausschusses gab der Präsident der Stahlindustrie zu verstehen. daß Garantielöhne infolge des nicht einzuschätzenden Absatzvolumens „nur dann zugestanden werden können, wenn die Lohnsumme von der Höhe der erzielten Erlöse abhängig gemacht wird. Die schwankende Nachfrage nach Stahl ist für uns kein Vergnügen, wir müssen sie aber als Datum hinnehmen". Betrieb und Unternehmung können tatsächlich eine Garantieverpflichtung nur eingehen, wenn sie selbst in bezug auf ihre Beschäftigungslage einigermaßen gesichert sind. Nur der Staat kann die letzten Voraussetzungen für eine Dauerbeschäftigung schaffen. Ohne eine verständnisvolle Mitwirkung der Regierung würden die Unternehmungen durch Garantieverpflichtungen, wie die Erfahrung lehrt, leicht in Schwierigkeiten geraten. In einer privatkapitalistischen Wirt-

---

[13] *Bodo K. Spiethoff*, Der garantierte Jahreslohn, S. 92.

schaftsordnung ist das Problem jedenfalls nicht lösbar. Um so mehr ist zu beachten, „daß Gewerkschaften und verantwortungsbewußte Unternehmer in den USA mit Hilfe garantierter Jahreslöhne eine große soziale Schattenseite der kapitalistischen Wirtschaft durch ein evolutionäres Korrigieren beseitigen wollen"[14].

Angenommen, ein bestimmtes Geldeinkommen kann für längere Zeit gesichert werden, so ist damit aber noch nicht auch seine Kaufkraft gesichert. Die Preise der wichtigsten Lohngüter können sich zum Nachteil der Lohnempfänger verändern. Trotz gleichbleibenden oder gar steigenden Geldlohnes kann der Reallohn sinken. *Wie läßt sich also der Reallohn sichern?*

Diese Frage führt uns zu der Erörterung des in der Praxis häufig angewandten Verfahrens, den Geldlohn mit bestimmten wirtschaftlichen Entwicklungsreihen zu koppeln. Man pflegt solch automatisch funktionierendes Lohnsystem *„gleitende Lohnskala"* zu nennen. Die meisten Anwendungsformen dieses Verfahrens stützen sich auf Indexzahlen (Index-Lohnsystem). Obwohl das *Index-Lohnsystem* praktisch häufig angewendet wird, sind die Mängel offenkundig. Sie liegen weniger in der irgendwelcher Kritik ausgesetzten Indexberechnung, z. B. in einer nicht fehlerfreien Ermittlung der Durchschnittspreise oder der repräsentativen Haushaltsgröße. Der Haupteinwand der Gewerkschaften gegen dieses Lohnsystem betrifft die Feststellung des als Bezugsgröße gewählten Reallohnes. In der Tat kann dieser Basislohn normal wie anormal sein. Die Beziehung aller Lohnveränderungen auf ihn muß aber den Anschein erwecken, als wäre er eben darum ein richtiger und gerechter Lohn. Infolgedessen können sich verzerrte Lohnverhältnisse geradezu verewigen. Dieser Einwand ist richtig. Er fällt jedoch weniger ins Gewicht, wenn das Index-Lohnsystem von vornherein nur für eine gewisse Zeit eingeführt wird. Durch eine befristete Regelung würde zum Ausdruck kommen, daß man davon keinesfalls die Lösung prinzipieller lohnpolitischer Fragen erwartet.

Die Arbeitgeber stehen dem Index-Lohnsystem im allgemeinen sympathischer gegenüber. Die Erfahrung lehrt, daß der Arbeitsfriede auf diese Weise leichter gewahrt werden kann. Allein, die Anpassung

[14] *Bodo K. Spiethoff*, a.a.O., S. 107.

der Geldlöhne an außerbetriebliche Indizes, wie Preise und Lebenshaltungskosten, kann auch gefährliche Folgen haben. Nötigen steigende Rohstoffpreise zu Kosteneinsparungen, so fallen im Gefolge der Teuerung zusätzliche Lohnkosten an. Wenn die Marktlage es erlaubt, werden die höheren Kosten wohl durch höhere Preise hereingeholt. Die Verteuerung der Lohngüter aber würde wieder zu einer Lohnerhöhung führen u. s. f. Soll das Index-Lohnsystem nicht inflatorisch wirken (Lohn-Preis-Spirale), so müssen gewisse Sicherungen eingebaut werden. Solch ein Sicherungsmoment wäre z. B. die Bestimmung, daß nicht jede Teuerungswelle sofort eine entsprechende Anpassung der Löhne auslösen darf.

Der Familienlohn

Der Individuallohn mag nun hinreichend sein, den Lebensbedarf des einzelnen Arbeitnehmers zu decken. Wie aber verhält es sich mit dem Bedarf der Arbeiterfamilie? Trotz gleichen Leistungslohnes ist die bedarfswirtschaftliche Position des verheirateten Arbeitnehmers sehr verschieden von der seines ledigen Kollegen. Der verheiratete Arbeiter muß mit seinem Lohn ja auch den Unterhalt seiner Frau und seiner Kinder bestreiten. Nun ist eine Familiengründung gewiß Privatsache. Wer sich hierzu entschließt, weiß, daß er die mit einem Familienhaushalt verbundenen finanziellen Verpflichtungen im wesentlichen allein zu tragen hat. Andererseits aber ist die Familie ein hochbedeutsamer gesellschaftlicher Faktor. Durch die Familie erhält und erneuert sich ein Volk. Sie ist die Zelle weiterer Gemeinschaftsbildungen. „Die Möglichkeit aller organischen Gliederungen der Gemeinschaft ist in der Familie im Keime gegeben" (W. H. Riehl). In den unsäglichen Wirrnissen unserer Zeit hat sich die Familie als der stärkste soziale Rückhalt für den Einzelnen erwiesen. In ihr haben sich die oft in alle Welt verstreuten Angehörigen wieder zusammengefunden. Aus ihr sind die starken lebendigen Kräfte einer freien gesellschaftlichen, staatlichen und wirtschaftlichen Erneuerung gewachsen. So haben auch Staat und Volkswirtschaft Verpflichtungen der Familie gegenüber. Es kann und darf nicht gleichgültig sein, ob die aus der Familie ausströmenden und von ihr getragenen produktiven

Kräfte erhalten bleiben oder nicht. Darum: „Was direkt oder indirekt für den Hausstand geschieht, das geschieht für die materielle Freiheit der Menschen" (Lorenz von Stein).

Der Betrieb kann den Arbeitnehmer grundsätzlich nur nach Maßgabe seiner Leistung entlohnen. Ein über den Individuallohn hinausgehender Familienlohn (Soziallohn) wäre also betriebswirtschaftlich nur durch eine relative höhere Leistung des verheirateten Arbeiters zu rechtfertigen. In begrenztem Grade wird diese Bedingung erfüllt. Der ältere, meist verheiratete Arbeiter wird im allgemeinen (bis zu einer gewissen Altersgrenze) höher geschätzt als sein jüngerer, lediger Kollege, weil man ihm größere Gewissenhaftigkeit, Sorgfalt, Zuverlässigkeit und Beständigkeit zuspricht. Natürlich ist der verheiratete Arbeiter schon aus Rücksicht auf seine Familie einem häufigen Wechsel des Arbeitsplatzes abgeneigt. Er bewahrt daher dem Betrieb oft auch dann noch Treue, wenn anderswo günstigere Arbeitsgelegenheiten locken. Infolgedessen kann sich der Betrieb sehr wohl veranlaßt sehen, diese für ihn vorteilhaften Momente durch einen höheren Lohn zu vergelten. Wenn heute daher bei Tarifvereinbarungen allgemein auch das Alter der Arbeitnehmer berücksichtigt wird, so verträgt sich eine derartige Regelung durchaus noch mit dem Leistungsprinzip.

Solch differenzierter Leistungslohn würde jedoch noch keinesfalls ausreichen, die relativ schwächere wirtschaftliche Position des verheirateten Arbeitnehmers der seines ledigen Kollegen anzugleichen. Nun sind bevorzugte Betriebe wohl in der Lage, einem gewissen Prozentsatz ihrer Belegschaft Familien- und Kinderzulagen zu gewähren. Allein der Arbeitnehmerschaft ist nicht damit gedient, daß nur eine kleine Gruppe in den Genuß solcher Vergünstigungen kommt, und dies auch nur, sofern die Betriebsleitung guten Willens ist. Die durch die Zahlung von Familienlöhnen belasteten Betriebe könnten überdies versuchen, die höheren Lasten auf die übrige Belegschaft abzuwälzen, z. B. durch relativ niedrigere Bewertung der Normalleistung. Selbst wenn man aber eine korrekte Leistungsbewertung unterstellt, könnte der Familienlohn in Krisenzeiten Anlaß geben, die relativ teuren Arbeitskräfte zuerst zu entlassen. Ist der verheiratete Arbeitnehmer aber einmal stellungslos, so dürfte es ihm schwer fallen, einen Arbeitgeber zu finden, der seine Arbeitskraft über die betriebliche Leistung hinaus zu werten und zu vergelten mag. Mit diesen Möglichkeiten muß gerechnet werden. Die Gewerkschaften rechnen jedenfalls damit. Sie lehnen daher eine einzelbetriebliche Regelung des hier in Frage stehenden Problems ab.

Der Deutsche Gewerkschaftsbund hat auf seinem Gründungskongreß in München (Oktober 1949) einen „überbetrieblichen" Lohnausgleich gefordert: „Der Unterschied in der Lebenshaltung des unverheirateten Arbeitnehmers gegenüber dem verheirateten Arbeitnehmer, der für mehrere Kinder zu sorgen hat, ist ein sozialpolitisches Problem, dem mit der Lohngestaltung allein nicht beizukommen ist. Die immer stärkere Entwicklung zum Leistungslohn vertieft diesen Unterschied und zwingt zu Maßnahmen, die einen Ausgleich schaffen. Durch die Gewährung eines nach dem Familienstand abgestuften Lohnes durch den Betrieb kann dieses Problem nicht gelöst werden, da ein solcher Lohn zu Benachteiligungen des kinderreichen Arbeitnehmers bei Einstellungen und Entlassungen führen würde. Es muß daher auf überbetrieblicher Grundlage ein Ausgleich geschaffen werden, der — neben ausreichender Berücksichtigung des Familienstandes in der Steuergesetzgebung — dem kinderreichen Arbeitnehmer und seinen Angehörigen durch die Gewährung von Beihilfen eine angemessene Lebenshaltung ermöglicht." Auf überbetrieblicher Grundlage kann heißen: auf korporativer oder auf staatlicher Ebene.

Der *Staat* kann den notwendigen sozialen Ausgleich durch steuerpolitische Maßnahmen, durch Entlastung auf der einen Seite und Belastung auf der anderen, zu schaffen suchen. Allein gerade die Steuerpflichtigen der niedrigen Einkommenstufen haben sowieso nur geringe Steuern zu zahlen. Eine Steuerermäßigung bringt ihnen daher keine nennenswerte Entlastung, zumal sie durch die indirekten Steuern relativ stärker belastet werden. Wirksame Maßnahmen können nur in der Form direkter Beihilfen erfolgen. Soll der Staat aber eine Aufgabe übernehmen, die vielleicht ebenso oder besser von der Wirtschaft selbst übernommen werden kann? Natürlich darf er nicht abseits stehen. „Der Staat muß auf die Dauer darauf dringen, daß die Prinzipien, in denen er sich selber integriert, sich auch in den anderen

Lebensbereichen durchsetzen[15]." Dabei setzen wir freilich voraus, daß diese Prinzipien gerecht und richtig sind. Einer der wichtigsten staatlichen Grundsätze müßte sein, der Wirtschaft die Aufgaben zu überlassen, die sie selbst bewältigen kann (Subsidiaritätsprinzip). Denn auf der Aktivität und Initiative, der Selbstverantwortlichkeit und Mitverantwortlichkeit der Personen und Gruppen beruht die Lebendigkeit und Kraft des gesellschaftlichen Ganzen.

Der Sekretär des Schweizerischen Metall- und Uhren-Arbeiterverbandes, *Vital Gawronski*, verweist in seiner Schrift „Staatsgewalt und Volkswohlfahrt"[16] auf die Erfahrung von drei Jahrzehnten, „daß die fortschreitende Ausdehnung der Staatsmacht weder der Wohlfahrt noch der Freiheit oder der Gerechtigkeit gedient hat". Die organisierte Arbeitnehmerschaft sei heute stark genug, ihre berechtigten sozialen Interessen selbst zu vertreten. „Ist es heute noch notwendig, den Staat fortwährend zur Regelung des Arbeitsverhältnisses und zum Ausbau des weiteren Arbeitsrechtes beizuziehen? Vieles spricht dafür, daß Arbeiter und Arbeitgeber durch Vermittlung ihrer Berufsverbände dies genau so gut, meist sogar noch besser als staatliche Behörden bewerkstelligen."

Eine überbetriebliche, korporative Lösung des sozialen Lohnproblems erfolgt zweckmäßigerweise durch Begründung von *Familien-Ausgleichskassen.* Da die Betriebe durch Familienlöhne ungleich belastet werden, muß ein überbetrieblicher Ausgleich geschaffen werden. Dieser kann innerhalb einer Branche oder zwischen verschiedenen Branchen vorgenommen werden. Die Erfahrungen, die man bisher mit Familien-Ausgleichskassen gemacht hat, sprechen für eine Branchenregelung. In dieser Art ist im Juli 1952 auch die durch die Presse bekannter gewordene Familien-Ausgleichskasse in Hessen gegründet worden. Sie ist eine Einrichtung der Baustoffindustrie. Für jede im Betrieb von einem Arbeitnehmer geleistete Arbeitsstunde hat der Arbeitgeber vier Pfennige an die Ausgleichskasse zu zahlen. Von dieser erhält jeder Arbeiter mit Familie monatlich eine Zulage von

---

[15] *Carlo Schmid*, „Soziale Autonomie und Staat" in: Gewerkschaftliche Monatshefte, Jahrg. 1952, Heft 3, S. 121.

[16] A. Francke Verlag, Bern 1950, S. 102 und S. 99.

11,— DM für jedes unterhaltsberechtigte Kind. Im allgemeinen scheint sich diese Einrichtung zu bewähren, wenngleich sich die Grenzbetriebe relativ zu hoch belastet finden[17].

Man darf von den Familien-Ausgleichskassen nicht mehr erwarten, als sie nach Lage der Dinge leisten können. Mir scheint die folgende Darstellung ihrer Vorzüge übertrieben zu sein: „Der Binnenmarkt wird gestärkt und stabilisiert. Die Familie ist der stabilste Konsument. Wohnungsfrage und Siedlungsbestrebungen werden erleichtert. Die Sorge für einen gesunden Nachwuchs wird gemindert. Der Arbeitsmarkt wird besonders von Müttern und ungelernten Arbeitern entlastet. Wirtschaft und Gesellschaft gewinnen in der wirtschaftlich und sozial gesicherten Familie ein wichtiges Strukturelement in gestärkter Kraft zurück, ohne daß der Staat wiederum mit neuen Aufgaben beladen wird[18]." Praktisch muß mit Unzulänglichkeiten aller Art gerechnet werden. Es ist keineswegs sicher, daß die Selbsthilfe der Arbeitgeber- und Arbeitnehmerverbände eine für den Familienlohn ausreichende finanzielle Grundlage bietet. Man muß Erfahrungen sammeln. In den meisten Industrieländern werden heute Maßnahmen zur Sicherung des familiären Lebensstandards der Arbeitnehmer getroffen. Dadurch gewinnen Wissenschaft und Praxis reiches Material für eine objektive Beurteilung des Wertes staatlicher bzw. privater Sozialeinrichtungen. Kann der Lebensstandard gewisser Arbeitnehmergruppen durch wirtschaftliche Selbsthilfeeinrichtungen nicht hinreichend gesichert werden, so ist der Staat verpflichtet, den berechtigten Ansprüchen durch gesetzliche Maßnahmen und Einrichtungen nachzukommen.

---

[17] Vgl. *Georg Leber*, „Familien-Ausgleichskasse durch Tarifparteien". Gewerkschaftl. Monatshefte, 3. Jahrg. 1952, S. 721 ff.

[18] *Jakob David*, „Familien-Ausgleichskassen". Gewerkschaftl. Monatshefte, 2. Jahrg. 1951, S. 569 ff.

NOTWENDIGKEIT UND FREIHEIT IM MARXISMUS*

Die marxistische Theorie der Lebenspraxis

„Zu wissen, was man will, ist schwer" (Hegel). Die Marxisten geben vor, zu wissen, was sie wollen. Beruht ihr Wissen auf Wahrheit, so sind sie denen überlegen, die sich über sich und ihre Umwelt nicht klar sind. Wer sein Ziel kennt und die Mittel, die zur Erreichung dieses Zieles notwendig sind, weiß, was er will. Das Wissen um Ziel und Zweck, um Mittel und Weg aber ist Voraussetzung für erfolgreiches Handeln. Die im Marxismus zu einem System verbundenen philosophischen, soziologischen, ökonomischen und politischen Theorien sollen die Orientierungsgrundlage für die Praxis bilden. Erfüllen sie diese Aufgabe, so liegt darin ihre Bewährung, ihre Bewahrheitung. „In der Praxis muß der Mensch die Wahrheit, d. h. die Wirklichkeit und Macht, die Diesseitigkeit seines Denkens bewähren. Der Streit über die Wirklichkeit oder Nichtwirklichkeit eines Denkens, das sich von der Praxis isoliert, ist eine rein scholastische Frage." Die Philosophen, sagt Marx weiter in seinen „Thesen über Feuerbach" (1845), haben ihren Gegenstand bisher zu wenig in der „menschlichen sinnlichen Tätigkeit" gesehen. Ihre Problemstellung sei zu abstrakt, auch da noch, wo sie sich grundsätzlich (wie Feuerbach) mit dem Menschen und nicht mit seiner Seele oder seinem Geist oder seinen Ideen beschäftigen. Der Mensch muß als ein tätiges Wesen in seiner konkreten gesellschaftlichen Situation begriffen werden. Die menschliche Lebenswirklichkeit sei gesellschaftliche Lebenspraxis. „Das gesellschaftliche Leben ist wesentlich praktisch. Alle Mysterien, welche die Theorie zum Mystizismus verleiten, finden ihre rationelle Lösung in der menschlichen Praxis und im Begreifen dieser Praxis."

Damit die Theorie der Praxis diesen wichtigen Führungsdienst erweisen kann, muß sie sich an der Wirklichkeit orientieren. Theorie

* Aus: Schmollers Jahrbuch LXXIV, 4, 1954.

und Wirklichkeit müssen einander entgegenkommen. Die Wirklichkeit tut es, indem sie durch die Praxis und deren Erfordernisse das Bedürfnis zu einer realistischen Durchdenkung der Tatsachen weckt; die Theorie, indem sie der besonderen Art der Wirklichkeit, d. h. den konkreten Verhältnissen tatsächlicher Lebenspraxis gerecht wird. „Ganz im Gegensatz zur deutschen Philosophie, welche vom Himmel auf die Erde herabsteigt, wird hier von der Erde zum Himmel gestiegen. D. h. es wird nicht ausgegangen von dem, was die Menschen sagen, sich einbilden, sich vorstellen, auch nicht von den gesagten, gedachten, eingebildeten, vorgestellten Menschen, um von da aus bei den leibhaftigen Menschen anzukommen; es wird von den wirklich tätigen Menschen ausgegangen" . . .[1]. Die „wirkliche, positive Wissenschaft" hat also die Bedingungen der praktisch-gesellschaftlichen Betätigung bzw. des „praktischen Entwicklungsprozesses der Menschen" aufzuweisen. Damit gibt sie der Praxis die Möglichkeit, sich objektiv, d. h. an den Verhältnissen und ihren Erfordernissen orientieren zu können. Ist die Theorie richtig, so kann die ihr folgende Praxis nicht fehlgehen und sich ebensowenig in den zur Erreichung der Ziele und Zwecke notwendigen Mitteln vergreifen.

Die Methode, mit der Marx und die Marxisten an die Untersuchung der gesellschaftlichen Lebenspraxis herangehen, ist die *Dialektik*. Während *Hegel* aber die dialektische Methode zur Durchforschung der Geisteswelt und erst sekundär zur Erforschung der realen gesellschaftlichen Verhältnisse anwandte, bediente sich *Marx* ihrer nur in realwissenschaftlichem Sinne. Marx und Engels entwickelten die Dialektik zu einer „Wissenschaft von den allgemeinen Bewegungs- und Entwicklungsgesetzen der Natur, der Menschengesellschaft und des Denkens". In der dialektischen Betrachtung erscheinen die Dinge und Verhältnisse, wie sie tatsächlich sind: in ihrer inneren Gegensätzlichkeit und der dadurch bedingten Veränderung und Entwicklung. Der zur Entwicklung treibende, in der Entwicklung aufgehende und wieder aufspringende Faktor ist die (schon von Hegel in ihrer Bedeutung erkannte) Negation. „Jede Art von Dingen hat also ihre eigentümliche Art, so negiert zu werden, daß eine Entwicklung dabei her-

[1] *Marx / Engels*, Die deutsche Ideologie (1846), Berlin-Ost 1953, S. 22.

auskommt, und ebenso jede Art von Vorstellungen und Begriffen[2]." Dialektisch haben die Menschen gedacht, lange ehe sie wußten, was Dialektik ist. „Das Gesetz der Negation der Negation, das sich in der Natur und Geschichte und, bis es einmal erkannt ist, auch in unseren Köpfen unbewußt vollzieht, ist von Hegel zuerst scharf formuliert worden[2]."

Die gesellschaftliche Lebenspraxis dialektisch begreifen, heißt also die in ihr liegenden gegensätzlichen Momente und die auf die Lösung dieser Gegensätzlichkeit zielenden Tendenzen aufweisen. Alle menschliche Tätigkeit ist Tätigkeit eines sich in einer konkreten Situation befindenden Subjekts. Eine bestimmte Natur und einen natürlichen Selbsterhaltungstrieb dieses Subjekts vorausgesetzt, muß dieses auf die Umgebung und ihre Veränderung in einer seiner Natur entsprechenden Weise reagieren. Solches unmittelbar reaktive Verhalten ist Eigentümlichkeit jedes Lebewesens. Der Mensch hat darüber hinaus die Fähigkeit, die objektiven Verhältnisse bewußt aufzufassen und sein Verhalten nach seiner Vorstellung auszurichten.

In der Natur geschehe nichts als gewollter bewußter Zweck. „Dagegen in der Geschichte der Gesellschaft sind die Handelnden lauter mit Bewußtsein begabte, mit Überlegung oder Leidenschaft handelnde, auf bestimmte Zwecke hinarbeitende Menschen; nichts geschieht ohne bewußte Absicht, ohne gewolltes Ziel[3]." In der menschlichen Lebenswirklichkeit müssen daher zwei an sich gegensätzliche Momente unterschieden werden: die objektiven Verhältnisse und das subjektive Verhalten der Menschen. Die Verhältnisse ändern sich nach einer ihnen innewohnenden Notwendigkeit. Wir beobachten eine ununterbrochene Veränderung des Werdens und Vergehens, eine im ganzen trotz aller Zufälligkeiten und Rückläufigkeiten „forschreitende Entwicklung". Auf der anderen Seite aber beobachten wir, daß diese Entwicklung nicht von selbst abläuft, wie es in der bewußtlosen Natur geschieht. Es sind ja

[2] *F. Engels*, Herrn Eugen Dührings Umwälzung der Wissenschaft („Anti-Dühring" 1878). Berlin-Ost 1953, S. 174/175.

[3] *Engels*, Ludwig Feuerbach und der Ausgang der klassischen deutschen Philosophie (1888), Berlin-Ost 1952, S. 46.

immer Menschen, die die Verhältnisse so oder so verstehen und begreifen und sie dadurch in Bewegung bringen. Die gesellschaftliche Lebenspraxis gründe sich also auch auf einen subjektiven Faktor. „Alles, was die Menschen in Bewegung setzt, muß durch ihren Kopf hindurch" (Engels). In den Köpfen der Handelnden brauchen sich die Dinge nicht notwendig so zu spiegeln, wie sie sind. Die Verhältnisse können in ihrer Art und Entwicklung verschieden verstanden werden. Man kann die wirkliche Welt so auffassen, „wie sie sich selbst einem jeden gibt, der ohne vorgefaßte idealistische Schrullen an sie herantritt" (Engels), man kann sie subjektiv oder objektiv interessiert betrachten. Dadurch jedenfalls, daß der Mensch bewußtseinsbegabt sei, stehe er nicht unter dem Zwang der Verhältnisse. Er hat die Fähigkeit, selbständig zu denken und zu handeln. Diese Selbständigkeit schließe mindestens die Freiheit in der Wahl der Mittel für die durch die Situation geforderten Ziele und Zwecke in sich. Da nun die objektiven Verhältnisse im Bewußtscin des Menschen als notwendig erscheinen, begegnen sich in eben diesem Bewußtsein Notwendigkeit und Freiheit. Das praktische Lebensbewußtsein füge zusammen, was logisch unvereinbar erscheint. *In der gesellschaftlichen Lebenspraxis seien Notwendigkeit und Freiheit zu einem Ganzen verbunden.*

Wenn wir die Dinge so oder so verstehen können, müssen wir nach Wahrheit oder Irrtum fragen. Nach marxistischer Auffassung sind Bewußtseinsinhalte wahr, wenn sie den objektiven Verhältnissen entsprechen. Demnach ist auch das Handeln richtig, das den so begriffenen Notwendigkeiten entspricht. Lassen wir uns in unseren Vorstellungen und Handlungen ausschließlich von subjektiven Interessen leiten, so fehlt uns der Blick für das Sachliche. Subjektive Interessen sind natürlich nie ganz auszuschalten. Ein objektives Situationsverständnis ist aber nur dann gegeben, wenn das subjektive Interesse mit dem Interesse an den situationsbedingten Zielen und Zwecken übereinstimmt. Dies ist nur dann der Fall, wenn die Menschen auf Grund ihrer gesellschaftlichen Position und Situation notwendig ein Interesse an der Entwicklung und Änderung der gesellschaftlichen Verhältnisse haben. So sei ein richtiges Situationsverständnis nur bei den Gliedern und Gruppen der Gesellschaft zu suchen, die infolge ihrer bedrängten Existenz den gesellschaftlichen Verhältnissen gegenüber kritisch eingestellt sind und durch ihre grundsätzlich negative Haltung der treibende Faktor der gesellschaftlichen Entwicklung werden.

Mit dem „Interesse“ an den Verhältnissen müsse sich jedoch die „Erkenntnis“ der Forderungen verbinden, die sich aus den Verhältnissen ergeben. Welche Entwicklungstendenzen bestehen? Welche allgemeinen Gesetze beherrschen das Geschehen? In der Geschichte scheint mehr oder weniger der Zufall zu walten. Verfolgt doch jeder Mensch seine eigenen Zwecke, „und die Resultante dieser vielen in verschiedenen Richtungen agierenden Willen und ihrer mannigfachen Einwirkung auf die Außenwelt ist eben Geschichte“[4]. Unendlich mannigfaltig ist, was die Individuen wollen. „Der Wille wird bestimmt durch Leidenschaft oder Überlegung. Aber die Hebel, die wieder die Leidenschaft oder die Überlegung unmittelbar bestimmen, sind sehr verschiedener Art. Teils können es äußere Gegenstände sein, teils ideelle Beweggründe, Ehrgeiz, ‚Begeisterung für Wahrheit und Recht‘, persönlicher Haß oder auch rein individuelle Schrullen aller Art.“ Diese individuellen Beweggründe seien aber für das Gesamtergebnis nur von untergeordneter Bedeutung. „Die Zwecke der Handlungen sind gewollt, aber die Resultate, die wirklich aus den Handlungen folgen, sind nicht gewollt, oder soweit sie dem gewollten Zweck zunächst doch zu entsprechen scheinen, haben sie schließlich ganz andere als die gewollten Folgen.“ Man müsse also fragen: „Welche treibenden Kräfte“ stehen hinter den subjektiven Beweggründen, „welche geschichtlichen Ursachen sind es, die sich in den Köpfen der Handelnden zu solchen Beweggründen umformen[5]?“ Die treibenden Kräfte, die bewußt oder unbewußt („sehr häufig unbewußt“) hinter den Beweggründen der „geschichtlich“ handelnden Menschen stehen, sind weniger die Beweggründe Einzelner als die großer Massen. „Die treibenden Ursachen zu ergründen, die sich hier in den Köpfen der handelnden Massen und ihrer Führer — der sogenannten großen Männer — als bewußte Beweggründe klar oder unklar, unmittelbar oder in ideologischer, selbst in verhimmelter Form widerspiegeln — das ist

[4] *Friedrich Engels*, Ludwig Feuerbach und der Ausgang der klassischen deutschen Philosophie, S. 47.

[5] *F. Engels*, a.a.O.

der einzige Weg, der uns auf die Spur der die Geschichte im ganzen und großen wie in den einzelnen Perioden und Ländern beherrschenden Gesetze führen kann[6]."

Das Bewußtsein objektiver Notwendigkeit im Gesellschaftsleben müsse sich zu einem objektiven Wissen, zu einer systematischen, exakten Wissenschaft entwickeln. Erst wissenschaftliche Erkenntnis ermöglicht einen umfassenden Überblick über die Tatsachen und einen Einblick in den notwendigen Zusammenhang der Dinge. Dadurch gewinne die Praxis viel: 1. die Kenntnis der durch die Verhältnisse geforderten Ziele und 2. die Kenntnis der zur Erreichung dieser Ziele notwendigen Mittel und Methoden. Das Wissen um die Notwendigkeit des Geschehens, um die innere Logik der gesellschaftlichen Entwicklung führe praktisch zur Wende aller Not.

Der Mensch habe die Freiheit, die richtigen Ziele und Zwecke zu suchen und sie zu verwirklichen; allerdings nur ‚der' Mensch, dessen Interessen mit den objektiven Entwicklungstendenzen und sachlichen Notwendigkeiten übereinstimmt. Frei ist, wer sich nach dem Notwendigen richtet. Somit bestehe zwischen Notwendigkeit und Freiheit praktisch kein Gegensatz. „Indem sich der subjektive Wille des Menschen den Gesetzen unterwirft, verschwindet der Gegensatz Freiheit und Notwendigkeit" (Hegel). Genau in dem Sinne verstehen Marx und Engels die Freiheit. „Hegel war der erste, der das Verhältnis von Freiheit und Notwendigkeit richtig darstellte. Für ihn ist die Freiheit die Einsicht in die Notwendigkeit. ... Nicht in der geträumten Unabhängigkeit von den Naturgesetzen liegt die Freiheit, sondern in der Erkenntnis dieser Gesetze und in der damit gegebenen Möglichkeit, sie planmäßig zu bestimmten Zwecken wirken zu lassen." Freies Denken sei danach objektiv richtiges Denken, freies Handeln sachlich richtiges Handeln. „Je *freier* also das Urteil eines Menschen in Beziehung auf einen bestimmten Fragepunkt ist, mit desto größerer *Notwendigkeit* wird der Inhalt dieses Urteils bestimmt sein; während die auf Unkenntnis beruhende Unsicherheit, die zwischen vielen verschiedenen und widersprechenden Entscheidungsmöglichkeiten scheinbar

---

[6] *F. Engels*, a.a.O., S. 49.

willkürlich wählt, eben dadurch ihre Unfreiheit beweist, ihr Beherrschtsein von dem Gegenstande, den sie gerade beherrschen sollte[7]."

Was der Einzelne denke, habe noch keine große Bedeutung. Erst „was viele Köpfe eint, macht Masse, macht sich breit und damit Platz in der Welt" (Ludwig Feuerbach). „Die Theorie wird zur materiellen Gewalt, sobald sie die Massen ergreift. Die Theorie ist fähig, die Massen zu ergreifen, sobald sie *ad hominem* demonstriert, und sie demonstriert *ad hominem,* sobald sie radikal wird. Radikal sein ist die Sache an der Wurzel fassen. Die Wurzel für den Menschen ist aber der Mensch selbst[8]." Die Theorie der gesellschaftlichen Lebenspraxis müsse sich daher zu einer Theorie der historischen Massenbewegung, der Massenführung und Massenaktion entwickeln. Die wissenschaftliche Grundlage der Massenführung sei die realdialektische Theorie der Geschichte.

Der dialektische Begriff der Geschichte

„Voraussetzung aller menschlichen Existenz" und damit auch des geschichtlichen Lebens ist die Erzeugung von Gütern zur Befriedigung des Lebensbedarfs. Die Produktion von Gütern weckt den Bedarf nach Produktionsmitteln. „Diese Erzeugung neuer Bedürfnisse ist die erste geschichtliche Tat[9]." Die Menschen müssen, um derart produzieren zu können, gesellschaftlich zusammenarbeiten. „In der Produktion wirken die Menschen nicht allein auf die Natur, sondern auch aufeinander. Sie produzieren nur, indem sie auf eine bestimmte Weise zusammenwirken und ihre Tätigkeiten gegeneinander austauschen. Um zu produzieren, treten sie in bestimmte Beziehungen und Verhältnisse zueinander, und nur innerhalb dieser gesellschaftlichen Beziehungen und Verhältnisse findet ihre Einwirkung auf die Natur, findet die Produktion statt[10]." Im vorgeschichtlichen Naturzustande lebte der

---

[7] *Engels,* „Anti-Dühring", S. 138.

[8] *Marx,* Zur Kritik der Hegelschen Rechtsphilosophie (1844). *Marx / Engels,* Die heilige Familie und andere philosophische Frühschriften. Berlin-Ost 1953, S. 20.

[9] *Marx / Engels,* Die deutsche Ideologie, S. 25.

[10] *Marx,* Lohnarbeit und Kapital (1849). *Marx / Engels,* Ausgewählte Schriften. Berlin-Ost 1955, Bd. I, S. 77.

Mensch noch an der „Nabelschnur des natürlichen Gattungszusammenhanges“. Wohl bestand auch schon eine gesellschaftliche Zusammenarbeit auf der Grundlage der Arbeitsgemeinschaft und Arbeitsteilung. Allein diese gesellschaftlichen Verhältnisse waren ursprünglicher, naturwüchsiger Art. Die Arbeitsteilung war wesentlich bedingt durch die verschiedenen natürlichen Lebensaufgaben von Mann und Frau. Jeder war Eigentümer der von ihm allein verfertigten und gebrauchten Werkzeuge. Was aber gemeinsam gemacht wurde, war gemeinsames Eigentum. So waren die Güter mit dem Menschen und seiner Arbeit verbunden, waren und blieben ihm zugehörig und bildeten ein Element seines Lebens.

Die „geschichtliche“ Gesellschaft zeige ein wesentlich anderes Bild. Die Notwendigkeit, die materielle Existenz zu sichern und zu verbessern, führte zu einem neuen Verhältnis der Menschen untereinander und zur Natur. Die gesellschaftliche Institution, die diesen grundlegenden Wandel erzwang, war das Privateigentum; dieses im Sinne eines ausschließlichen Rechtes auf Arbeitsprodukte. Der Eigentümer brauchte seine Güter nicht mehr selbst zu produzieren; er konnte sie durch Gewalt oder Arbeitszwang oder durch Tausch an sich bringen. Arbeit und Genuß, Produktion und Konsumtion fielen nun verschiedenen Individuen zu; die Produktion spezialisierte sich. Was über den eigenen Bedarf produziert wurde, wurde ausgetauscht. Damit wurde die Möglichkeit zu einer fortschreitenden Entwicklung der gesellschaftlichen Produktivkräfte und zu einer unaufhörlichen Vermehrung der Produkte geschaffen. Die Menschen und ihre Produkte änderten ihren Charakter. „Die vervielfachte Produktionskraft, die durch das in der Teilung der Arbeit bedingte Zusammenwirken der verschiedenen Individuen entsteht, erscheint diesen Individuen ... nicht als ihre eigene, vereinte Macht, sondern als eine fremde, außer ihnen stehende Gewalt, von der sie nicht wissen woher und wohin, die sie also nicht mehr beherrschen können, die im Gegenteil nun eine eigentümliche, vom Wollen und Laufen der Menschen unabhängige, ja dies Wollen und Laufen erst dirigierende Reihenfolge von Phasen und Entwicklungsstufen durchläuft[11].“

---

[11] *Marx / Engels*, Die deutsche Ideologie, S. 31.

Durch das Privateigentum entstanden einander ausschließende Interessen, teils nach der Art des Eigentums (Herdeneigentum, Grundeigentum, Geldeigentum), teils nach Eigentum oder Nicht-Eigentum bzw. Besitz oder Besitzlosigkeit. Mit dem Privateigentum finden wir daher auch den Interessengegensatz, den Interessenkonflikt, den Klassenkampf. Klassen sind durch „Rechtsprivilegien oder auch Entrechtungen" gekennzeichnete gesellschaftliche Gruppen. Folgerecht heißt es daher im Kommunistischen Manifest: „Die Geschichte aller bisherigen Gesellschaft ist die Geschichte von Klassenkämpfen."

Ein natürlicher Ausgleich der gegensätzlichen Klasseninteressen sei nicht möglich. Ein offener Kampf der Klassen gegeneinander könne freilich vermieden werden. Er ist vermieden worden „unter der Herrschaft einer dritten Macht, die, scheinbar über den widerstreitenden Klassen stehend, ihren offenen Konflikt niederdrückte und dem Klassenkampf höchstens auf ökonomischem Gebiet, in sogenannter gesetzlicher Form, sich ausfechten ließ[12]." Diese dritte, durch die gesellschaftlichen Verhältnisse notwendig gewordene Macht sei der Staat. „Er ist das Eingeständnis, daß diese Gesellschaft sich in einen unlösbaren Widerspruch mit sich selbst verwickelt, sich in unversöhnliche Gegensätze gespalten hat, die zu bannen sie ohnmächtig ist[13]." Scheinbar steht der Staat also über der Gesellschaft. Da er aber „mitten im Konflikt der Klassen" entsteht, ist er „in der Regel Staat der mächtigsten ökonomisch herrschenden Klasse, die vermittelst seiner auch politisch herrschende Klasse wird und so neue Mittel erwirbt zur Niederhaltung und Ausbeutung der unterdrückten Klasse"[14].

Klassen und Klassenstaat seien die soziologische Erscheinung der für die bisherige Geschichte charakteristischen wechselseitigen Entfremdung der Menschen. Diese begegnen einander nur noch indirekt, durch Sachen vermittelt, als Eigentümer fremder Erzeugnisse, als Warenbesitzer, Geldbesitzer oder auch als Eigentümer der Ware Arbeitskraft. Die gesellschaftliche Arbeitsteilung zwinge dem Einzel-

---

[12] *Friedrich Engels,* Der Ursprung der Familie, des Privateigentums und des Staats (1884). Berlin-Ost 1946, S. 142.

[13] *F. Engels,* a.a.O., S. 143.

[14] *F. Engels,* a.a.O., S. 144/145.

nen eine bestimmte Tätigkeit auf. „Dieses Sichfestsetzen der sozialen Tätigkeit, diese Konsolidation unseres eigenen Produkts zu einer sachlichen Gewalt über uns, die unserer Kontrolle entwächst, unsere Erwartungen durchkreuzt, unsere Berechnungen zunichte macht, ist eines der Hauptmomente in der bisherigen geschichtlichen Entwicklung[15]." Hier liege die Quelle des Widerspruchs zwischen privaten und allgemeinen Interessen, wobei sich der Staat als Anwalt des Allgemeininteresses ausgebe. In Wahrheit sei die Staatsgewalt jedoch eine dem Menschen fremde, außer ihm stehende Macht. „Im Staate stellt sich uns die erste ideologische Macht über den Menschen dar. Kaum entstanden, verselbständigt sich dieses Organ gegenüber der Gesellschaft, und zwar um so mehr, je mehr es Organ einer bestimmten Klasse wird, die die Herrschaft dieser Klasse direkt zur Geltung bringt[16]."

Die durch die Institution des Privateigentums gezeichneten gesellschaftlichen Verhältnisse geben einerseits der Entwicklung neuer Produktivkräfte Raum, bilden andererseits aber auch ein Hemmnis, das so oder so überwunden werden muß. Der Widerstreit zwischen den vorwärtsdrängenden Produktivkräften und den jeweiligen historisch gewordenen Eigentumsverhältnissen sei das in den Dingen selbst liegende dialektische Entwicklungsmoment. Die Geschichte wird durch diesen Widerspruch in Unruhe und Bewegung gehalten. Sie entwickelt aus sich selbst die Kräfte, ihn zu lösen. Voraussetzung für diesen auf eine Lösung des realen Konfliktes drängenden historischen Entwicklungsprozeß sei das bewußte menschliche Verhalten.

Nach Marx wird der Bewußtseinsinhalt durch die äußeren Verhältnisse bestimmt, in denen die Menschen leben und ihrer Arbeit nachgehen. Ändert sich diese äußere Lebenswirklichkeit, so ändert sich auch das Denken. Marx hat dabei „die Menschen nicht in irgendeiner phantastischen Abgeschlossenheit und Fixierung" vor Augen, „sondern in ihrem wirklichen, empirisch anschaulichen Entwicklungsprozeß unter bestimmten Bedingungen"[17]. Je nach der Lebensweise und den

[15] *Marx / Engels,* Die deutsche Ideologie, S. 30.

[16] *F. Engels,* Ludwig Feuerbach usw., S. 53.

[17] *Marx / Engels,* Die deutsche Ideologie, S. 23.

Lebensformen gestalten sich die Bewußtseinsformen, damit aber auch die Bewußtseinsinhalte und alles, was nach Maßgabe derselben im gesellschaftlichen, politischen und kulturellen Leben vollbracht wird. In diesem Sinne heißt es schon in der „Deutschen Ideologie“: „Nicht das Bewußtsein bestimmt das Leben, sondern das Leben bestimmt das Bewußtsein[17].“ Ihre klassische Formulierung aber hat diese realistische Auffassung in dem berühmten Vorwort zu dem Werk „Zur Kritik der Politischen Ökonomie“ (1859) gefunden: „Es ist nicht das Bewußtsein der Menschen, das ihr Sein, sondern umgekehrt ihr gesellschaftliches Sein, das ihr Bewußtsein bestimmt.“

Geraten nun die materiellen Produktivkräfte der Gesellschaft in Widerspruch zu den vorhandenen Produktionsverhältnissen, so spiegele sich dieser Konflikt in der Bewußtseinslage der Klassen wider. Auf der einen Seite stehen die gesellschaftlichen Gruppen, die aus sich die vorwärtsdrängenden Produktivkräfte entwickeln, auf der anderen Seite die Gruppen, die ein Interesse an der Erhaltung und Bewahrung der alten Ordnung haben. Die geschichtliche Entwicklung sei daher eine Kette von Umwälzungen der realen gesellschaftlichen Verhältnisse. Da es aber Menschen seien, die den Umsturz verursachen, müsse man sagen, „daß die Umstände ebensosehr die Menschen, wie die Menschen die Umstände machen“[18]. Der reale Grund, die Basis jedoch, wovon jedes Individuum und jede Generation jeweils ausgehe, seien die gesellschaftlichen Verhältnisse, die man „als etwas Gegebenes vorfindet“.

Die historische Gesetzmäßigkeit

Das Kommunistische Manifest gibt eine ungemein dramatische Schilderung der geschichtlichen Entwicklung. Uns interessiert hier nur der Aufweis der in der Entwicklung zum Ausdruck kommenden historischen Gesetzmäßigkeit. Marx behauptet, daß die materiellen Produktivkräfte der Gesellschaft, vollständig entwickelt, in einen so scharfen „Widerspruch“ mit den vorhandenen Produktionsverhältnissen kommen, daß diese Verhältnisse, genauer privaten Eigentumsverhältnisse, gesprengt werden. Die Geschichte lehre, daß eine Gesell-

[18] a.a.O., S. 35.

schaftsformation nie untergehe, bevor alle in ihr möglichen Produktivkräfte entwickelt seien. Marx glaubt nun, zeigen zu können, daß die kapitalistische Gesellschaftsordnung untergehen muß, weil die in ihr möglichen Produktivkräfte faktisch entwickelt worden sind und die darüber hinausdrängenden Produktivkräfte, die sich im Schoße dieser Gesellschaft mächtig regen, gefesselt werden.

Die Produktions- und Verkehrsmittel, auf deren Grundlage sich die kapitalistische Klasse, die Bourgeoisie herangebildet hat, wurden in der feudalen Gesellschaft erzeugt. „Auf einer gewissen Stufe der Entwicklung dieser Produktions- und Verkehrsmittel entsprachen die Verhältnisse, worin die feudale Gesellschaft produzierte und austauschte, die feudale Organisation der Agrikultur und Manufaktur, mit einem Wort die feudalen Eigentumsverhältnisse den schon entwickelten Produktivkräften nicht mehr. Sie hemmten die Produktion, statt sie zu fördern. Sie verwandelten sich in ebenso viele Fesseln. Sie mußten gesprengt werden, sie wurden gesprengt." (Kommun. Manif.) An die Stelle jener feudalen gesellschaftlichen Verhältnisse und des Feudaleigentums trat die freie Verkehrswirtschaft mit dem privaten Eigentum an Kapital. Die kapitalistische Produktion ging Hand in Hand mit der Expropriation der Bauern von ihrem Grund und Boden sowie der gewerblichen Produzenten, der Handwerker von ihrem Kleineigentum an Produktionsmitteln. Große Menschenmassen wurden „plötzlich und gewaltsam von ihren Lebensmitteln losgerissen und als vogelfreie Proletarier auf den Arbeitsmarkt geschleudert"[19]. Sowie dieser Umwandlungsprozeß die alte Gesellschaftsordnung zersetzt hatte, die „Arbeiter in Proletarier", ihre „Arbeitsbedingungen in Kapital" verwandelt waren und „die kapitalistische Produktionsweise auf eigenen Füßen" stand, entwickelte sich die Wirtschaft zwangsläufig nach den ihr innewohnenden Gesetzen. Was noch zu expropriieren blieb, war nicht mehr der selbstwirtschaftende Bauer, Handwerker oder Arbeiter, sondern „der viele Arbeiter ausbeutende Kapitalist". „Diese Expropriation vollzieht sich durch das Spiel der immanenten Gesetze der kapitalistischen Produktion selbst, durch die Zentralisation der Kapitale. Je ein Kapitalist schlägt viele tot. Hand in Hand

[19] *Marx*, Das Kapital (1866). Berlin-Ost 1958, S. 647.

mit dieser Zentralisation oder der Expropriation vieler Kapitalisten durch wenige entwickelt sich die kooperative Form des Arbeitsprozesses auf stets wachsender Stufenleiter, die bewußte technische Anwendung der Wissenschaft, die planmäßige Ausbeutung der Erde, die Verwandlung der Arbeitsmittel in nur gemeinsam verwendbare Arbeitsmittel, die Ökonomisierung aller Produktionsmittel durch ihren Gebrauch als Produktionsmittel kombinierter, gesellschaftlicher Arbeit, die Verschlingung aller Völker in das Netz des Weltmarktes und damit der internationale Charakter des kapitalistischen Regimes. Mit der beständig abnehmenden Zahl der Kapitalmagnaten, welche alle Vorteile dieses Umwandlungsprozesses usurpieren und monopolisieren, wächst die Masse des Elends, des Druckes, der Knechtschaft, der Entartung, der Ausbeutung, aber auch die Empörung der stets anschwellenden und durch den Mechanismus des kapitalistischen Produktionsprozesses selbst geschulten, vereinten und organisierten Arbeiterklasse. Das Kapitalmonopol wird zur Fessel der Produktionsweise, die mit und unter ihm aufgeblüht ist. Die Zentralisation der Produktionsmittel und die Vergesellschaftung der Arbeit erreichen einen Punkt, wo sie unerträglich werden mit ihrer kapitalistischen Hülle. Sie wird gesprengt. Die Stunde des kapitalistischen Privateigentums schlägt. Die Expropriateurs werden expropriiert[20]."

Marx sieht nicht nur die ökonomische Seite dieses nach „immanenter Gesetzmäßigkeit" ablaufenden Geschichtsprozesses; er sieht eine tiefergehende wesentliche Verwandlung der Menschen und Dinge. Mit der Verwandlung der Arbeitsprodukte in Waren und Kapital werden die Güter ihrer eigentlichen Natur entfremdet. Güter als einfache Produkte menschlicher Arbeit gehen aus einer lebensdienlichen Veränderung der Naturstoffe hervor. „Die Form des Holzes z. B. wird verändert, wenn man aus ihm einen Tisch macht. Nichtsdestoweniger bleibt der Tisch Holz, ein ordinäres sinnliches Ding. Aber sobald er als Ware auftritt, verwandelt er sich in ein sinnlich übersinnliches Ding. Er steht nicht nur mit seinen Füßen auf dem Boden, sondern er stellt sich allen anderen Waren gegenüber auf den Kopf und entwickelt aus seinem Holzkopf Grillen viel wunderlicher, als wenn er

[20] *Marx*, a.a.O., S. 690.

aus freien Stücken zu tanzen begänne[21]." „Das Geheimnisvolle der Warenform besteht ... darin, daß sie den Menschen die gesellschaftlichen Charaktere ihrer eigenen Arbeit als gegenständliche Charaktere der Arbeitsprodukte selbst, als gesellschaftliche Natureigenschaften dieser Dinge zurückspiegelt ..."[22]. Das heißt: Weil die Menschen durch das Privateigentum, die gesellschaftliche Teilung der Arbeit und den Austausch der Arbeitsprodukte einander entfremdet sind und nur noch in einem sachlichen Verhältnis zueinander stehen, haben sie auch nur ein sachliches Verhältnis zu den Dingen, mit denen sie wirtschaftlich umgehen. Werden aber die Dinge selbst in sachliche Beziehungen zueinander gebracht, so unterliegen sie auch den für die Sachwelt charakteristischen objektiven Notwendigkeiten, wie z. B. die Waren den Gesetzen des Marktes und der Marktentwicklung. Damit treten sie aus dem unmittelbaren Lebenskreis des Menschen heraus und erscheinen gleichsam als Dinge mit eigenem Leben. Der soziologische Ursprung dieser geheimnisvollen Verwandlung von Gütern (im eigentlichen Sinne des Wortes) in sachlich bewertete Waren ist dem Einsichtigen klar. „Es ist nur das bestimmte gesellschaftliche Verhältnis der Menschen selbst, welches hier für die phantasmagorische (ein Trugbild vorzaubernde) Form eines Verhältnisses von Dingen annimmt. Um daher eine Analogie zu finden, müssen wir in die Nebelregion der religiösen Welt flüchten. Hier scheinen die Produkte des menschlichen Kopfes mit eigenem Leben begabte, untereinander und mit den Menschen in Verhältnis stehende selbständige Gestalten. So in der Warenwelt die Produkte der menschlichen Hand. Dies nenne ich den Fetischismus, der den Arbeitsprodukten anklebt, sobald sie als Waren produziert werden, und daher von der Warenproduktion unzertrennlich ist"[22].

Die kapitalistische Wirtschaft treibe diesen Fetischismus auf die Höhe. Der Schöpfer unerhörter Produktivkräfte und Produktionsmittel wird ihr Sklave. Der Besitzende wird zum Besessenen. Denn „das treibende Motiv und der bestimmende Zweck des kapitalistischen Produktionsprozesses ist möglichst große Selbstverwertung des Kapi-

---

[21] *Marx*, a.a.O., S. 35.

[22] *Marx*, a.a.O., S. 36.

tals, das heißt möglichst große Produktion von Mehrwert, also möglichst große Ausbeutung der Arbeitskraft durch den Kapitalisten"[23]. Das Profitsterben sei nicht eine Frage individuellen Beliebens. Die in der kapitalistischen Wirtschaft zur Entwicklung gekommene gesellschaftliche Arbeitsteilung übe durch die freie Konkurrenz einen unaufhörlichen Druck auf die Kapitalisten aus, immer neue Methoden wirtschaftlich zweckmäßiger Produktion und gewinnbringenden Absatzes zu entwickeln. So komme es von der einfachen Produktion, der bloßen Verwandlung von Geld in Kapital, zur „Reproduktion auf erweiterter Stufenleiter" durch Kapitalakkumulation. „Bei jener vermöbelt der Kapitalist den gesamten Mehrwert, bei dieser beweist er seine Bürgertugend durch Verzehrung nur eines Teiles und Verwandlung des Restes in Kapital"[24]. Doch diese ganze Entwicklung erfolge nicht, wie es obenhin scheint, mit Willen der Kapitalisten, sondern unter dem Druck der Verhältnisse: Der Kapitalist glaube, in allen Handlungen selbständig und selbsttätig, also auch frei zu sein. In Wahrheit aber sei er unfrei, weil ganz und gar abhängig von der sachlichen Notwendigkeit, das Kapital zu sichern und zu mehren. Von dieser inneren Unfreiheit wisse die Kapitalistenklasse freilich nichts. Sie „fühlt sich in dieser Selbstentfremdung wohl und bestätigt, weiß die Entfremdung als ihre eigene Macht und besitzt in ihr den Schein einer menschlichen Existenz"[25].

Auch der Arbeiter scheint, obenhin betrachtet, frei zu sein. Hat er doch in dem Konkurrenzsystem die Möglichkeit, seine Arbeitskraft anzubieten wem, wo und wie er will. Allein, diese Freiheit hat nur formalen Charakter. Von allen materiellen Mitteln der Existenz „befreit", „muß" er dem Geld- und Kapitalbesitzer seine Arbeitskraft feilbieten. Hat er aber seine „Ware" verkauft, muß er mit der kapitalistischen Verwendung und Verwertung dieses ihm nun nicht mehr gehörenden Objekts einverstanden sein. So ist er seiner selbst nicht mehr mächtig; er ist seiner eigenen menschlichen Natur restlos entfremdet. Im Gegensatz zu der besitzenden Klasse aber sei sich die

[23] *Marx,* a.a.O., S. 278.

[24] *Marx,* a.a.O., S. 521.

[25] *Marx / Engels,* Die heilige Familie etc., S. 137.

proletarische Klasse der Situation ihrer inneren und äußeren Unfreiheit durchaus bewußt; sie „fühlt sich in der Entfremdung vernichtet, erblickt in ihr ihre Ohnmacht und die Wirklichkeit einer unmenschlichen Existenz. Sie ist, um einen Ausdruck von Hegel zu gebrauchen, in der Verworfenheit die Empörung über diese Verworfenheit, eine Empörung, zu der sie notwendig durch den Widerspruch ihrer menschlichen Natur mit ihrer Lebenssituation, welche die offenherzige, entschiedene, umfassende Verneinung dieser Natur ist, getrieben wird"[26].

Nun bedarf es keiner Erwähnung mehr, daß die Klasse des Proletariats auch dem Staatswesen mehr und mehr entfremdet wird und schließlich in unversöhnlichen Gegensatz zu der herrschenden politischen Gewalt gerät. So sei die bürgerliche Gesellschaft reif für den Untergang. Die kapitalistische Wirtschaft gehe an der „Produktion von Mehrwert oder Plusmacherei", an dem „absoluten Gesetz dieser Produktionsweise" zugrunde. Die politischen Verhältnisse spitzen sich bis zur Unerträglichkeit für die wirtschaftlich und politisch abhängige Klasse zu. Die menschlichen Verhältnisse entwickeln sich zu unmenschlichen Verhältnissen, die nur diejenigen befriedigen, die für eine menschliche Situation und für den „ganzen Menschen" keinen Sinn mehr besitzen. Die „Herrschaft der sachlichen Verhältnisse über die Individuen" erreiche ihren Höhepunkt. Die Verhältnisse „müssen" umschlagen. Der ganze bisherige geschichtliche Prozeß „muß" sein Ende finden. Die Klasse, die die traditionelle Geschichte zu Ende bringe und damit die Voraussetzungen für ein neues gesellschaftliches Leben schaffe, sei das Proletariat.

Die Einsicht in die Notwendigkeit

Die Lebensbedingungen des Proletariats sind gänzlich andere als die der Bourgeosie und die aller bisherigen Klassen. Daher hat das Proletariat auch andere Lebensinteressen. „Der Proletarier ist eigentumslos; sein Verhältnis zu Weib und Kindern hat nichts mehr gemein mit den bürgerlichen Familienverhältnissen; die moderne industrielle Arbeit, die moderne Unterjochung unter das Kapitel ... hat ihm allen nationalen Charakter abgestreift. Die Gesetze, die Moral, die

[26] *Marx / Engels*, a.a.O.

Religion sind für ihn ebenso viele bürgerliche Vorurteile, hinter denen sich ebenso viele bürgerliche Interessen verstecken" (Kommun. Manifest). Weil das Proletariat los und ledig aller Sachen ist, ist sein Interesse nicht durch Sachen gebunden und abgelenkt. Die unmittelbare oder mittelbare Zugehörigkeit zum Proletariat ist daher die notwendige Voraussetzung für ein objektives Situationsverständnis, ja für ein richtiges Verständnis der geschichtlichen Entwicklung überhaupt. Erst mit der Existenz des Proletariats sei also eine umfassende Geschichtskonzeption möglich geworden. Marx hat dieser Konzeption wissenschaftlichen Ausdruck gegeben. Damit habe die Arbeiterklasse das „mächtige Mittel der Erkenntnis" erhalten, mit Hilfe dessen sie ihre historische Aufgabe erfüllen könne. „Die Lehre von Marx ist allmächtig, weil sie richtig ist. Sie ist in sich abgeschlossen und harmonisch, sie gibt den Menschen eine einheitliche Weltanschauung, die sich mit keinerlei Aberglauben, keinerlei Reaktion, keinerlei Verteidigung bürgerlicher Knechtung vereinbaren läßt. Sie ist die rechtmäßige Erbin des Besten, was die Menschheit im 19. Jahrhundert in Gestalt der deutschen Philosophie, der englischen politischen Ökonomie und des französischen Sozialismus geschaffen hat[27]."

Wenn heute dem Proletariat in Erkenntnis und Tat eine „weltgeschichtliche Rolle" zugeschrieben werde, so geschehe dies keineswegs, weil die Proletarier für Götter gehalten" werden. „Vielmehr umgekehrt. Weil die Abstraktion von aller Menschlichkeit, selbst von dem Scheine der Menschlichkeit, im ausgebildeten Proletariat praktisch vollendet ist, weil in den Lebensbedingungen des Proletariats alle Lebensbedingungen der heutigen Gesellschaft in ihrer unmenschlichsten Spitze zusammengefaßt sind, weil der Mensch in ihm sich selbst verloren hat", ist im Proletariat das „Bewußtsein dieses Verlustes" da und die Möglichkeit gegeben, „dies Bewußtsein zur vollständigen Klarheit herauszubilden"[28]. Da das Proletariat dieses Bewußtsein der geschichtlichen Notwendigkeit und der durch die Situation bedingten Aufgaben besitze, sei es befähigt, den historischen Notwendigkeiten entsprechend, objektiv richtig zu handeln. So ist es gleichsam der

[27] *Lenin,* „Drei Quellen und drei Bestandteile des Marxismus". Ausgewählte Werke (Moskau 1947). Bd. I, S. 63/64.

[28] *Marx / Engels,* Die heilige Familie etc., S. 138.

Agent oder Geschäftsführer des Geschichtsprozesses, der Begründer allgemeinmenschlicher Freiheit. Indem es die bestehende Privateigentumsordnung aufhebt, schafft es die ganze bisherige Aneignungsweise ab. „Das Proletariat vollzieht das Urteil, welches das Privateigentum durch die Erzeugung des Proletariats über sich selbst verhängt.“ „Wenn das Proletariat siegt, so ist es dadurch keineswegs zur absoluten Seite der Gesellschaft geworden, denn es siegt nur, indem es sich selbst und sein Gegenteil aufhebt. Alsdann ist ebensowohl das Proletariat wie sein bedingender Gegensatz, das Privateigentum, verschwunden[29].“ —

Kein denkender und praktisch-politisch interessierter Mensch kann sich dem mächtigen Eindruck der Marx'schen Geschichtskonzeption entziehen. Denn hier finden nicht bloß einige historische, politische und ökonomische Fragen ihre Beantwortung, hier wird der Mensch angesprochen. Sein Schicksal steht in Frage, zunächst jedenfalls sein Lebensschicksal in der nunmehr zu Ende kommenden Geschichte. Da ist einer der tiefsten Gedanken von Marx die Lehre von der nicht mehr zu überbietenden menschlichen Selbstentfremdung, die Lehre von der Herrschaft der Artefakte, der menschlichen Erzeugnisse über den Menschen. *Otto Rühle* hat in seiner Marx-Biographie den von Marx geschilderten „Fetischcharakter“ der Tauschobjekte in der kapitalistischen Marktwirtschaft sehr anschaulich nachgezeichnet: „Die Ware reiht sich, abgelöst vom Wollen der Menschen, in eine geheimnisvolle Rangordnung ein, entwickelt oder verweigert Austauschfähigkeit, agiert nach eigenen Gesetzen als Schauspieler auf einer schemenhaften Bühne. In den Börsenberichten ‚steigt‘ Baumwolle, ‚stürzt Kupfer‘, ist Mais ‚belebt‘, Braunkohle ‚flau‘, Weizen ‚zieht an‘ und Petroleum ‚entwickelt Tendenz‘. Die Dinge haben sich verselbständigt, nehmen menschliches Gebaren an. Und die Menschen ordnen sich den Dingen unter, lassen sich ihr Verhalten diktieren, werden zu Dienern der Warenwelt. Die Ware hat sich in einen Götzen verwandelt, der, obwohl Erzeugnis menschlicher Hand, über den Menschen gebietet.“

Kein Zweifel, der Mensch der modernen Welt hat sich in zunehmendem Maße und Grade in das Netz seiner Objekte verstrickt, mö-

[29] *Marx / Engels*, a.a.O., S. 137.

gen dies nun technische Mittel oder ökonomische und politische Organisationen und Institutionen sein. Diese Entwicklung ist richtig gesehen. Allein, die Frage ist, ob sie zur gänzlichen Selbstentfremdung führen „muß". Muß der Mensch sich erst völlig verlieren, muß er erst Objekt unter Objekten geworden sein, ehe er von diesem Objektsein loskommt? Muß die Geschichte den Weg nehmen, den Marx gesehen und voraussehen zu können gemeint hat? Gibt die Entwicklung der kapitalistischen Marktwirtschaft den eindeutigen Beweis für eine „historische Gesetzmäßigkeit"?

Der Ausspruch von Engels: „Es kommt überall nicht mehr darauf an, Zusammenhänge im Kopf auszudenken, sondern sie in den Tatsachen zu entdecken", gilt natürlich auch für die Marx'sche Geschichtsauffassung. Sprechen die Tatsachen für eine der Geschichte innewohnende Gesetzmäßigkeit? Keinesfalls! Die kapitalistische Wirtschaft z. B. hat in den hundert Jahren, seit Marx zu seiner Geschichtsauffassung gekommen ist, eine so gründliche Metamorphose durchgemacht, daß wir es ablehnen müssen, die gegenwärtige Form der Marktwirtschaft kapitalistisch zu nennen.

Zweck einer „privatkapitalistischen" Unternehmung ist die maximale Nutzung und Verwertung des investierten Kapitals. Das Privateigentum gibt dem Produzenten das ausschließliche Recht der Verwertung seiner Produktionsmittel. Der Staat hat die Aufgabe, dieses Recht zu sichern, im übrigen die Pflicht, sich aus der Wirtschaft zu halten. Diese wird ihrer Funktion überlassen. Nach der Auffassung der klassischen liberalen Ökonomen und Politiker (mit Ausnahme von Malthus) muß dann, auf lange Sicht gesehen, alles in Ordnung kommen. In Wirklichkeit kam es weder zu einer Harmonie der Interessen noch zu einer Gleichgewichtigkeit des Marktes. Marx erkannte die Fehlerhaftigkeit des Systems. Er sah, daß es unter den gegebenen Voraussetzungen nicht funktionieren kann. Erkenntnis und Prognose waren richtig. Allein seine Kritik war nur soweit richtig, als sie die Marktwirtschaft bei freier kapitalistischer Ausnutzung der Produktionsmittel, bei gänzlicher Abhängigkeit der atomisierten Arbeitskräfte vom Kapital und bei Enthaltung des Staates von sozial- und wirtschaftspolitischer Einflußnahme betraf. Solche Marktwirtschaft ist in der Tat auf die Dauer nicht funktionsfähig. Die sie tragende kapitalistische Klasse gleicht wirklich dem „Hexenmeister, der die unterirdischen Gewalten nicht mehr zu beherrschen vermag, die er heraufbeschworen“ hat. Periodisch sich wiederholende, immer schwerere Krisen erschüttern die wirtschaftlichen und politischen Verhältnisse. Das alles ist im Kommunistischen Manifest treffend geschildert: „Wodurch überwindet die Bourgeoise die Krisen? Einerseits durch die erzwungene Vernichtung einer Masse von Produktivkräften, andererseits durch die Eroberung neuer Märkte und die gründlichere Ausbeutung aller Märkte. Wodurch also? Dadurch, daß sie allseitigere und gewaltigere Krisen vorbereitet und die Mittel, den Krisen vorzubeugen, vermindert.“

Wie kommt es, daß die marktwirtschaftliche Entwicklung anders verlaufen ist, als Marx vorausgesehen und vorausgesagt hat? Die politisch und wirtschaftlich machtlosen Arbeitnehmer haben sich zu machtvollen Parteien und Gewerkschaften zusammengeschlossen. Kleinbauern, Handwerker und Händler, die mit dem Großbetrieb nicht konkurrieren können, haben sich durch genossenschaftliche Einigung die Vorteile großbetrieblicher Produktions-, Bezugs- und Absatzweise zu verschaffen gewußt. Die Wirtschaft hat sich selbst aus Nöten und Schwierigkeiten geholfen. Auch das Verhältnis des Staates zur Wirtschaft hat sich wesentlich geändert. Geschichte und Erfahrung haben gelehrt, daß die Marktwirtschaft nur auf der Grundlage einer zweckmäßigen politischen und wirtschaftspolitischen Ordnung funktionieren kann. Ohne staatliche ordnungspolitische Maßnahmen, notfalls auch kontrollierende und regulierende Interventionen, können die in der Marktwirtschaft auf Ausgleich drängenden Tendenzen (die die Klassiker beobachtet hatten) nicht zum Zuge kommen.

Weil Geschichte und Erfahrung dieses lehren und die Praxis die entsprechenden Folgerungen gezogen hat, ist die wirtschaftliche Entwicklung von der durch Marx bestimmten Linie wesentlich abgewichen. Die Klassengegensätze haben sich nicht vereinfacht, auch nicht verschärft, die industrielle Reservearmee ist nicht ungemessen gewachsen, die breiten Massen sind nicht verarmt und verelendet, die Wirtschaft ist nicht von Krise zu Krise gestürzt, die Bourgeoise hat nicht ihren eigenen Totengräber produziert. In allen Industriestaaten hat der Wohlstand der breiten Massen zugenommen. Ein Proletariat im Sinne einer von allen materiellen Mitteln und politischen Machtmitteln entblößten, unversöhnlichen, unternehmungsfeindlichen, staatsfeindlichen, revolutionären Klasse gibt es hier nicht mehr. Die Arbeiterschaft will keinen Klassenkampf, geschweige denn eine Revolution. Sie will soziale Mißstände auf dem Wege wirtschaftlicher und sozialer Reformen beseitigen. Eine zwangsläufige Entwicklung in der Richtung auf den gewaltsamen Sturz der „Bourgeoisie" und die Errichtung einer „Diktatur des Proletariats" ist nicht zu erkennen. Marx und Engels haben sich auf Tatsachen berufen können. Heute aber sprechen die Tatsachen gegen sie.

Der dialektische Begriff der revolutionären Praxis

Marx glaubte, wie Hegel, an die Vernunft in der Geschichte. Die dialektische, gegensätzliche, widerspruchsreiche Entwicklung werde am Ende die Lösung aller Konflikte und die Erfüllung des Sinnes bringen, auf den die menschliche Geschichte angelegt sei. Die Wellen des historischen Prozesses tragen und reißen die Menschen mit sich fort, bis sie vor neuen Ufern zur Ruhe kommen. Obwohl der Mensch die Geschichte macht, erscheint er von dieser Betrachtung aus doch nur als ein mehr oder weniger sinnentsprechend fungierendes Element. Wird die Geschichte als ein begrenzter, ganzheitlicher Prozeß verstanden, so müssen alle prozessualen Elemente, die historischen Individuen, ganzheitlich determiniert sein, auch wenn sie kein Bewußtsein dieser Determination haben. Nur wenn die Geschichte im Ganzen Möglichkeiten offen läßt, ist Raum für persönliche Entscheidungsfreiheit.

Stehen wir aber nicht in jedem Augenblick des Handelns, ganz gleich ob es eine historische Determination gibt oder nicht, vor der Frage, wie wir uns entscheiden sollen? Vielleicht entdecken wir daher im marxistischen Begriff der revolutionären Praxis einen anderen Freiheitsbegriff, als wir ihn bisher kennen gelernt haben.

Wer zwischen verschiedenen Möglichkeiten zu wählen hat, mag sich nach Belieben oder Willkür entscheiden. Allein Willkür rächt sich durch die ihr folgende Verwirrung. Freiheit ist jedenfalls nur in Ordnung, Maß und Begrenzung möglich. Woher aber dies Maß nehmen? Auch hier verweist Marx auf die Geschichte: Die Geschichte lehrt, was jeweils getan werden muß. Sie stellt die Aufgaben, in und mit deren Erfüllung der Mensch seine Freiheit hat oder gewinnt. Die historische Verpflichtung zu solcher Aufgabenerfüllung erstreckt sich auf jeden Augenblick, in dem der Mensch vor Wahl und Entscheidung gestellt wird. In diesem Augenckblick das Notwendige nicht tun, hieße ja die ganze Reihe der historisch aufgegebenen Ziele und Zwecke verfehlen. So sei gerade auch die revolutionäre Praxis der Prüfstein für die Freiheit, die dem Menschen im Ganzen der Geschichte nur bleibt. Ihr Sinn bestehe grundsätzlich darin, das Notwendige zu erkennen und das Notwendige zu tun.

Der Sinn der Geschichte erfüllt sich nach Marx erst in einer neuen Ordnung der gesellschaftlichen Verhältnisse. Dieser Sinn komme dem denkenden Menschen jedoch nicht als eine ihn verpflichtende Idee zum Bewußtsein. Die neue menschliche Ordnung sei vielmehr ein aus den geschichtlichen Verhältnissen erwachsender Zustand der Gesellschaft. „Der Kommunismus ist für uns nicht ein Zustand, der hergestellt werden soll, ein Ideal, wonach die Wirklichkeit sich zu richten haben wird. Wir nennen Kommunismus die wirkliche Bewegung, welche den jetzigen Zustand aufhebt. Die Bedingungen dieser Bewegung ergeben sich aus der jetzt bestehenden Voraussetzung[30]."

Das eigentliche „Reich der Freiheit" beginne „erst da, wo das Arbeiten, das durch Not und äußere Zweckmäßigkeit bestimmt ist, aufhört". Grundsätzlich werde der Mensch immer mit sachlichen Notwendigkeiten zu tun haben. „Wie der Wilde mit der Natur ringen muß, um seine Bedürfnisse zu befriedigen, um sein Leben zu erhalten und zu reproduzieren, so muß es der Zivilisierte, und er muß es in allen Gesellschaftsformen und unter allen möglichen Produktionsweisen. Mit seiner Entwicklung erweitert sich dieses Reich der Naturnotwendigkeit, weil die Bedürfnisse; aber zugleich erweitern sich die Produktivkräfte, die diese befriedigen. Die Freiheit in diesem Gebiet kann nur darin bestehen, daß der vergesellschaftete Mensch, die

---

[30] *Marx / Engels,* Die deutsche Ideologie, S. 32.

assoziierten Produzenten, diesen ihren Stoffwechsel mit der Natur rationell regeln, unter ihre gemeinschaftliche Kontrolle bringen, statt von ihm als von einer blinden Macht beherrscht zu werden; ihn mit dem geringsten Kraftaufwand und unter den, ihrer menschlichen Natur würdigsten und adäquatesten Bedingungen vollziehen. Aber es bleibt dies immer ein Reich der Notwendigkeit." Das „wahre Reich der Freiheit", wo die menschliche Kraftentwicklung „sich als Selbstzweck gilt", kann „nur auf jenem Reich der Notwendigkeit als seiner Basis aufblühen"[31].

Die wirtschaftliche Freiheit in der künftigen „Assoziation freier Individuen" besteht also in der Herrschaft und Kontrolle über die gesellschaftlichen Beziehungen und Verhältnisse. Die Menschen werden „Herren ihrer eigenen Vergesellschaftung". „Die Gesetze ihres eigenen gesellschaftlichen Tuns, die ihnen bisher als fremde, sie beherrschende Naturgesetze gegenüberstanden, werden dann von den Menschen mit voller Sachkenntnis angewandt und damit beherrscht. Die eigene Vergesellschaftung der Menschen, die ihnen bisher als von Natur und Geschichte oktroyiert gegenüberstand, wird jetzt ihre eigene freie Tat. Die objektiven, fremden Mächte, die bisher die Geschichte beherrschten, treten unter die Kontrolle der Menschen selbst. Erst von da an werden die Menschen ihre Geschichte mit vollem Bewußtsein selbst machen, erst von da an werden die von ihnen in Bewegung gesetzten gesellschaftlichen Ursachen vorwiegend und in stets steigendem Maße auch die von ihnen gewollten Wirkungen haben. Es ist der Sprung der Menschheit aus dem Reiche der Notwendigkeit in das Reich der Freiheit[32]."

Nach Hegel offenbart die Weltgeschichte, „wie der Geist allmählich zum Bewußtsein kommt, es dämmert in ihm, er findet Hauptpunkte, am Ende gelangt er zum vollen Bewußtsein". Nach Marx hat die Geschichte einen ganz menschlichen Sinn. Nach einer im Zuge der Geschichte erfolgenden wachsenden und schließlich unerträglich gewordenen Selbstentfremdung gewinnt der Mensch sich zurück und damit die Möglichkeit, sich selbst leben zu können. Die Marx'sche Geschichts-

[31] *Marx*, Das Kapital, Bd. III (1894). Berlin-Ost 1956, S. 873.

[32] *Engels*, „Anti-Dühring", S. 351.

auffassung trägt also zweifellos humanitäre Züge. Der Marxismus ist „humanitärer Sozialismus". Man darf jedoch nicht übersehen, daß diesem „Humanismus" das eigentlich ethische Moment fehlt. Freie Menschlichkeit ist hier kein politischer Wertgesichtspunkt, kein idealer Richtpunkt, sondern ein aus neuen gesellschaftlichen Verhältnissen aufwachsendes Ordnungsprinzip[33]. Dieser Sachverhalt ist praktisch-politisch höchst bedeutsam. Kann doch das „humanum", die freie Menschlichkeit, nun nicht zu einer richtungweisenden, normativen Idee werden. Richtungweisendes, praktisch-politisches maßgebendes Ziel ist das, was auf Grund der historisch gegebenen Verhältnisse verfolgt und realisiert werden muß: die Diktatur des Proletariats.

Das strategische Ziel: Diktatur

Das historisch notwendige Ziel des Proletariats sei, die Macht zu erringen. Denn nur unter dieser Bedingung können die bestehenden Eigentumsverhältnisse radikal beseitigt werden. Nur unter dieser Voraussetzung kommt der Klassenkampf zu Ende. Marx und Engels waren in jüngeren Jahren überzeugt, daß das Proletariat nur durch eine „offene Revolution", durch einen „gewaltsamen Sturz der Bourgeoisie" zur Herrschaft kommen kann. Später distanzierten sie sich mehr und mehr von dieser Umsturzthese. Die englische, französische und deutsche Arbeiterbewegung zeigte zu deutlich die Entwicklung zu einer Demokratisierung der politischen Verhältnisse. Früher oder später mußten die Massen die Möglichkeit erhalten, auf legalem Wege zur Macht zu kommen. Engels empfahl daher der Arbeiterschaft (in seinem letzten Lebensjahr, 1895), sich der ihnen gebotenen gesetzlichen Kampfmittel zu bedienen. „Die Geschichte hat ... uns unrecht gegeben, hat unsere damalige Ansicht als eine Illusion enthüllt ... Die Kampfweise von 1848 ist heute in jeder Beziehung veraltet." „Bourgeoisie und Regierung" „fürchten sich heute weit mehr ... vor den Erfolgen der Wahl als vor denen der Rebellion". Es ist eine „Ironie

[33] Über die ethische Problematik bei Marx vgl. die Studie von *Rolf Dahrendorf*, Marx in Perspektive, Hannover 1953. Siehe auch „Marxismusstudien" (Beiträge von Bollnow, Fetscher, Wendland u. a.), Schriften der Studiengemeinschaft der evangel. Akademien, Tübingen 1954.

der Weltgeschichte, daß „wir Revolutionäre", „wir Umstürzler" „heute weit besser mit den gesetzlichen Mitteln des Klassenkampfes gedeihen" als mit gewaltsamen Aktionen.

Die „sowjetischen" Marxisten kehrten zu der ursprünglichen Auffassung zurück, um, zur Herrschaft gelangt, (nach der Anweisung des Kommunistischen Manifestes:) „despotische Eingriffe in das Eigentumsrecht und in die bürgerlichen Produktionsverhältnisse" vorzunehmen und die bürgerliche Gesellschaftsordnung „gewaltsam aufzuheben".

Ob nun auf legalem oder illegalem Wege erreichbar, das Ziel steht fest. Sollen aber mögliche Zufälligkeiten der Bewegung ausgeschlossen werden, so muß die klassenpolitische Aktion langfristig vorbereitet, überdacht, durchdacht, geplant und zielbewußt durchgeführt werden. In der Kriegswissenschaft bezeichnet man die Planung, Vorbereitung und Durchführung der militärischen Operationen auf weite Sicht als Strategie. In gleichem Sinne sprechen wir von einer *klassenpolitischen Strategie*. Sie ist der Inbegriff der Mittel und Maßnahmen zur Planung, Vorbereitung und Durchführung der proletarischen Machtergreifung. Was ist zu tun, um das geschichtlich aufgegebene Ziel zu erreichen?

Die wichtigste Voraussetzung für eine Massenaktion sei eine aktionsfähige Gruppe, die Bildung einer Partei, die die proletarischen Massen in ihrem Kampf zu führen versteht. Warum kann nur die Partei der Kommunisten die Führerschaft übernehmen? „Erstens, weil die Partei das Sammelbecken der besten Elemente der Arbeiterklasse ist, die mit den parteilosen Organisationen des Proletariats unmittelbar verbunden sind und diese sehr oft leiten; zweitens, weil die Partei, als Sammelbecken der Besten der Arbeiterklasse, die beste Schule zur Heranbildung von Führern der Arbeiterklasse ist, die fähig sind, die Organisationen ihrer Klasse in allen ihren Formen zu leiten; drittens, weil die Partei, als die beste Schule von Führern der Arbeiterklasse, dank ihrer Erfahrung und Autorität die einzige Organisation bildet, die fähig ist, die Leitung des Kampfes des Proletariats zu zentralisieren und auf diese Weise alle wie immer gearteten parteilosen Organisationen der Arbeiterklasse in Hilfsorgane und Transmissionsriemen zu verwandeln, die sie mit der Klasse verbinden. Die Partei ist die höchste Form der Klassenorganisation des Proletariats[34]."

Die revolutionäre Partei müsse vor allem dahin streben, „die Mehrheit in den Vortrupps der revolutionären Klassen und im Lande" zu gewinnen. „Mit der Avantgarde allein kann man nicht siegen. Die Avantgarde allein in den entscheidenden Kampf werfen, solange die ganze Klasse, solange die breiten Massen nicht eine Position eingenommen haben, wo sie die Avantgarde entweder direkt unterstützen oder wenigstens wohlwollende Neutralität ihr gegenüber üben und eine völlige Unfreiheit, ihren Gegner zu unterstützen, an den Tag gelegt haben, wäre nicht nur eine Dummheit, sondern auch ein Verbrechen. Damit aber wirklich die ganze Klasse, damit wirklich die breiten Massen der Werktätigen und vom Kapital Unterdrückten zu dieser Position gelangen, dazu ist Propaganda allein, Agitation allein zu wenig. Dazu bedarf es der eigenen politischen Erfahrung dieser Massen[35]."

Sehr begreiflich, daß gerade Lenin und Stalin die praktisch-politischen Probleme der Massenführung gründlich untersucht haben. *Lenin* hat bereits in seinem 1902 erschienenen Buch „Was tun?" die Fragen der klassenpolitischen Strategie und Taktik umfassender erörtert, als es bis dahin geschehen war. Damals wandte er sich vor allem gegen die pseudo-marxistische Lehre von der Klassen-Mechanik bzw. der „Spontaneität der Arbeiterbewegung". Würde doch durch solche mechanistische Denkweise ein fatalistisches Moment in die proletarische Bewegung getragen. Der „Ökonomismus" unterschätze die aktive Rolle des bewußt tätigen, handelnden Menschen in der Geschichte. Damit verbinde sich eine Unterschätzung des ideologischen Überbaues, insbesondere der Wissenschaft. Erst die Kenntnis der großen Linie der geschichtlichen Entwicklung und das Wissen um die geschichtlich notwendigen Aufgaben biete die Grundlage für einen methodisch, zielbewußt, planmäßig geführten Kampf.

---

[34] *J. W. Stalin*, Über die Grundlagen des Leninismus (in Band 6 der deutschen Ausgabe. Berlin 1952, S. 157).

[35] *Lenin*, Ausgewählte Werke (Moskau 1947). Bd. II, S. 737.

Die „Erziehung zur revolutionären Aktivität der Massen" erfolge mit den Mitteln der Propaganda und der Agitation. Im Vordergrund dieser Aufgabe steht die „Organisierung allseitiger politischer Enthüllungen". „Anders als durch diese Enthüllungen kann das politische Bewußtsein und die revolutionäre Aktivität der Massen nicht geschult werden." „Das Bewußtsein der Arbeitermassen kann kein wahrhaftes Klassenbewußtsein sein, wenn die Arbeiter nicht an konkreten und außerdem unbedingt brennenden (aktuellen) politischen Tatsachen und Ereignissen lernen, jede der übrigen Klassen der Gesellschaft in allen Erscheinungen des intellektuellen, moralischen und politischen Lebens dieser Klassen zu beobachten; wenn sie es nicht lernen, die materialistische Analyse und materialistische Beurteilung aller Seiten der Tätigkeit und des Lebens aller Klassen, Schichten und Gruppen der Bevölkerung in der Praxis anzuwenden." Der organisierte Arbeiter „muß die Schlagworte und alle Sophistereien kennen, unter denen jede Klasse und jede Schicht ihre egoistischen Neigungen und ihr wahres ‚Innere' zu verbergen sucht, muß sich darin auskennen, welche Institutionen und welche Gesetze diese oder jene Interessen zum Ausdruck bringen und in welcher Wesie sie es tun"[36].

Die Marx'sche Ideologienlehre wird so zu einer scharfen Waffe im Kampf um die proletarische Diktatur. Um aber dem Gegner ein verfälschtes Bewußtsein oder verkehrtes Denken bzw. falsche Bewußtseinsinhalte nachweisen zu können, muß man selbst den richtigen Standpunkt einnehmen. Dazu ist es nach Lenin nicht erforderlich, der Klasse des Proletariats von Geburt anzugehören. Geschichte und Erfahrung lehren, daß sich das politische Klassenbewußtsein der Arbeiter nicht von innen heraus entwickelt. „Das politische Klassenbewußtsein kann in den Arbeiter nur von außen hineingetragen werden, d. h. aus einem Bereich außerhalb des ökonomischen Kampfes, außerhalb der Sphäre der Beziehungen zwischen Arbeitern und Unternehmern. Das Gebiet, aus dem allein dieses Wissen geschöpft werden kann, ist das Gebiet der Beziehungen aller Klassen und Schichten zum Staat und zur Regierung, das Gebiet der Wechselbeziehungen zwischen sämtlichen Klassen[37]." Ganz im Sinne von Marx bleibt das richtige

[36] *Lenin*, „Was tun?", Berlin-Ost 1951, S. 106/107.
[37] *Lenin*, a.a.O., S. 117.

Denken an eine bestimmte Existenzweise gebunden. Allein, es ist nach leninistischer Auffassung nicht die proletarische Existenz, die die Basis objektiv richtigen Urteilens bildet, sondern eine Existenzweise, in der die Beziehungen aller Klassen in ihrem Widerstreit erlebt werden.

Weil nur die Erkenntnis der historisch notwendigen Aufgaben eine zielbewußte Politik ermöglicht, müsse theoretischer Zerfahrenheit sowie jeder Minderung des theoretischen Niveaus entgegengearbeitet werden. „Es wird namentlich die Pflicht der Führer sein, sich über alle theoretischen Fragen mehr und mehr aufzuklären, sich mehr und mehr von dem Einfluß überkommener, der alten Weltanschauung angehöriger Phrasen zu befreien und stets im Auge zu behalten, daß der Sozialismus, seitdem er eine Wissenschaft geworden, auch wie eine Wissenschaft betrieben, d. h. studiert werden will. Es wird darauf ankommen, die so gewonnene, immer mehr geklärte Einsicht unter den Arbeitermassen mit gesteigertem Eifer zu verbreiten, die Organisation der Partei wie der Gewerksgenossenschaften immer fester zusammenzuschließen[38].“

Nächst Lenin hat auch *Stalin,* vielleicht in noch stärkerem Grade, die Bedeutung der Wissenschaft bzw. des wissenschaftlichen Sozialismus für Politik und Praxis betont. Die praktisch-politische Rolle der Ideen und Theorien, die den fortschrittlichen Kräften der Gesellschaft geistigen Ausdruck geben, bestehe darin, „daß sie die Entwicklung der Gesellschaft, ihre Vorwärtsbewegung erleichtern“. „Neue gesellschaftliche Ideen und Theorien entstehen erst, nachdem die Entwicklung des materiellen Lebens der Gesellschaft diese vor neue Aufgaben gestellt hat. Aber nachdem sie entstanden sind, werden sie zu einer höchst bedeutenden Kraft“ ... „Entstanden auf der Basis der neuen Aufgaben, welche die Entwicklung des materiellen Lebens der Gesellschaft stellt, bahnen sich die neuen gesellschaftlichen Ideen und Theorien den Weg, werden sie zum Gemeingut der Volksmassen, mobilisieren diese, organisieren sie gegen die ablebenden Kräfte der Gesellschaft und erleichtern auf diese Weise den Sturz der ablebenden Kräfte der Gesell-

[38] *Lenin,* a.a.O., S. 62.

schaft, die die Entwicklung des materiellen Lebens der Gesellschaft hemmen[39]."

Träger der gesellschaftlichen Ideen, „die auf der Basis der lösungsreichen Aufgaben der Entwicklung des materiellen Lebens der Gesellschaft entstanden sind", sei die Führerschaft der Masse. „Die Führung wird durch die Methode der Überzeugung der Massen gesichert, die die Hauptmethode der Einwirkung der Partei auf die Massen ist." „Führen heißt unter diesen Bedingungen: verstehen, die Massen von der Richtigkeit der Politik der Partei zu überzeugen, heißt solche Losungen aufstellen und durchführen, die die Massen an die Positionen der Partei heranführen und es ihnen erleichtern, an Hand ihrer eigenen Erfahrung die Richtigkeit der Politik der Partei zu erkennen, die Massen auf das Bewußtseinsniveau der Partei heben und sich somit die Unterstützung der Massen, ihre Bereitschaft zum entscheidenden Kampfe sichern[40]."

Da die Zukunft immer der Jugend gehört, müsse vor allem die junge Generation im Sinne der Zukunft erzogen werden. „Die gesamte Erziehung, Bildung und Schulung der heutigen Jugend muß eine Erziehung zur kommunistischen Moral sein." Natürlich ist diese Moral eine andere als die Klassenmoral der Bourgeoisie. Diese Moral lehnt der Marxismus, insonderheit auch der sowjetische Marxismus, ab. „In welchem Sinne verneinen wir die Moral, verneinen wir die Sittlichkeit? In dem Sinne, in dem die Bourgeoisie sie predigte, die diese Sittlichkeit aus den Geboten Gottes ableitete. Hier sagen wir natürlich, daß wir nicht an Gott glauben" ... „Jede solche Sittlichkeit, die aus einem übernatürlichen, klassenlosen Begriff abgeleitet wird, lehnen wir ab. Wir sagen, daß das ein Betrug ist, daß das ein Schwindel ist, eine Verkleisterung der Hirne der Arbeiter und Bauern im Interesse der Gutsbesitzer und Kapitalisten. Wir sagen, daß unsere Sittlichkeit völlig den Interessen des proletarischen Klassenkampfes untergeordnet ist.

---

[39] *Stalin,* Über dialektischen und historischen Materialismus (1938). Berlin-Ost 1945, S. 15/16. Vgl. auch „Der Marxismus und die Fragen der Sprachwissenschaft" (1950), Berlin-Ost 1953, S. 7.

[40] Ders., Zu den Fragen des Leninismus. Werke., Berlin-Ost 1952, Bd. 8, S. 46.

Unsere Sittlichkeit entspringt aus den Interessen des proletarischen Klassenkampfes[41]."

In der Geschichte habe „die Vorhut des proletarischen Kampfes" gewechselt. Nach der englischen, französischen und deutschen Arbeiterschaft liegt sie nunmehr, erklärte Lenin schon vor 50 Jahren, bei dem russischen Proletariat. „Die Geschichte hat uns jetzt die nächste Aufgabe gestellt, welche die revolutionärste von allen nächsten Aufgaben des Proletariats irgendeines anderen Landes ist. Die Verwirklichung dieser Aufgabe, die Zerstörung des mächtigsten Bollwerks nicht nur der europäischen, sondern (wir können jetzt sagen) auch der asiatischen Reaktion, würde das russische Proletariat zur Avantgarde des internationalen revolutionären Proletariats machen[42]."

Kurz nach der Machtergreifung hat Lenin die strategischen Ziele der revolutionären Partei in ihrer Reihenfolge gekennzeichnet. „Die erste Aufgabe ist, die Mehrheit des Volkes von der Richtigkeit ihres Programms und ihrer Taktik zu überzeugen." „Die zweite Aufgabe" ist „die Eroberung der politischen Macht und die Unterdrückung des Widerstandes der Ausbeuter". „Die dritte Aufgabe: die Verwaltung zu organisieren." Zu dieser letzten Aufgabe, vor die sich 1917 die Partei der Bolschewiki gestellt sah, bemerkte Lenin: „Zum erstenmal in der Weltgeschichte hat die sozialistische Partei vermocht, die Sache der Eroberung der Macht und der Bezwingung der Ausbeuter in den Hauptzügen abzuschließen, hat vermocht, an die Aufgabe der Verwaltung dicht heranzutreten ... Man muß sich genau überlegen, daß zur erfolgreichen Verwaltung außer der Kunst zu überzeugen, außer der Kunst im Bürgerkriege zu siegen, noch die Kunst praktisch zu organisieren notwendig ist. Das ist die schwerste Aufgabe, weil es sich um die Neuorganisierung der tiefsten ökonomischen Grundlagen des Lebens von Millionen und abermals Millionen Menschen handelt[43]." Solche Massenorganisation sei ohne eine starke Staatsgewalt und ohne strenge Disziplin der Massen nicht möglich. „Der sozialistische Staat kann nur entstehen als ein Netz von produktiv-konsumierenden

[41] *Lenin,* Rede an die Jugend (2. 10. 1920), Berlin/Leipzig, o. J., S. 17.

[42] *Lenin,* „Was tun?", S. 63.

[43] *Lenin,* Die nächsten Aufgaben der Sowjet-Macht, Leipzig 1920, S. 5/6.

Kommunen, die gewissenhaft ihre Produktion und ihren Konsum buchen, mit der Arbeit ökonomisch umgehen, die Produktivität der Arbeit unentwegt steigern und dadurch die Möglichkeit erzielen, den Arbeitstag bis auf sieben, bis auf sechs Stunden und auf noch weniger herabzusetzen[44]."

Eine schwierige Aufgabe nach der Machtergreifung sei, die Massen über die Notwendigkeit und die Aufgaben eines proletarischen „Staates" aufzuklären. Denn „der Staat, der seit Jahrhunderten ein Organ der Unterdrückung und der Beraubung des Volkes war, hat uns als Erbschaft den größten Haß und das Mißtrausen der Massen gegen alles Staatliche hinterlassen"[45]. Wie lange aber solle die staatliche Zwangsordnung bestehen? Wie lange soll das Proletariat eine eiserne Diktatur ausüben? Wie lange sollen sich die Massen einem einzigen Willen, dem Willen der Partei bzw. des Parteiführers widerspruchslos unterordnen? Der staatliche Machtapparat sei so lange notwendig, wie im Lande Zwangsmittel angewandt werden müssen und nach außen hin die nationale Machtposition verteidigt werden muß. Die bedingungslose Unterordnung unter den Willen der Partei oder eines Führers sei notwendig, so lange die für die Erhaltung und Entwicklung des Ganzen notwendige Disziplin nicht aus Einsicht und freiem Willen geübt wird. Diese „niedere Phase des Kommunismus" mit allen noch bestehenden Ungleichheiten könne lange dauern. Jedenfalls: „So lange es einen Staat gibt, gibt es keine Freiheit. Wenn es Freiheit geben wird, wird es keinen Staat geben." „Bis die ‚höhere' Phase des Kommunismus eingetreten sein wird, fordern die Sozialisten die strengste Kontrolle seitens der Gesellschaft und seitens des Staates über das Maß der Arbeit und das Maß der Konsumtion[46]."

Weder Lenin noch Stalin haben behauptet, daß mit der Diktatur des Proletariats bereits der Tag der Freiheit angebrochen ist. Indessen meinen sie, daß die Gesellschaft unter der Diktatur des Proletariats mit der Zeit in eine „freie Assoziation der Menschen" hinüberwachsen wird, in der eine „systematische Gewaltanwendung" nicht mehr nötig

[44] *Lenin*, a.a.O.

[45] *Lenin*, a.a.O., S. 17.

[46] *Lenin*, Staat und Revolution (1917). Berlin-Ost 1951, S. 100.

ist. „Die Menschen werden sich gewöhnen, die elementaren Regeln des gesellschaftlichen Zusammenlebens ohne Gewalt und ohne Unterordnung einzuhalten." Erst in der (in ferner Zukunft) zu erwartenden kommunistischen Gesellschaft „hört der Staat auf zu bestehen" und „kann von Freiheit die Rede sein". „Erst dann ist eine tatsächlich vollkommene Demokratie, tatsächlich ohne jede Ausnahme, möglich und wird verwirklicht werden[47]."

Nachdem die Massen in der Partei zum Bewußtsein ihrer selbst und politisch zur Herrschaft gekommen sind, hat nach der Auffassung von Lenin und Stalin die „Revolution von unten" ihr Ende gefunden. Sie wird abgelöst durch die „Revolution von oben". Was nunmehr zu tun bleibe, sei Sache des Führers oder der Führungsgruppe. Selbstverständlich aber bedarf die Führung des Vertrauens der Massen. Die Führung kann sich der Gefolgschaft der Massen aber nur dadurch versichern, daß sie nicht nur die „Methode der Überzeugung" anwendet, sondern sich jeweils auch der Situation, in der sich die Massen befinden, anpaßt, ihrer Stimmung Rechnung trägt und sich überhaupt taktisch richtig verhält.

Das taktische Ziel: Machtpositionen

Unter Taktik wird in der Kriegswissenschaft die Führung der Truppen auf dem Gefechtsfelde verstanden, d. h. ihr Einsatz nach den Weisungen der höheren Führung unter den nach Feindlage, Gelände, Witterung, Zustand der Truppe usw. gegebenen Verhältnissen. In diesem Sinne dürfen wir auch von einer klassenpolitischen Taktik sprechen. Bereits Marx widmete (wie Lenin in seiner Studie über ihn sagt) „den Fragen der Taktik des proletarischen Klassenkampfes unablässige Aufmerksamkeit". „Die Hauptaufgabe der Taktik des Proletariats bestimmte Marx in strenger Übereinstimmung mit allen Prämissen seiner materialistisch-dialektischen Weltanschauung. Nur die objektive Berücksichtigung der Gesamtheit der Wechselbeziehungen ausnahmslos aller Klassen einer gegebenen Gesellschaft, und folglich auch die Berücksichtigung der objektiven Entwicklungsstufe dieser Gesellschaft wie die der Wechselbeziehungen zwischen ihr und ande-

---

[47] *Lenin,* a.a.O., S. 93.

ren Gesellschaften, kann als Grundlage für eine richtige Taktik der fortgeschrittenen Klasse dienen." Auf jeder Entwicklungsstufe, „in jedem Moment" muß die Taktik des Proletariats Situation und Situationswechsel berücksichtigen. Die Führungsgruppe muß elastisch sein und wendig, sie muß es „verstehen, einerseits einer offenen Feldschlacht gegen einen an Kraft überlegenen Feind, wenn er alle seine Kräfte an einem Punkt gesammelt hat, auszuweichen, und andererseits die Schwerfälligkeiten des Feindes auszunutzen und ihn dann und dort anzugreifen, wo der Überfall am wenigsten erwartet wird"[48].

Heute sei vielleicht die Aufgabe, demonstrierende Studenten in den Straßen der Großstädte zu unterstützen, morgen: Arbeitslose in Bewegung zu setzen, übermorgen: an einem Aufruhr der Bauern revolutionären Anteil zu nehmen. „Ein solcher Grad von Kampfbereitschaft läßt sich nur durch die unablässige Tätigkeit eines regulären Heeres erzielen[49]." Man muß es verstehen, „alle jene, wenn man so sagen kann, Tropfen und Rinnsale der Volksempörung zu sammeln und zu konzentrieren" und sie „zu einem einzigen gewaltigen Strom zu vereinigen"[50].

Das strategische Ziel der proletarischen Diktatur könne infolge der mannigfach verzweigten Klassenwiderstände nicht mit einem Schlage erreicht werden, sondern nur nach und nach durch Eroberung immer stärkerer proletarischer Machtpositionen. Dazu gehörten Geduld, Zähigkeit, Mut, Heroismus. Je nach Lage der Dinge wird es nötig sein zu lavieren, Kompromisse zu schließen. Man wird sich auf die Besonderheit der Mentalität der Angehörigen anderer Klassen, auch der Parteilosen in der Masse des Proletariats einzustellen haben. Man muß Kontakt halten mit denen, die das gleiche revolutionäre Ziel verfolgen, jedoch rücksichtslos sein gegen die Feinde der Bewegung. Auch in den eigenen Reihen! Infolgedessen wiederholte Reinigung oder Säuberung der Partei von Parasiten, Gaunern und Müßiggängern, von allen mutlosen, zaghaften, undisziplinierten und verantwortungslosen Elementen!

---

[48] *Lenin*, „Was tun?", S. 18.

[49] *Lenin*, a.a.O., S. 19.

[50] *Lenin*, a.a.O., S. 115.

Die taktische Durchführung der revolutionären Bewegung stellt also an Führung, Partei und Masse unerhörte Anforderungen. Wenn die Partei in bestimmten Situationen „lavieren, sich zurückziehen, abwarten, langsam bauen, erbarmungslos ‚strammer anziehen', strenger disziplinieren, die Ungebundenheit zertrümmern"[51] muß, so sei diese Taktik mit dem bisher üblichen gangbaren Begriff eines Revolutionärs nicht mehr vereinbar. Taktisch richtig handeln heißt realistisch denken, situationsgerecht operieren, nicht hysterisch hin und her rennen, hier einen Weg, da einen Ausweg suchen, sondern sachlich und zielbewußt handeln. „Die arbeitenden und ausgebeuteten Massen kann lediglich eine Klasse leiten, die ohne Schwankungen ihren Weg geht, den Mut nicht verliert und bei den schwersten, schwierigsten und gefährlichsten Übergängen nicht in Verzweiflung gerät. Hysterische Aufwallungen brauchen wir nicht. Wir brauchen den gemessenen Tritt der eisernen Bataillone des Proletariats[52]."

Durch Propaganda und Agitation werden die Massen „zum letzten und entscheidenden Kampf" getrieben. Bei der Führung liegt die Wahl des Zeitpunktes, wann zu handeln, wann loszuschlagen ist. Vielleicht muß noch im letzten Moment an zögernde Gruppen appelliert werden. Den rechten Augenblick nutzen, sei beinahe gleichbedeutend mit Sieg. Berühmt ist der Appell Lenins an die zaudernden Delegierten der Arbeiter- und Soldatenräte am 24. Oktober 1917: „Die Lage ist äußerst kritisch. Es ist sonnenklar, daß jetzt eine Verzögerung des Aufstandes schon wahrhaftig den Tod bedeutet." „Man muß um jeden Preis heute Abend, heute Nacht die Regierung verhaften, nachdem man die Offiziersschüler entwaffnet hat" ... „Man darf nicht warten! Man kann alles verlieren!!" „Eine Verzögerung wird die Geschichte den Revolutionären nicht verzeihen, die heute siegen können (und heute bestimmt siegen werden), während sie morgen Gefahr laufen, vieles, ja alles zu verlieren." „Die Machtergreifung ist Sache des Aufstands; ihr politisches Ziel wird nach der Machtergreifung klar werden." „Es wäre Verderb oder Formalität, die unsichere Abstimmung am 25. Oktober abzuwarten, das Volk hat das Recht und die

---

[51] *Lenin,* Die nächsten Aufgaben der Sowjet-Macht, S. 40.

[52] *Lenin,* a.a.O., S. 41.

Pflicht, solche Fragen nicht durch Abstimmungen, sondern durch Gewalt zu entscheiden; das Volk hat das Recht und die Pflicht, in kritischen Augenblicken der Revolution seinen Vertretern, selbst seinen besten Vertretern, die Richtung zu weisen und nicht auf sie zu warten. Das hat die Geschichte aller Revolutionen bewiesen, und maßlos wäre das Verbrechen der Revolutionäre, wenn sie den Augenblick vorübergehen ließen, obwohl sie wissen, daß die Rettung der Revolution ... von ihnen abhängt." „Die Regierung schwankt. Man muß ihr den Rest geben, koste es, was es wolle! Eine Verzögerung der Aktion bedeutet den Tod[53]."

Ist die Diktatur errungen, so werde die Führung vor neue Aufgaben gestellt. Zeigt sich irgendwo noch Widerstand gegen die herrschende Klasse, so muß er gebrochen werden. „Diktatur ist ein großes Wort. Und große Worte darf man nicht in den Wind sprechen. Die Diktatur ist eine eiserne Macht, revolutionär-kühn und schnell, erbarmungslos in der Unterdrückung wie der Ausbeuter, so auch der Hooligans." Wieder sei die Disziplin aller für die Erhaltung und Festigung der Diktatur verantwortlichen Elemente das wichtigste Erfordernis. Aber gerade sie sei unmittelbar nach der Machtergreifung durch das Proletariat schwer zu erreichen. „Der Übergang von einer politischen Aufgabe zur anderen, die äußerlich ihr gar nicht ähnelt, bildet die Originalität des Momentes, den wir erleben. Die Revolution hat soeben die ältesten, die stärksten und die schwersten Fesseln, denen sich die Massen unter der Knute unterworfen hatten, zerschlagen. Das war gestern, heute aber fordert dieselbe Revolution, und zwar im Interesse des Sozialismus, die widerspruchslose Unterordnung der Massen unter den einheitlichen Willen der Leiter des Arbeitsprozesses. Es versteht sich von selbst, daß ein solcher Übergang auf einmal undenkbar ist. Dieser Übergang ist zu verwirklichen nur um den Preis der größten Stöße, Erschütterungen, Rückschläge, der ungeheuersten Anspannung von Energie durch die proletarische Avantgarde, die das Volk zum Neuen führt[54]."

[53] *Lenin,* Ausgewählte Werke. Bd. II, S. 156/57.

[54] *Lenin,* Die nächsten Aufgaben der Sowjet-Macht, S. 33.

Die widerspruchslose Unterordnung unter einen einzigen Willen schließe indessen die persönliche Verantwortung des Einzelnen für die ihm übertragene Aufgabe nicht aus. Diese Aufgabe sei unbedingt zu erfüllen. In dieser Hinsicht habe der Einzelne keinerlei Freiheit. Allein, auch die Führung habe ebenfalls keine Freiheit in der Wahl des Zieles. Dieses ist ihr durch die Geschichte unausweichlich aufgegeben. Führung wie Gefolgschaft aber haben die Freiheit, in Erkenntnis des Notwendigen zwischen den erforderlichen Mitteln zu wählen. Selbst der geringste Arbeiter im Betrieb besitzt diese Freiheit, die ihm gestellte Aufgabe in dieser oder jener Weise zu erfüllen. Läßt er es allerdings an der notwendigen Sorgfalt fehlen, so kann der Betrieb nicht funktionieren. „Es ist klar, daß bei dem Fehlen persönlicher Verantwortlichkeit keine Rede sein kann von einer einigermaßen bedeutenden Steigerung der Arbeitsproduktivität, von einer Verbesserung der Qualität der Erzeugnisse, von einer behutsamen Behandlung der Maschinen, der Werkbänke und Werkzeuge[55].“ „Bei den heutigen Riesenausmaßen der Produktion und dem Bestehen von Riesenbetrieben ist das Fehlen persönlicher Verantwortlichkeit für die Industrie eine Geißel, die alle unsere Produktions- und Organisationserrungenschaften in den Betrieben gefährdet[56].“ Man würde sich aber sehr irren, wenn Parteiführer etwa glaubten, das Fehlen persönlicher Verantwortlichkeit ließe sich durch Reden und Beschwörungen aus der Praxis austreiben. „Nein, von selbst wird dieser Zustand nie verschwinden. Nur wir allein können und müssen mit ihm Schluß machen, denn wir allesamt stehen an der Macht, und wir allesamt sind verantwortlich für alles, auch für das Fehlen persönlicher Verantwortlichkeit.“ „Um dieses Übel loszuwerden, muß man die Arbeit auf neue Art organisieren, muß man die Kräfte so verteilen, daß jede Arbeitergruppe für ihre Arbeit, für die Maschinen, für die Werkbänke, für die Qualität der Arbeit verantwortlich ist.“ Dazu sei es wieder notwendig, daß alle, vom Führer bis zum letzten Arbeiter, „die neuen Verhältnisse begreifen, die neuen Entwicklungsbedingungen konkret studieren und ihre Arbeit gemäß den Erfordernissen der neuen Verhält-

---

[55] *Stalin,* Neue Verhältnisse — neue Aufgaben des wirtschaftlichen Aufbaus, Rede vom 23. 6. 1931.

[56] *Stalin,* a.a.O.

nisse umstellen". Planung und Realisierung des Planes sei eine praktisch-politische Aufgabe, der die „lebendige und praktische Tätigkeit von Millionen Menschen" gewidmet ist. Soll sich die Realisierung der mannigfachen politischen und ökonomischen Aufgaben, die sich mit und nach der Machtergreifung durch das Proletariat ergeben, nicht in den „scharfen Formen eines Diktatorentums" vollziehen, dann müsse die Erkenntnis der Notwendigkeit jener Ziele und Zwecke Gemeingut aller werden, insbesondere der jungen Generation. Daher müsse gerade die Jugend im Bewußtsein der kommunistischen Aufgaben geschult werden. „Ihr steht vor der Aufgabe des Aufbaues", sagte Lenin (am 2. Oktober 1920) den Delegierten der kommunistischen Jugendverbände, „ihr könnt diese Aufgabe nur lösen, wenn ihr euch das ganze moderne Wissen angeeignet habt, wenn ihr versteht, den Kommunismus aus fertigen, auswendig gelernten Formeln, Ratschlägen, Rezepten, Vorschriften und Programmen zu etwas Lebendigem zu machen, das eure unmittelbare Arbeit zusammenfaßt, wenn ihr versteht, den Kommunismus zum Leitfaden für eure praktische Arbeit zu machen".

Lebenspraxis und Lebensordnung

Es ist oft schwer, richtig zu urteilen und richtig zu handeln, weil wir in verschiedenen, sich durchkreuzenden Ordnungen leben und die verschiedenen Forderungen dieser Ordnungen um unserer selbst willen zu beachten haben. Einfach erscheinen Wahl und Entscheidung nur demjenigen, der die Dinge vereinfacht sieht. Marx hat in solch vereinfachten Begdiffen gedacht, gehandelt und politisiert.

Ich denke hier nicht an die allzu vereinfachende Gesellschaftslehre, nicht an die Zweiteilung der Klassen, auch nicht an die Schematisierung der Geschichte. Der wesentlichsten Vereinfachung ist der Mensch selbst anheimgefallen. Der Marxismus ist das Weltbild des auf seine Natur zurückgeworfenen Menschen. Das marxistische Menschenbild ist unvollständig. Daher muß auch die Theorie, in deren Mittelpunkt der Mensch steht, unzulänglich sein.

Der Marxismus will „die" Theorie der gesellschaftlichen Lebenspraxis sein. Er begründet diesen Anspruch durch eine Analyse der gesellschaftlichen Lebenswirklichkeit, des Geschichtsprozesses und der Wirtschaftsentwicklung. Die sozialwissenschaftliche Analyse führe zur Entdeckung einer dialektischen und gleichzeitig zielstrebigen Entwicklung. Damit gebe die Wissenschaft der Praxis nicht nur die historisch notwendigen Ziele zu erkennen, sondern auch die Mittel, die zur Erreichung dieser Ziele eingesetzt werden müssen. Über dem Ende der Geschichte liege bereits die Morgenröte einer neuen Gesellschaft. Diese werde nicht mehr durch Interessengegensätze und Klassenkämpfe bewegt und erschüttert sein. In dem noch nicht abgelaufenen Äon hätten die Menschen ihr Leben mit dem Privateigentum verbunden und sich dadurch gleichsam an Ketten gelegt. So sei die ganze bisherige Geschichte eine Geschichte sachlich-menschlicher Verkettung. Die Geschichte lehre jedoch, daß diese Ketten nicht unzerreißbar sind. Nehmen die Lebensverhältnisse auf Grund der Privateigentumsordnung mit der Zeit eine Form an, die der Natur des Menschen radikal widerspricht, so werden sie durch die rebellierende gesellschaftliche Kraft gesprengt. Das Proletariat erfahre die Unfreiheit an Leib und Leben und werde durch diese Lebenserfahrung zur revolutionären und darum fortschreitenden Klasse. Es werde der Schöpfer neuer gesellschaftlicher Verhältnisse, aus denen sich ein neues Menschentum erheben wird. Mit den neuen Verhältnissen würden Friede, Freiheit und Gerechtigkeit zur Wirklichkeit werden.

Lenin warf in der erwähnten Rede an die Jugend die Frage auf, worauf wohl die Anziehungskraft des Marxismus beruhe. „Wenn ihr die Frage stellt, weshalb die Lehren von Marx die Herzen von Millionen und Abermillionen der revolutionärsten Klasse ergreifen konnte, so kann es darauf nur eine Antwort geben: das war deshalb möglich, weil Marx sich auf das feste Fundament des menschlichen Wissens stützte, das unter dem Kapitalismus errungen worden war; indem Marx die Entwicklungsgesetze der menschlichen Gesellschaft erforschte, erkannte er die Unvermeidlichkeit der Entwicklung des Kapitalismus zum Kommunismus und, was die Hauptsache ist, er erbrachte den Beweis dafür allein auf Grund des exaktesten, gründlichsten und tiefsten Studiums dieser kapitalistischen Gesellschaft, dank der völligen Beherrschung alles dessen, was die frühere Wissenschaft gegeben hatte.“ Nun, die wissenschaftliche Fundierung dürfte nur eine

Anziehungskraft für die Intellektuellen ausüben. Die Massen allgemein aber sind interessiert an dem Bild der Zukunftsgesellschaft. Sie sind fasziniert von der kommenden Ordnung in Friede, Freiheit und Gerechtigkeit. In dieser Aussicht liegt die eigentliche Anziehungskraft des Marxismus. Daraus schöpfen die Bedrängten und Bedrückten, Armen und Elenden in aller Welt heute mehr denn je ihre Hoffnung.

Es besteht kein Zweifel: Solange es gesellschaftliche Unfreiheit, Rechtlosigkeit, Entrechtung, Unterdrückung und Ausbeutung gibt, behält der Marxismus seine Anziehungskraft auf die Massen. Darum scheint es nur konsequent, wenn seine Gegner heute danach trachten, unhaltbaren gesellschaftlichen Verhältnissen, wo immer sie angetroffen werden, ein Ende zu bereiten. So könnten sich Anhänger wie Gegner des Marxismus auf einer gemeinsamen Plattform treffen. Stalin hatte einmal einem amerikanischen Reporter gesagt: „Wir haben diese Gesellschaft nicht errichtet, um die Freiheit zu beeinträchtigen ... Wirkliche Freiheit gibt es nur dort, wo es keine Entrechtung und kein Elend gibt." Der Nachfolger Stalins bemüht sich, die Produktion in weit stärkerem Maße als bisher auf den Konsum auszurichten und den Massenbedarf reichlicher, reichhaltiger und besser zu befriedigen. Da nun die westliche Welt von dem gleichen Bestreben erfüllt ist, so scheint sich der Gegensatz zwischen West und Ost auf eine Frage der Methode zu reduzieren, wie man jenen gemeinsamen Zweck am besten erreichen kann. Der Marxismus erscheint dann als eine auf kollektive Wirtschaftsplanung hin zielende Lehre, während die Auffassung der Gegner grundsätzlich auf eine Theorie der unternehmungsmäßigen Marktwirtschaft oder der marktorientierten Unternehmerwirtschaft hinausläuft. Allein, wer so denkt, würde die Dinge sehr vereinfachen und den Gegensatz der marxistischen und nicht marxistischen Lebensauffassung bagatellisieren.

Marx hat insoweit recht, als die materiellen Lebensverhältnisse den Menschen entwürdigen können und tatsächlich auch entwürdigt haben. Er hat auch recht insoweit, als menschliche „Artefakte", Sachen und Institutionen, Macht über ihren Schöpfer gewinnen können und tatsächlich auch gewonnen haben. Er hat schließlich insoweit recht, als die menschliche Gesellschaft wieder und wieder durch Interessengegensätze und Interessenkonflikte aufgerissen und zerspalten worden ist und wird. Marx hat aber nicht recht, wenn er das Privateigentum als die Ursache menschlicher Interessenkonflikte und Unfreiheit, dagegen das Gemeineigentum als die Bedingung menschlicher Befriedung und Freiheit ansieht. Im „Reich der Freiheit“ habe der Mensch die Möglichkeit, voll und ganz der eigenen Natur, den eigenen Bedürfnissen leben zu können. Sogar die dem Proletariat verhaßte Arbeit sei in der kommunistischen Gesellschaftsordnung „das erste Lebensbedürfnis“.

Marx hat das Verdienst, die allgemeine Aufmerksamkeit auf die Ordnung der äußeren gesellschaftlichen Lebensverhältnisse gelenkt zu haben. Dadurch hat er das Bewußtsein der in sozialer und wirtschaftlicher Abhängigkeit befindlichen Massen geweckt und mit den Weg zur politischen, sozial- und wirtschaftspolitischen Selbsthilfe gebahnt. Er hat der wissenschaftlichen Entwicklung außerordentliche Impulse gegeben. Schließlich hat er zu einer wesentlich anderen Einstellung des Staates gegenüber der Wirtschaft beigetragen. So ist der Name Marx aus der Sozial- und Wirtschaftsgeschichte der letzten hundert Jahre nicht wegzudenken. Darüber dürfen jedoch die grundsätzlichen Irrtümer nicht übersehen werden, zumal gerade diese praktisch-politisch bedeutsam geworden sind.

Marx überschätzte die soziale Bedeutung der Eigentumsform. Er meinte, daß mit der Aufhebung des Privateigentums an Produktionsmitteln auch das Interesse an Besitz, an Profit, an der Ausbeutung anderer Menschen schwinden würde. Durch das Privateigentum seien die Menschen voneinander isoliert, seien einander entfremdet. Mit der Beseitigung des Privateigentums müßten sich daher die wechselseitigen menschlichen Beziehungen von Grund aus wandeln. Der Mensch würde sich unter den neuen Verhältnissen wiederfinden und sich in seiner natürlichen Einheit und Ganzheit entwickeln.

Der von Marx behauptete notwendige Zusammenhang zwischen Privateigentum und Privatinteresse, zwischen Gemeineigentum und Gemeininteresse besteht jedoch keinesfalls. Der Privateigentümer kann gemeinnützig, der Teilhaber an Gemeineigentum aber eigennützig denken und handeln. Die Erfahrung zeigt, daß auch auf der

Grundlage des Gemeineigentums Habsucht und Herrschsucht gedeihen können, und daß der Mensch hier erst recht zum Funktionär anonymer Mächte werden kann. Wie der Mensch sich verhält, hängt also keineswegs allein von den äußeren Verhältnissen ab, sondern grundsätzlich von seiner Gesinnung. Die Gesinnung aber ist nicht nur durch die Interessen gekennzeichnet, die der Mensch an den Dingen und an sich selbst nimmt, sondern auch durch die Art, wie er sich, unabhängig von den situationsbedingten Interessen, in gutem oder bösem, gerechtem oder ungerechtem Sinne entscheidet. Von dieser „persönlichen" Entscheidungsfreiheit ist bei Marx und den Marxisten keine Rede. Marx kennt nur die natürliche und die rationale Lebensordnung. Nachdem der Mensch die Geschichte der rationalen Lebensordnung in zunehmender Selbstentfremdung durchlaufen hat, kehre er auf einer höheren Stufe zu sich selbst und dem Einklang mit der Natur zurück. So ist der „totale Mensch" der kommunistischen Gesellschaftsordnung der sich allseitig natürlich entwickelnde und fortbildende Mensch. Dieser Mensch ist sich Selbstzweck.

Dieses Menschenbild ist allzu einfach. Der Mensch lebt nicht nur in „einer" Lebensordnung, sondern in mehreren, einander sich überschneidenden und durchkreuzenden Ordnungen. Marx hatte als Wissenschaftler keinen Begriff von der personalen Lebensordnung und noch weniger von der Gewissensordnung mit ihren normativen Verpflichtungen[57]. Weil ihm diese Ordnungen fremd waren, war ihm auch der Begriff der eigentlichen, persönlichen Freiheit fremd. Freiheit ist im marxistischen Sinne immer nur Bewußtsein des Notwendigen und Dienst am Notwendigen, niemals aber die Möglichkeit selbstverantwortlicher Wahl und Entscheidung. Im Dienst am Notwendigen und für das Notwendige aber gibt sich der Mensch schließlich selbst hin und wird zum Funktionär „heiligen Müssens". Sollte sich aber nicht doch über dem „Reich der Notwendigkeit" das „wahre Reich der Freiheit" wölben? Das ist leider eine durch nichts gerechtfertigte Utopie, wenn sich der Mensch der Zukunft nur im Einklang mit seiner Natur wiederfindet. Denn in dieser natürlichen Ordnung

[57] Vgl. hierzu meinen Aufsatz „Wirtschaftsfreiheit in den Grundformen menschlicher Selbstbehauptung". In dieser Sammlung S. 119 f.

bleibt ihm keine Wahl, als sein Leben nach den natürlichen Notwendigkeiten auszurichten. „Freiheit besteht nur, wo zwei Reiche aufeinanderstoßen, wo zwei Arten der Bestimmung miteinander ringen“ (Nicolai Hartmann). Kennen die Marxisten nur das Reich der realen Interessen und der äußeren Verpflichtungen? Gewiß geht es ihnen um den Menschen. Allein es ist nicht der „ganze“ Mensch mit seiner Verpflichtung zu idealer Menschlichkeit.

DIE PROBLEMATIK DES MARXISMUS-LENINISMUS

Eine sachliche Diskussion?

Ist eine sachliche Diskussion über den Marxismus-Leninismus möglich? Das Verhalten seiner Vertreter scheint sie unmöglich zu machen. Die Geschichte des Marxismus ist seit jeher mit demagogischen Ausfällen gegen alle Kritiker belastet. Wo und wann immer sich Gegner gezeigt haben, sind sie mindestens als dumm und unwissend, wenn nicht als Söldlinge eines faulen und parasitären Kapitalismus angeprangert worden. Die Professoren gewisser Fakultäten außerhalb der marxistisch-leninistischen Geistes- und Machtsphäre werden als Scharlatane und Reaktionäre verschrien, sofern sie sich nicht mit einem speziellen Sachgebiet beschäftigen. Keinem Professor der Philosophie, erklärte Lenin, darf man auch nur ein einziges Wort glauben. „Warum? Aus dem nämlichen Grunde, aus welchem man keinem einzigen Professor der politischen Ökonomie, der imstande ist, auf dem Gebiet spezieller Tatsachenforschung die wertvollsten Arbeiten zu liefern, auch nur ein Wort glauben darf, sobald er auf die allgemeine Theorie der politischen Ökonomie zu sprechen kommt ... Im großen und ganzen sind die Professoren der politischen Ökonomie nichts anderes als die gelehrten Kommis der Kapitalistenklasse und die Professoren der Philosophie die gelehrten Kommis der Theologen[1].“ Der Marxismus sei eben einzigartig, unvergleichlich und im ganzen und wesentlichen unwiderlegbar. „Die Lehre von Marx ist allmächtig, weil sie wahr ist. Sie ist in sich abgeschlossen und harmonisch, sie gibt den

---

[1] *W. I. Lenin,* Materialismus und Empiriokritizismus (1909). Berlin-Ost 1952, 333 - 334. Ähnlich *R. Agricola,* Der gegenwärtige Stand der ökonomischen Wissenschaft in Westdeutschland. Deutsche Akademie der Wissenschaften, Heft 59. Berlin-Ost 1956. — *Fred Oelßner,* Der Marxismus der Gegenwart und seine Kritiker, 3. Aufl. Berlin-Ost 1952, S. 286 ff. — *A. M. Alexejew,* Die Hauptrichtungen der modernen bürgerlichen politischen Ökonomie. Deutsch: Berlin-Ost 1956.

Menschen eine einheitliche Weltanschauung, die sich mit keinerlei Aberglauben, keinerlei Reaktion, keinerlei Verteidigung bürgerlicher Knechtung vereinbaren läßt[2]." Verhält es sich wirklich so, dann ist jegliche Kritik, komme sie von außen oder aus dem eigenen Lager, von vornherein abzuweisen. Was außerhalb des „wissenschaftlichen Sozialismus" als Philosophie oder Wissenschaft auftritt, verdiene weniger Beachtung als Verachtung.

Unvoreingenommen betrachtet, ist eine sachliche Diskussion zwischen Marxisten und Nichtmarxisten sehr wohl möglich. Es ist nur erforderlich, daß sich jeder Gesprächspartner bemüht, sich auf die geistige Plattform des anderen zu begeben und dessen Gedankengang zu folgen. Dies erscheint im Hinblick auf den Marxismus-Leninismus gar nicht so schwer, weil die Ausgangsposition nicht in spekulativen Ideen oder in irgendwelchen Utopien, sondern schlicht und einfach in der Wirklichkeit, insbesondere in der gesellschaftlichen Lebenswirklichkeit liegt. Kaum betreten wir aber diese Plattform, so ist des Fragens und Zweifelns kein Ende. Die Mühe um ein Verständnis und eine sorgfältige Untersuchung der Lehre eines der größten Denker des 19. Jahrhunderts lohnt sich jedoch in vielfacher Hinsicht. Lenin hat den Marxismus in einer Weise weiter entwickelt, daß die wesentlichen Züge kraß in Erscheinung treten, zumal in ihrer praktisch-politischen Bedeutung. Eine wissenschaftliche Erörterung der Grundlagen des Marxismus-Leninismus dürfte daher nicht nur Philosophen, Soziologen und Nationalökonomen interessieren, sondern für alle wichtig sein, die sich mit dem Weltproblem unserer Zeit beschäftigen.

Die ideologischen Ausgangspunkte

Unter einer „Ideologie" verstehen wir eine mit bestimmten gesellschaftlichen Verhältnissen und Interessen verbundene Philosophie. So hatten sich z. B. im 18. Jahrhundert und im einzelnen schon vorher im Kreise des aufstrebenden Bürgertums — eng verwoben mit den Inter-

---

[2] *Lenin,* Drei Quellen und drei Bestandteile des Marxismus. Ausgewählte Werke in 2 Bänden, Bd. I, Berlin-Ost 1951, S. 63.

essen von Stand und Klasse — Grundanschauungen und Grundbegriffe vom Wesen der Gesellschaft, des Staates und der Wirtschaft gebildet. Infolge der gesellschaftlichen Fundierung können Ideologien einen Geltungsbereich gewinnen und zugleich eine machtpolitische Bedeutung, wie es philosophischen Ideen und Schulmeinungen niemals möglich ist. Philosophische Gedanken können die Welt bewegen; aber nur, wenn sie aus Studierstuben und Hörsälen heraustreten und von gesellschaftlichen Gruppen aufgegriffen werden, bzw. wenn sie „die Massen ergreifen“ (Marx). Philosophen mögen die Welt verschieden interpretieren, den Ideologen aber kommt es — um wiederum Marx zu zitieren — darauf an, sie zu verändern.

Der Marxismus-Leninismus ist solch eine auf Weltveränderung gerichtete Lehre. „Der Marxismus ist die Wissenschaft von den Entwicklungsgesetzen der Natur und der Gesellschaft, die Wissenschaft von der Revolution der Unterdrückten und ausgebeuteten Massen, die Wissenschaft vom Siege des Sozialismus ni allen Ländern, die Wissenschaft vom Aufbau der kommunistischen Gesellschaft[3].“ Der erste Schritt einer zur Praxis drängenden Wissenschaft ist die Orientierung über die Dinge und Verhältnisse, um die es geht. Vorweg aber die Frage: Wie orientiert sich der Mensch? Wie geht er an die Dinge heran?

Der Empirismus

Wir gewinnen die erste Orientierung bei der Begegnung mit unseresgleichen und mit den Dingen durch Empfindungen und Eindrücke. Dies ist „die emotionale Stufe der Erkenntnis“. Die Eindrücke vermitteln ein Bild von den einzelnen Seiten und äußeren Zusammenhängen der Gegenstände. Wiederholen sich Eindrücke und Bilder wieder und wieder, so vollzieht sich „ein Sprung im Erkenntnisprozeß“: der Begriff ist da! „Der Begriff spiegelt schon nicht mehr nur die Erscheinungsformen, einzelne Seiten und den äußeren Zusammenhang der Dinge wider, sondern er erfaßt ihr Wesen, ihre Ganzheit, ihren inne-

[3] *J. Stalin,* Der Marxismus und die Fragen der Sprachwissenschaft (1950). Berlin-Ost 1953, S. 66. Über das Ideologie-Problem vgl. *Hans-Joachim Lieber,* Wissen und Gesellschaft. Die Probleme der Wissenssoziologie. Tübingen 1952.

ren Zusammenhang[4]." Dies ist die „Stufe der rationalen Erkenntnis". Nach marxistisch-leninistischer Auffassung besteht auch diese Erkenntnis, die das Allgemeine, das Wesen und den Zusammenhang der Gegenstände erfaßt, in einer Spiegelung, Widerspiegelung der Wirklichkeit. Das aus der Sinneswahrnehmung geschöpfte Material wird auf der emotionalen Stufe der Erkenntnis nur unvollständig aufgenommen. „Zur vollständigen Widerspiegelung des Dinges in seiner Gesamtheit, seinem Wesen und seinen inneren Gesetzmäßigkeiten ist die Funktion des Denkens, die Verarbeitung des reichen Materials der Sinneswahrnehmungen notwendig, wobei die Spreu vom Weizen gesondert, das Falsche ausgemerzt, das Tatsächliche erhalten und vom einem zum anderen, vom Äußeren zum Inneren vorgeschritten wird[5]." „Nur was so im Denken verarbeitet wird, spiegelt das objektiv existierende Ding richtig und vollständig wider[6]."

Die rationale Erkenntnis hängt von der Sinneswahrnehmung ab. Diese Auffassung wird als materialistische Erkenntnistheorie bezeichnet. Richtiger wäre es, sie „Empirismus" zu nennen. „Wer glaubt, die rationale Erkenntnis entspringe nicht der Sinneswahrnehmung, ist ein Idealist[7]." Indessen: was heißt „entspringen"? Was heißt „abhängig" von der Sinneswahrnehmung? Entspringen Bild und Begriff der geometrischen Figuren der äußeren Anschauung? Neben der äußeren Anschauung und Erfahrung gibt es auch innere Anschauungen und Erfahrungen. Sollte es also nicht noch weitere Möglichkeiten, weitere Stufen der Erkenntnis geben? Auch in der „inneren Welt" gibt es wesentliche Zusammenhänge und ordnungstiftende Prinzipien.

Die Abbildtheorie Lenins wird aber selbst dem rationalen Denken nicht gerecht. Wie schon das Bild, das wir uns von einem Gegenstand machen, keine Kopie desselben ist, so ist noch viel weniger der Begriff von einem Gegenstand dessen „getreue Widerspiegelung". Bereits aus

---

[4] *Mao Tse Tung*, Über die Praxis (1937). Deutsch: Berlin-Ost 1952, S. 9.

[5] *Mao Tse Tung*, a.a.O., S. 18. Vgl. *M. Rosental*, Was ist marxistische Erkenntnistheorie? Deutsch: Berlin-Ost 1956, S. 20 ff.

[6] *Lenin*, Aus dem philosophischen Nachlaß. Exzerpte und Randglossen. Berlin-Ost 1949, S. 133 ff. Zur „Abbildtheorie" vgl. *Lenin*, Materialismus und Empiriokritizismus, S. 145 ff.

[7] *Mao Tse Tung*, a.a.O., S. 16.

den physiologischen Untersuchungen des sowjetischen Akademiemitglieds Iwan Petrowitsch Pawlow (1849 - 1936) ist ersichtlich, in welchem Maße und Grade der Mensch nicht nur auf unmittelbare Sinnesreize reagiert, sondern auch „Signale“ anderer Art (Einwirkung von Wortreizen) aufnimmt und spontan beantwortet. „Das zweite Signalsystem ist die physiologische Grundlage der Sprache, die ihrerseits zu einer der Kräfte wurde, die die Herauslösung des Menschen aus der Tierwelt begünstigten[8].“ Auch Lenin hat (im „Philosophischen Nachlaß“) auf die Gestaltungsmacht des erkennenden Subjekts hingewiesen. Jeder Begriff beruhe auf einer konstruktiven Verallgemeinerung. „Alles Allgemeine umfaßt alle einzelnen Dinge lediglich annähernd. Alles Einzelne geht in das Allgemeine nur unvollständig ein[9].“ Wie darf dann aber der Begriff als ein „Abbild“ der Wirklichkeit bezeichnet werden?

Der naturwissenschaftliche Materialismus

Warum wird an der Abbildtheorie festgehalten? Warum scheut man sich nicht, Gedanken zu wiederholen, die aus der Erkenntnistheorie „vor“ Kant stammen? Weil das Bewußtsein für sekundär, das Sein aber für primär angesehen wird: Bewußtsein und Denken haben nur die sekundäre Funktion der „Widerspiegelung“ der Wirklichkeit. Diese geht allem Denken und Wissen voraus. Natur und Gesellschaft existieren unabhängig von dem Bewußtsein. Sekundär sei das Bewußtsein auch deswegen, weil es gänzlich abhängig vom Gehirn, vom Organismus, also von der Natur ist. Das Wesen der Natur sei Materie. So sei das Bewußtsein ein Produkt der Materie.

Was ist die Materie? Was wir am erkennenden Menschen vermißt haben, zeigt sich hier: „Die Materie ist das Subjekt aller Veränderungen.“ „Die Materie enthält selbst alles Notwendige, um sich aus einer Form in die andere zu entwickeln. Atome, Elektronen, Moleküle, alle Körper und Erscheinungen der anorganischen Natur, die organische, die lebende Natur — die lebende Materie: die Zelle, die Pflanze, das

[8] *J. W. Schorochowa,* Die Bedeutung der Lehre Pawlows für die atheistische Weltanschauung. Deutsch: Berlin-Ost 1956, S. 17.

[9] *Lenin,* Aus dem philosophischen Nachlaß, S. 287.

Tier und schließlich der Mensch, das höchste Glied in der Entwicklung der Natur — alles das stellt verschiedene Äußerungen der sich bewegenden Materie auf den verschiedenen Stufen ihrer Entwicklung dar[10]." So ist die Materie, dieser Proteus der Natur, gleichbedeutend mit der objektiven Wirklichkeit. Was wirklich ist, existiert außerhalb des Bewußtseins, ist unabhängig vom Bewußtsein da. Materialismus ist daher die Lehre von der objektiv existierenden Wirklichkeit, ihrer Zusammenhänge, ihrer Struktur- und Entwicklungsbedingungen. „Die Anerkennung der objektiven Gesetzmäßigkeit der Natur und der annähernd richtigen Widerspiegelung dieser Gesetzmäßigkeit im Kopf des Menschen ist Materialismus[11]." Richtiger wäre es, von „Realismus" zu sprechen.

Die Vertreter des Marxismus-Leninismus distanzieren sich von dem sogenannten vulgären Materialismus, dessen ganze „Wissenschaft" darin bestehe, Welt und Leben auf „Kraft" und „Stoff" zu reduzieren. Es ist bedauerlich, daß Engels, beeinflußt von seiner Zeit, den Marxismus als Materialismus bezeichnet hat. Nun sehen sich die sowjetischen Philosophen genötigt, alle Natur- und Lebenserscheinungen, ja darüber hinaus auch die mannigfachen Manifestationen des Geisteslebens als „vielfältige Formen der Materie" darzustellen. Unserem Vorstellungs- und Begriffsvermögen wird durch diesen Monismus geradezu Gewalt angetan.

Warum aber wieder dies intransigente Festhalten an einem Begriff, der objektiv Unvereinbares und Unvergleichbares zusammenschließt? Weil man unter allen Umständen die Anerkennung gewisser idealistischer Grundsätze ausschließen will. Wird dem menschlichen Geist mehr Macht eingeräumt, als zu einer „Widerspiegelung" erforderlich ist, könnte er von sich aus frei nach eigenen Ideen, nach Ermessen, kritischer sachlicher Verantwortung die Umwelt zu gestalten versuchen. Solche aktivistische Auffassung aber widerspricht der Gesetzesgläubigkeit des Marxismus bzw. dem noch zu erörternden historischen und ökonomischen Determinismus.

---

[10] *M. M. Rosental,* Der dialektische Materialismus (Große Sowjet-Enzyklopädie). Deutsch: Berlin-Ost 1953, S. 62 - 63.

[11] *Lenin,* Materialismus und Empiriokritizismus (1909). Berlin-Ost 1952, S. 144.

Weil der Idealismus, so oder so verstanden, in der Regel mißverstanden, als eine gefährliche Philosophie gilt, gesteht ihm kein Vertreter des Leninismus auch nur ein Körnchen Wahrheit zu. Was solle man auch von einer Philosophie sagen, nach der die Welt vom Bewußtsein erzeugt werde bzw. nur als Vorstellung da sei? „Im Gegensatz zum Idealismus, der die Möglichkeit der Erkenntnis der Welt und ihrer Gesetzmäßigkeiten bestreitet, der nicht an die Zuverlässigkeit unseres Wissens glaubt, der die objektive Wahrheit nicht anerkennt und der Ansicht ist, daß die Welt voll sei von ‚Dingen an sich', die niemals von der Wissenschaft anerkannt werden können, geht der marxistische philosophische Materialismus davon aus, daß die Welt und ihre Gesetzmäßigkeiten durchaus erkennbar sind, daß unser Wissen von den Naturgesetzen, durch die Erfahrung, durch die Praxis geprüft, zuverlässiges Wissen ist, das die Bedeutung objektiver Wahrheit hat, daß es in der Welt keine unerkennbaren Dinge gibt, wohl aber Dinge, die noch nicht anerkannt sind, und diese werden durch die Kräfte der Wissenschaft und der Praxis aufgedeckt und erkannt werden[12]."

Die Existenz einer objektiven Wirklichkeit, also eines vom Bewußtsein unabhängigen Daseins, kann jedoch nur von Toren oder Träumern geleugnet werden. Natur und Leben sind vor dem Menschen da gewesen und werden wohl auch nach ihm da sein. Der Mensch kommt aus der Natur und sinkt in die Natur zurück. Allein er — nur er unter allen Naturwesen — kann sich ein Bild von der Natur, einen Begriff von der Natur machen. Alle organische und physiologische Abhängigkeit von der Natur hat diese Entwicklung des Geistes nicht aufhalten können. Das „Wissen um die Natur" ist wesensverschieden von dem „Dasein in der Natur". Ein Produkt der Materie ist nicht fähig, die Materie zu begreifen. So ist die Natur zwar das Primäre im Hinblick auf das Dasein der Erde, der Pflanzen-, Tier- und Menschenwelt. Deswegen aber ist das Wissen um die Natur nicht sekundär! Auch dieses Wissen ist primär, ursprünglich, noch nicht dagewesen.

---

[12] *Stalin,* Über dialektischen und historischen Materialismus (1936). Deutsch: Berlin-Ost 1955, S. 14 - 15

Die materialistische (richtiger realistische) Lehre von dem primären Rang der Natur und dem sekundären Rang des Bewußtseins ist von Marx und Engels auf das Gesellschaftsleben übertragen und dadurch zu einem „historischen" Materialismus entwickelt worden.

Der historische Materialismus

Wenn die objektive Wirklichkeit einen gesetzmäßigen Zusammenhang von Dingen und Verhältnissen darstellt, so folgt daraus, daß auch das gesellschaftliche Leben gesetzmäßig verläuft. Denn die Welt ist eins! Allerdings sei die gesellschaftliche Lebenswirklichkeit eine besondere Form der sich so vielfältig entwickelnden Materie. Während in der Natur „blinde Agenzien", wenn auch in der Tierwelt schließlich in der Form von Trieb und Instinkt, wirken, erhebt sich die gesellschaftliche Lebenswirklichkeit zu „geschichtlichem" Dasein. „Die Menschen machen ihre Geschichte, wie diese auch immer ausfalle, indem jeder seine eigenen, bewußt gewollten Zwecke verfolgt, und die Resultante dieser vielen in verschiedenen Richtungen agierenden Willen und ihrer mannigfachen Einwirkungen auf die Außenwelt ist eben die Geschichte[13]." Immerhin hat auch die Geschichte insofern Ähnlichkeit mit der Natur, als ihr Verlauf ebenfalls objektiv-gesetzmäßig bestimmt ist. Man darf sich von dem oberflächlichen Zusammenspiel geschichtlicher Kräfte nicht täuschen lassen. Man muß hinter die Beweggründe menschlicher Tätigkeit schauen. „Welche geschichtlichen Ursachen sind es, die sich in den Köpfen der Handelnden zu solchen Beweggründen umformen[14]?" Da wird man finden, daß es sich weniger um Beweggründe einzelner, auch noch so hervorragender Menschen handelt, als um Beweggründe, „welche große Massen, ganze Völker und in jedem Volk wieder ganze Volksklassen in Bewegung setzen"[15]. „Die treibenden Ursachen zu ergründen, die sich hier in den Köpfen der handelnden Massen und ihrer Führer ... als bewußte Beweggründe ... widerspiegeln — das ist der einzige Weg, der uns

---

[13] *Friedrich Engels*, Ludwig Feuerbach und der Ausgang der klassischen deutschen Philosophie (1888). Berlin-Ost 1952, S. 47.

[14] *F. Engels*, a.a.O., S. 47.

[15] *F. Engels*, a.a.O., S. 48.

auf die Spur der die Geschichte im ganzen und großen wie in den einzelnen Perioden und Ländern beherrschenden Gesetze führen kann[16]."

Die Frage der Gesetzmäßigkeit der Geschichte wird noch von mancherlei Gesichtspunkten aus zu erörtern sein. Hier interessiert vorerst die Tatsache der „objektiven" Realität der gesellschaftlichen Lebenswirklichkeit. Das geistige Leben der Gesellschaft ist eine „Widerspiegelung dieser objektiven Realität, eine Widerspiegelung des Seins" (Stalin). Sehr bestimmt erklärt Marx in seinem Vorwort „Zur Kritik der politischen Ökonomie": „Es ist nicht das Bewußtsein der Menschen, das ihr Sein, sondern umgekehrt ihr gesellschaftliches Sein, das ihr Bewußtsein bestimmt." Die entscheidende Kraft der gesellschaftlichen Entwicklung geht danach nicht von irgendwelchen Ideen, Theorien oder frommen Wünschen großer Männer aus, sondern von objektiven, konkreten Bedingungen des Gesellschaftslebens.

Die Geschichte bietet das Bild fortgesetzter Veränderung. Sie gleicht einem dahinfließenden, über mannigfache Gefälle stürzenden Strom. Was auch immer der Mensch hervorbringe, unterliege dem Gesetz der Geschichtlichkeit. Marxisten und Leninisten ziehen daraus den Schluß, daß es überhaupt nichts Bleibendes, nichts identisch Gültiges gibt. „Es ist klar, daß es keine ‚unerschütterlichen' gesellschaftlichen Zustände, keine ‚ewigen Prinzipien' ..., keine ‚ewigen Ideen' ... gibt[17]."

Die historische Denkweise steigert sich zu einem Historismus und führt folgerecht zu einer alles relativierenden Auffassung. Woran soll sich der Mensch halten, wenn morgen Unrecht ist, was heute als Recht und Gerechtigkeit gilt? Woran soll er sich halten, wenn morgen als böse, niedrig und gemein verschrien wird, was heute als gut und edel gepriesen wird?

Das gesellschaftliche Leben verändert sich nicht nur, es entwickelt, entfaltet sich und schreitet fort. Hegel glaubte an den Sieg der Vernunft in der Geschichte. Marxisten und Leninisten glauben an den

[16] *F. Engels*, a.a.O., S. 49.

[17] *Stalin*, a.a.O., S. 10.

Sieg der Ratio, an die sich im Wandel der Verhältnisse durchsetzende objektive Zweckmäßigkeit. So ist der Marxismus-Leninismus ein später Vertreter der Fortschrittsgläubigkeit des 18. Jahrhunderts.

Das „historische Herangehen an die gesellschaftlichen Erscheinungen", also die historische Betrachtungsweise, ist zwar ein Merkmal marxistischer Denkart, jedoch nicht etwas, was ihn z. B. von der sogenannten bürgerlichen Denkweise unterscheidet. Die Geschichtlichkeit wird von Marxisten und Nichtmarxisten gleicherweise anerkannt. Die „Geschichtlichkeit aller menschlichen Hervorbringungen" ist „ein Gesetz unseres Daseins, gegen das sich aufzulehnen ebenso sinnlos wäre wie die Auflehnung gegen ein Naturgesetz, ein Gesetz, dessen rückhaltlose Anerkennung aber ebenso sinnvolle Möglichkeiten schafft wie die Ausnutzung eines Naturgesetzes"[18]. Nebenbei bemerkt, dürfte man von einer „rückhaltlosen Anerkennung" jedoch nur sprechen, wenn es keine zeitlos gültigen Normen geben würde.

Eine Besonderheit der marxistischen Geschichtsbetrachtung ist die historische Sicht aus der gesellschaftlichen, politischen und ökonomischen Situation der Zeit. Durch das Studium der Gegenwart gelangte Marx zu einem vertieften Verständnis der Vergangenheit. Im Sinne von Walther Hofer darf man also wohl von einer „lebensnahen Geschichtsbetrachtung" sprechen. „Lebensnahe Geschichtsbetrachtung allein hat ein klares Erkenntnisziel, weil sie aus der geistigen und politischen Situation der Zeit an die Geschichte herantritt, um mehr über Wesen und Schicksal der Gegenwart zu erfahren[19]."

Zu Lebzeiten von Marx zeigte die gesellschaftliche Lebenswirklichkeit die schroffen Gegensätze der mit der industriellen Entwicklung entstandenen Klassen. Es nimmt nicht Wunder, daß Marx aus dieser Perspektive den ganzen Geschichtsverlauf zu verstehen sucht. So kommt er zu der schon im „Manifest der Kommunistischen Partei" (1848) formulierten These: „Die Geschichte aller bisherigen Gesellschaft ist die Geschichte von Klassenkämpfen. Freier und

---

[18] *Walther Hofer*, Geschichte zwischen Philosophie und Politik. Studien zur Problematik des modernen Geschichtsdenkens, Basel 1956, S. 129.

[19] *W. Hofer*, a.a.O., S. 132.

Sklave, Patrizier und Plebejer, Baron und Leibeigener, Zunftbürger und Gesell, kurz, Unterdrücker und Unterdrückte standen im steten Gegensatz zueinander, führten einen ununterbrochenen, bald versteckten, bald offenen Kampf, der jedesmal mit einer revolutionären Umgestaltung der ganzen Gesellschaft endete oder mit dem gemeinsamen Untergang der kämpfenden Klassen." Wer die Geschichte unvoreingenommen betrachtet, erkennt sofort, daß hier ein Teilaspekt verabsolutiert worden ist. Der Strukturbegriff einer zerspaltenen Gesellschaft (in Gegenwart und Vergangenheit) wird für Marx der Ausgangspunkt für die Heranziehung, Verwendung und Anwendung der Dialektik.

Die dialektische Geschichtsauffassung

„In der Hegelschen Dialektik als der umfassendsten, inhaltsreichsten und tiefsten Entwicklungslehre sahen Marx und Engels die größte Errungenschaft der klassischen deutschen Philosophie. Jede andere Formulierung des Prinzips der Entwicklung, der Evolution hielten sie für einseitig, inhaltsarm, für eine Entstellung und Verzerrung des wirklichen Verlaufs der (nicht selten in Sprüngen, Katastrophen, Revolutionen sich vollziehenden) Entwicklung in Natur und Gesellschaft[20]." Hegel, der Philosoph der dynamischen Bewegung und Entwicklung, hatte — zurückgreifend auf Kant, Giordano Bruno, Nicolaus Cusanus, Platon und schließlich Heraklit — die Dialektik zu der wissenschaftlichen und philosophischen Methode schlechthin erhoben. Alles Gedankliche und Wirkliche müsse aus dem ihm innewohnenden Widerspruch zu verstehen sein. Das Wesen aller Dinge, „aller Gegenstände, aller Gattungen, aller Vorstellungen, Begriffe und Ideen" sei antinomisch zu begreifen. Alles Seiende ist in Bewegung. Bewegung aber ist Widerspruch, vereinigt jedoch in sich entgegengesetzte Prädikate. „Nur insofern etwas in sich selbst seinen Widerspruch hat, bewegt es sich, hat Trieb und Tätigkeit[21]." „In ihrer eigentümlichen

[20] *Lenin*, Karl Marx. Eine Einführung in den Marxismus (1920). Deutsch: Berlin-Ost 1945, S. 10.

[21] *Hegel*, Wissenschaft der Logik. Sämtl. Werke, herausgegeben von Georg Lasson. Leipzig, Bd. II, S. 58.

Bestimmtheit ist die Dialektik ... die eigene, wahrhafte Natur der Verstandesbestimmungen, der Dinge und des Endlichen überhaupt[22]."

Marx irrte, wenn er meinte, er habe die Hegelsche Dialektik vom Kopf auf die Füße stellen müssen. Die Hegelsche Dialektik ist keineswegs nur „Begriffsmythologie". Ist dieser Satz panlogistisch: „Alles Endliche ist dies, sich selbst aufzuheben[23]?" Immerhin haben Marx und Engels die Dialektik grundsätzlich in den Dienst der historisch-soziologisch-ökonomischen Denkweise gestellt. Die gesellschaftliche, politische, ökonomische Entwicklung ist „Kampf der Gegensätze". Nur solche Auffassung „liefert den Schlüssel zum Verständnis der ‚Selbstbewegung' alles Seienden; nur sie lieferf den Schlüssel zum Verständnis der ‚Sprünge', der ‚Unterbrechung der Kontinuität', der ‚Verwandlung in das Gegenteil', der Vernichtung des Alten und der Entstehung des Neuen"[24].

Die dialektische Methode ist ein Verfahren, antagonistischen bzw. polaren Gegensätzen in dem Ganzen der Dinge und Verhältnisse, also den „gegensätzlichen Tendenzen in allen Erscheinungen und Vorgängen der Natur (Geist und Gesellschaft inbegriffen)" (Lenin) nachzugehen, die grundlegenden quantitativen bzw. qualitativen Veränderungen aufzuspüren und bei der Aufdeckung der inneren Widersprüche Negatives und Positives, Altes und Neues, Absterbendes und sich Entwickelndes zu unterscheiden und diese Prozesse und Triebkräfte in ihrer Bedeutung für die künftige Entwicklung zu erfassen. „Es ist nicht schwer zu begreifen, welche gewaltige Bedeutung die Ausdehnung der Leitsätze der dialektischen Methode auf die Erforschung des gesellschaftlichen Lebens, auf die Erforschung der Geschichte der Gesellschaft hat, welche gewaltige Bedeutung der Anwendung dieser Leitsätze ... zukommt[25]." Die Geschichte erscheint dem Dialektiker nicht in dem einförmigen Bilde linearer Entwicklung, sondern in ihren inneren Widersprüchen, hier einer zu allmählichem

---

[22] *Hegel,* Enzyklopädie der philosophischen Wissenschaften. Ausgabe Lasson, Bd. V, S. 81.

[23] *Hegel,* a.a.O. Vgl. hierzu *Ernst Bloch,* Subjekt—Objekt. Erläuterungen zu Hegel. Berlin-Ost 1951, S. 112 ff.

[24] *Lenin,* Aus dem philosophischen Nachlaß, S. 286.

[25] *Stalin,* Über dialektischen und historischen Materialismus, S. 9.

Übergang, dort zu einer Explosion treibenden Entwicklung, dabei aber immer fortschreitend vom Unangemessenen zum Angemessenen, vom Stückwerk zum ganzheitlich Vollendeten. „Die bewußte Beherrschung der marxistischen Dialektik hilft uns, in jeder Frage, die uns die Praxis, das Leben stellt, die richtige Orientierung zu finden, hilft uns, das Wichtigste, Wesentlichste in jeder Erscheinung und in jeder Summe von Erscheinungen zu erkennen, ermöglicht uns, das Neue, Wachsende, Unüberwindliche erkennen zu lernen und sich bewußt auf seine Seite im Kampfe gegen das Absterbende, Alte, Reaktionäre zu stellen. Die marxistische Dialektik lehrt, vorwärts zu blicken und nicht zurück, revolutionär zu sein und nicht Reformist, und den Klassenkampf bis zu Ende zu führen[26]."

So gesehen, ist die dialektische Methode jedoch weit überfordert. Aus bloßem Widerspruch und Gegensatz ist an sich eine fortschrittliche Entwicklung nicht zu ersehen. Wenn die dialektische Bewegung Sinn und Zweck haben soll und auch faktisch zu einem Höheren, Besseren, Vollendeten strebt, muß diese sinn- und zweckvolle Entwicklung — ungeachtet aller Widersprüche und Gegensätze — von vornherein in der Bewegung angelegt sein. Tatsächlich hat Hegel der Dialektik ja auch noch einen Faktor, nämlich den der sinngebenden Totalität, hinzugefügt. „Diese Art Totalität: die des unvorhandenen Alles, nicht des vorhandenen Ganzen, ist das zusammenhaltende Ziel der dialektischen Bewegung[27]." Infolge dieses teleologischen Grundzuges der dialektischen Bewegung ist die Negation — das treibende Moment der Bewegung — nur dann Bedingung fortschrittlicher Entwicklung, wenn sie dem Ganzen bzw. der Vollendung der Entwicklung dient. „Das nur Negative ist überhaupt in sich matt und platt und läßt uns deshalb entweder leer oder stößt uns zurück" ... „Das Böse als solches, Neid, Feigheit und Niederträchtigkeit sind nur widrig[28]." Daher die für eine totalitäre Politik wichtige Konsequenz: „Es gibt keine

---

[26] Große Sowjet-Enzyklopädie, 2. Aufl., Moskau 1952, Band 14. Deutsch: „Die Dialektik", Berlin-Ost 1953, S. 27.

[27] *Ernst Bloch*, a.a.O., S. 134. Vgl. über Hegel: *Friedrich Bülow*, G. W. Fr. Hegel, Recht—Staat—Geschichte. Eine Auswahl aus seinen Werken. 1955, S. 55 ff.

[28] *Hegel*, Sämtliche Werke, Bd. X, S. 284.

Trennung zwischen Weg und Endziel; dessen Totum befindet sich vielmehr in jedem Moment des Weges, sofern es überhaupt einer ist und nicht bloß eine Sackgasse[29]."

Woher aber das Wissen um die ganzheitliche, der Vollendung zustrebende geschichtliche Entwicklung? Aus der Erfahrung kommt es nicht. Wohl können wir aus Geschichte und Gegenwart die Kenntnis bestimmter Entwicklungstendenzen schöpfen. Wohl können wir erkennen, wohin die Entwicklung geht, wenn wir die Dinge treiben lassen. Nie aber ist uns ein Blick in die Zukunft gegeben, der uns das Ganze der geschichtlichen Erscheinungen offenbart. Der Marxismus-Leninismus steigert sich zu einer totalitären Ideologie, die — als geistige Grundlage von Politik, Wirtschaftspolitik und politischer Pädagogik — dem Menschen keinerlei Freiheit verantwortlicher Selbstbestimmung läßt. Marx glaubte, daß der Mensch in mannigfache Widersprüche verstrickt und im Laufe der bisherigen Geschichte sich mehr und mehr selbst verlierend, am Ende zu sich selbst kommen und wahrhaft Mensch werden wird. Aber in einer totalitären Geschichtsauffassung ist der Mensch Element, Objekt der Geschichte. Gewiß muß die Geschichte universell betrachtet werden, d. h. aus der Sicht der Mannigfaltigkeit der Lebensbedingungen und Lebensverhältnisse. Das ist realistisch gesehen. Irrealistisch aber ist die Perspektive aus einem ganzheitlichen, totalitären geschichtlichen Zusammenhang. Eine totalitäre Ideologie muß in ihrer praktisch-politischen Konsequenz zu Mittel und Maßnahmen führen, durch die der Mensch sich seiner selbst entfremdet und durch die ihm der Sinn für persönliche, selbstverantwortliche Lebensgestaltung genommen wird.

Die gesellschaftliche Lebenswirklichkeit

Marx meinte (im Gegensatz zu Hegel) bei der Analyse der gesellschaftlichen Lebenswirklichkeit von dem „wirklich tätigen Menschen" ausgehen zu müssen. Hätte er dieses Vorhaben faktisch durchgeführt und in seinen philosophischen, soziologischen und ökonomischen For-

[29] *Ernst Bloch*, a.a.O., S. 135.

schungen wirklich den ganzen Menschen in all seinen Verhaltungsweisen und Betätigungsformen gesehen, wäre seine wissenschaftliche Denkweise lebensnäher und in allem realistischer gewesen. Der Leitbegriff des tätigen Menschen verengt sich zu dem Begriff der „gesellschaftlichen Lebenspraxis“ und dieser noch mehr zu dem schließlich ideologisch maßgeblichen Begriff der „gesellschaftlichen Produktionsweise“.

Die gesellschaftliche Produktionsweise ist nach marxistisch-leninistischer Auffassung ein dialektisches, durch Spannungen und Gegensätze gekennzeichnetes Geschehen. Das gesellschaftliche Zusammenwirken dient der fortschreitend zweckmäßigeren, reicheren und reichhaltigeren Befriedigung des Lebensbedarfs. Wie immer die Menschen aber ihre Kräfte einsetzen, um der Natur ihre Gaben abzuringen, so tun sie dies unter bestimmten gesellschaftlichen Beziehungen und Verhältnissen. In der Art und Weise, wie sich diese Verhältnisse, genauer gesellschaftlichen Produktionsverhältnisse, entwickeln, erlangen die Menschen ein Wissen um ihre gesellschaftliche Situation und so schließlich ein entsprechendes praktisch-politisches Bewußtsein.

Die gesellschaftlichen Produktivkräfte

Die Menschen müssen (nach einem Ausdruck von Marx) „ihr Leben produzieren“. Ihre physiologische Konstitution zwingt sie, für die notwendigen Mittel der Bedarfsbefriedigung zu sorgen. Die hierbei entwickelten Produktivkräfte erscheinen gleichsam als eine „Naturmacht“ gegenüber dem „Naturstoff“. Menschen und Natur sind durch einen „Stoffwechsel“ verbunden, den der Mensch freilich „durch seine eigene Tat vermittelt, regelt und kontrolliert“. Das Wesen dieser Tat besteht in einem planmäßigen Einsatz aller körperlichen, seelischen, geistigen Kräfte zur Herstellung der für die Deckung des Lebensbedarfs notwendigen Werkzeuge, Geräte und Anlagen. Genau genommen ist also die „Arbeit“ die den „Stoffwechsel zwischen Mensch und Natur“ vermittelnde Tätigkeit. Nützliche, gesellschaftlich notwendige Arbeit ist „eine von allen Gesellschaftsformen unabhängige Existenzbedingung des Menschen, ewige Naturnotwendigkeit“ ... „Die Arbeit ist der Vater und die Erde ist die Mutter allen stofflichen Reichtums“, sagte der englische Nationalökonom William Petty. So meinten es auch Adam Smith und David Ricardo. Allein, die Arbeit habe eine sehr viel größere Bedeutung. Schon in der „Deutschen Ideologie“ (1846) schrieben Marx und Engels: „Man kann die Menschen durch das Bewußtsein, durch die Religion, durch was man sonst will, von den Tieren unterscheiden. Sie selbst fangen an, sich von den Tieren zu unterscheiden, sobald sie anfangen, ihre Lebensmittel zu produzieren, ein Schritt, der durch ihre körperliche Organisation bedingt ist. Indem die Menschen ihre Lebensmittel produzieren, produzieren sie indirekt ihr materielles Leben selbst[30].“ Engels verfolgte diesen Gedanken weiter. In seiner Schrift „Anteil der Arbeit an der Menschwerdung des Affen“ (1876) weist er die Auffassung der englischen Klassiker zurück. Die Arbeit ist nicht nur die Quelle allen Reichtums. „Sie ist noch unendlich mehr als dies. Sie ist die erste Grundbedingung alles menschlichen Lebens, und zwar in einem solchen Grade, daß wir in gewissem Sinne sagen müssen: Sie hat den Menschen selbst geschaffen.“ Von keinem Tier darf man sagen, daß es arbeitet, selbst wenn es die kunstvollsten Bauten errichtet. „Was aber von vornherein den schlechtesten Baumeister vor der besten Biene auszeichnet, ist, daß er die Zelle in seinem Kopf gebaut hat, bevor er sie in Wachs baut. Am Ende des Arbeitsprozesses kommt ein Resultat heraus, das beim Beginn desselben schon in der Vorstellung des Arbeiters, also schon ideell vorhanden war[31].“ Arbeit sei Produktion. Produktion sei Betätigung der Arbeitskraft nach Maßgabe eines vorgefaßten Planes an einem Arbeitsgegenstand, der Natur, dem natürlichen Rohmaterial usw. Mit der fortschreitenden Umgestaltung und Nutzung der natürlichen Stoffe und Kräfte hat der Mensch sich selbst entwickelt, seine Sinnesorgane und Gliedmaßen vervollkommnet. Mit der Entwicklung der Arbeitswerkzeuge entstehe ein neuer, noch nicht dagewesener Bedarf, der Sachbedarf. Marx spricht in diesem Zusammenhang von der „beständigen Produktion von Bedürfnissen“.

Arbeit ist nicht bloß individuelle Tätigkeit. Sie sei gesellschaftlich notwendige Produktion: „Im Prozeß der Arbeit, in der materiellen

[30] *Marx / Engels*, Die deutsche Ideologie. Berlin-Ost 1953, S. 17.

[31] *Marx*, Das Kapital, Bd. I (1866). Berlin 1953, S. 186. Vgl. den ganzen Abschnitt über den Arbeitsprozeß, S. 185 ff.

Produktion haben sich das Denken, die Erkenntnis, die Sprache und die Schrift als die wichtigsten Mittel des menschlichen Verkehrs und zugleich als Mittel des kulturellen Wachstums der Menschen allmählich herausgebildet[32]." So seien auch die von der Arbeit bzw. Produktion geschaffenen Produkte gesellschaftlich bedingte Erzeugnisse. „Niemand vermag zu sagen, wer die Menschen den Gebrauch des Feuers ‚lehrte', wer als erster Bogen, Pfeil, Hammer, Axt, Säge und die anderen Werkzeuge anfertigte, denn dies alles resultiert aus der kollektiven Tätigkeit zahlreicher Geschlechter[33]." Arbeitsfähigkeiten und -fertigkeiten mit den damit verbundenen Kenntnissen und Erfahrungen und die durch beides erstellten Produktionsinstrumente werden unter dem Begriff der gesellschaftlichen Produktivkräfte zusammengefaßt. „Produktionsinstrumente, mit deren Hilfe materielle Güter produziert werden, Menschen, die diese Produktionsinstrumente in Bewegung setzen und die Produktion materieller Güter dank einer gewissen Produktionserfahrung und Arbeitsfertigkeit bewerkstelligen — alle diese Elemente zusammen bilden die Produktivkräfte der Gesellschaft[34]." —

Die Arbeit ist zweifellos eine Bedingung menschlichen Lebens. Allein „die" Existenzbedingung? Arbeit ist planmäßige Verrichtung. Der arbeitende Mensch sucht die seiner Zweckvorstellung entsprechenden Mittel, um sie zur Realisierung des Zweckes einzusetzen. Dabei verfährt er, wie Marx richtig sagt, planmäßig. Woher aber der Plan? Er muß doch irgendwie entworfen worden sein.

Der Mensch kann in jeweiliger Situation dies oder das tun. Wofür soll er sich entscheiden? Welchen der möglichen Zwecke soll er wählen? Welchen Plan soll er fassen? Diese aller Arbeit vorausgehende Entscheidung wird von Marx und den Marxisten übersehen. Der auf den Begriff der „Arbeit" eingeengte Begriff der gesellschaftlichen Produktivkräfte wird einer disponierenden, unternehmenden Tätigkeit nicht gerecht. Der Arbeit geht das Handeln, die Wahl zwischen möglichen Zwecken, die Entscheidung für einen Plan, voraus.

---

[32] *M. D. Kammari,* Über die Rolle der Volksmassen im Leben der Gesellschaft. Deutsch: Verlag Kultur und Fortschritt, Berlin-Ost 1956, S. 4.

[33] *Kammari,* a.a.O., S. 6.

[34] *Stalin,* Über dialektischen und historischen Materialismus, S. 25.

Arbeit ist Plandurchführung, Planausführung. Der arbeitende Mensch ist somit nach Maßgabe der Aufgaben, die er zu erfüllen hat, in eine Kette von Verrichtungen eingespannt und infolgedessen nur frei in der Wahl der „Mittel". Er ist technisch frei, jedoch nicht ökonomsich, geschweige denn politisch. Von Anfang bis zu Ende seiner Tätigkeit in eine Kette von Verrichtungen gespannt, kann er wohl alle Sorgfalt auf diese Verrichtungen wenden. So hat das Wort vom „Arbeitsethos" seine Berechtigung. Aber schöpferisch tätig ist der arbeitende Mensch nicht. In der Erfüllung der zwecknotwendigen, sachnotwendigen, betriebsnotwendigen Aufgaben gibt es keine Möglichkeit, etwas anderes zu tun, als es der Plan vorsieht. Wird das gesellschaftliche Leben vom Standpunkt des arbeitenden Menschen betrachtet, so erscheint es zwangsläufig determiniert. Der historische, ökonomische Determinismus, ein wesentliches Kennzeichen des Marxismus-Leninismus, ist in der Arbeitsauffassung, genauer in dem auf die „Arbeit" eingeengten Begriff der gesellschaftlichen Produktivkräfte begründet.

„Als Bildnerin von Gebrauchswerten, als nützliche Arbeit, ist die Arbeit ... eine von allen Gesellschaftsformen unabhängige Existenzbedingung des Menschen[35]" ... In einer Klassengesellschaft hätten Arbeit und Produktionsinstrumente keine unmittelbare Beziehung zur Klassenstruktur. „Die Produktionsinstrumente stehen ... den Klassen gewissermaßen gleichgültig gegenüber und können verschiedenen Klassen der Gesellschaft, sowohl den alten als auch den neuen, in gleicher Weise dienen[36]." Stalin hat sich einmal scharf gegen die „Genossen" gewandt, „die den Produktionsmitteln ‚Klassencharakter' zuschreiben". „Es gab bei uns einmal ‚Marxisten', die behaupteten, die in unserem Lande nach der Oktober-Umwälzung verbliebenen Eisenbahnen seien bürgerliche Eisenbahnen, es stehe uns Marxisten nicht an, sie zu benutzen, man müsse sie abtragen und neue, ‚proletarische' Bahnen bauen. Sie erhielten dafür den Spitznamen ‚Troglodyten'[37] ..."

---

[35] *Marx*, Das Kapital, Bd. I, S. 47.

[36] *Stalin*, Der Marxismus und die Fragen der Sprachwissenschaft (1950). Deutsch: Berlin-Ost 1953, S. 45.

[37] *Stalin*, a.a.O., S. 27.

Dieser Begriff der „Klassengleichgültigkeit“ der Produktionsmittel ist von erheblicher praktisch-politischer Bedeutung. Mag die Gesellschaft in einander feindliche Klassen gespalten sein, so sind diese doch „durch alle Fäden der Wirtschaft miteinander verbunden“[38]. Innerhalb eines und desselben Wirtschaftssystems bestehe also, ungeachtet einer möglichen Klassenfeindschaft, ein gesellschaftlich notwendiges Zusammenwirken. Die Technik verbindet die Menschen. Prototyp eines allgemein-menschlichen „Werkzeuges“ ist (nach Stalin) die Sprache. Die Sprache „dient den Mitgliedern der Gesellschaft, unabhängig von deren Klassenlage, in gleicher Weise. Die Sprache braucht nur von dieser Position, der Position einer Sprache des gesamten Volkes, abzugehen, ... und sie büßt ihre Eigenschaft ein, sie hört auf, ein Mittel des Verkehrs der Menschen in der Gesellschaft zu sein, sie wird zum Jargon irgendeiner sozialen Gruppe, sie degradiert und verurteilt sich zum Verschwinden“[39]. Die Sprache ermögliche wechselseitige gedankliche Verständigung. „Der Gedankenaustausch ist eine ständige und lebenswichtige Notwendigkeit, da es ohne ihn nicht möglich ist, ein gemeinsames Handeln der Menschen im Kampf gegen die Naturkräfte, im Kampf für die Erzeugung der notwendigen materiellen Güter zustande zu bringen, da es ohne ihn nicht möglich ist, Erfolge in der Produktionstätigkeit der Gesellschaft zu erzielen, und folglich das Bestehen einer gesellschaftlichen Produktion selbst nicht möglich ist[40].“ —

Warum den Gedankenaustausch auf die Frage der Produktivkräfte und Produktionsmittel beschränken? Warum also nur technische Kontakte? Wenn Angehörige gegensätzlicher Klassen in einen Gedankenaustausch über technische Dinge treten, dürfte dieser sich wohl mit der Zeit auch auf ökonomische und politische Fragen erstrecken. Was für die aktiven und passiven Glieder einer geschlossenen (wenn auch in Klassen gespaltenen) Gesellschaftsgruppe gilt, gilt auch von den Angehörigen verschiedener gesellschaftlicher, ökonomischer und politischer Ordnungen. Der interne Gedankenaustausch und die interne gesell-

[38] *Stalin*, a.a.O., S. 23.

[39] *Stalin*, a.a.O., S. 9.

[40] *Stalin*, a.a.O., S. 27.

schaftliche Zusammenarbeit erweitern sich zu einem Gedankenaustausch zwischen Völkern und Nationen und zu einer entsprechenden Kooperation.

Die gesellschaftlichen Produktionsverhältnisse

Wie arbeiten die Menschen zusammen? „Um zu produzieren, treten sie in bestimmte Beziehungen und Verhältnisse zueinander, und nur innerhalb dieser gesellschaftlichen Beziehungen und Verhältnisse findet ihre Einwirkung auf die Natur, findet die Produktion statt[41]." Diese Produktionsverhältnisse sind Verhältnisse technisch-ökonomischen Zusammenwirkens, so auch Austauschverhältnisse, und — je nach der Gesellschafts- und Wirtschaftsordnung — Verhältnisse der Ausbeutung und Unterdrückung. Wer in vorgeschichtlicher Zeit mehr Güter produzierte, als er ihrer bedurfte, war versucht, diese Überschüsse gegen fremde Erzeugnisse auszutauschen. Er gewann Interesse an Erwerbsmitteln, d. h. an einem Privateigentum an Produktionsmitteln. Mit der Ausbreitung des Erwerbsinteresses und des Privateigentums trat der Mensch aus dem Zustand der Naturbefangenheit heraus. Die Struktur der menschlichen Gesellschaft änderte sich von Grund aus. Wer über Erwerbsmittel verfügte, hatte Macht über Güter und Menschen; über Menschen insofern, als er diejenigen von sich abhängig machen konnte, die keine materiellen Erwerbsmittel besaßen, sondern nur ihre Arbeitskraft als Tauschobjekt anbieten konnten. Die Arbeitskraft hat vor allen anderen Gütern die Eigenschaft, mehr Produkte hervorbringen zu können, als zu ihrer eigenen Reproduktion notwendig ist. Nachdem diese wunderbare Fähigkeit entdeckt war, suchten die irgendwie Mächtigen möglichst viele Arbeitskräfte, keineswegs nur auf dem Wege des Austausches, heranzuziehen. Die Geschichte ist, wie Marx ganz richtig sagt, „keine sanfte Idylle"[42]. Die Schriftzeichen im Buch der Geschichte sind „Züge von Blut und Feuer".

In der bisherigen Geschichte treten die Verhältnisse der Zusammenarbeit zurück hinter den Verhältnissen der Ausbeutung. So sei „die

---

[41] *Marx*, Lohnarbeit und Kapital. Marx/Engels, Ausgewählte Schriften, Bd. I, Berlin-Ost 1955, S. 77.

[42] Vgl. *Marx*, Das Kapital, Bd. I, S. 752, 791.

Geschichte aller bisherigen Gesellschaft“ „die Geschichte von Klassenkämpfen“.

Trotz der „antagonistischen Entwicklungsform der Produktion“, trotz der gegensätzlichen Klassenverhältnisse und Klasseninteressen habe sich die gesellschaftliche Produktion fortschreitend erhöht und verbessert. Rationeller als der Sklave konnte der Leibeigene und wieder besser als dieser der mit einem Besitz beliehene Gefolgsmann arbeiten. Die Feudalordnung zerbrach unter dem Ansturm der neu hervortretenden Klasse, der Bourgeoisie. Mit der Entfesselung der bürgerlichen Energien kam eine neue Epoche herauf.

Die Bourgeoise „hat bewiesen, was die Tätigkeit der Menschen zustande bringen kann“. Sie „hat massenhaftere und kollossalere Produktionskräfte geschaffen als alle vergangenen Generationen zusammen. Unterjochung der Naturkräfte, Maschinerie, Anwendung der Chemie auf Industrie und Ackerbau, Dampfschiffahrt, Eisenbahnen, elektrische Telegrafen, Urbarmachung ganzer Weltteile, Schiffbarmachung der Flüsse, ganze aus dem Boden hervorgestampfte Bevölkerungen — welches frühere Jahrhundert ahnte, daß solche Produktionskräfte im Schoße der gesellschaftlichen Arbeit schlummerten“ (Kommunistisches Manifest).

Was lehre die Geschichte? Die Produktionsverhältnisse bilden die Ausgangsposition für die fortschrittliche Entwicklung der Produktivkräfte. Aber die ursprünglich günstigen Entwicklungsbedingungen verkehren sich mit der Ausreifung der Produktivkräfte in ihr Gegenteil. Sie geraten in offenen Gegensatz zu den Kräften, aus denen sie sich ursprünglich gebildet haben. „Auf einer gewissen Stufe ihrer Entwicklung geraten die materiellen Produktivkräfte der Gesellschaft in Widerspruch mit den vorhandenen Produktionsverhältnissen oder, was nur ein juristischer Ausdruck dafür ist, mit den Eigentumsverhältnissen, innerhalb deren sie sich bisher bewegt hatten. Aus Entwicklungsformen der Produktivkräfte schlagen diese Verhältnisse in Fesseln derselben um. Es tritt dann eine Epoche sozialer Revolution ein[43].“

---

[43] *Karl Marx,* Zur Kritik der politischen Ökonomie (1859), Berlin-Ost 1952, S. 13.

Dieser Antagonismus zwischen den gesellschaftlichen Produktivkräften und den Produktionsverhältnissen sei die objektive Bedingung der Gesellschafts- und Wirtschaftsentwicklung. Der Konflikt ist das vorantreibende Moment. Die Produktionsverhältnisse müssen sich so oder so den gesellschaftlichen Produktivkräften anpassen. Das „Gesetz der unbedingten Übereinstimmung der Produktionsverhältnisse mit dem Charakter der Produktivkräfte“ beherrsche die gesellschaftswirtschaftliche Entwicklung. In den Produktionsverhältnissen setzen sich (im Sinne von Marx) bestimmte „Erfordernisse“ „mit eherner Notwendigkeit“ durch. Wenn eine Wirtschaftsordnung der anderen folge, so vollziehe sich diese Abfolge auf Grund objektiver Notwendigkeit.

Die Feststellung einer objektiven teleologischen Notwendigkeit im Geschichtsprozeß und Wirtschaftsverlauf sei ideologisch und praktisch-politisch außerordentlich wichtig. Die Geschichtswissenschaft könne nun „trotz aller Kompliziertheit der Erscheinungen des gesellschaftlichen Lebens zu einer genauso exakten Wissenschaft werden, wie, sagen wir, die Biologie zu einer Wissenschaft, die imstande ist, die Entwicklungsgesetze der Gesellschaft in der Praxis auszunutzen“[44].

Die Erkenntnis der historischen und ökonomischen Gesetzmäßigkeit gibt denen, die zu solcher Erkenntnis fähig sind, die Möglichkeit, die Entwicklung der Dinge vorauszusehen. Ohne Voraussicht keine objektiv-richtige Politik! Wer ist indessen fähig, die Entwicklung vorauszusehen? Wer also kann das „Gesetz der unbedingten Übereinstimmung der Produktionsverhältnisse mit dem Charakter der Produktivkräfte“ ausnutzen?

Als die Bourgeoisie die feudalen Produktionsverhältnisse abschaffte und kapitalistische herstellte, nutzte sie praktisch dies Gesetz aus. Denn ihre Lebensinteressen drängten sie, die gesellschaftlichen Verhältnisse so zu gestalten, daß ihre Energien sich frei entwickeln konnten. Die Bourgeoisie wußte und weiß jedoch nichts von der universellen Geltung dieses Gesetzes. Anderenfalls müßte sie ja wissen, daß der Widerspruch zwischen den massierten Produktivkräften in der großtechnischen Produktion und den privaten Eigentumsverhältnissen

[44] *Stalin,* Über dialektischen und historischen Materialismus, S. 17.

zwangsläufig zu einer Vernichtung der privaten Eigentumsinstitution und damit auch des eigenen Wirtschaftssystems führen muß. —

Besteht solche objektive Notwendigkeit? Müssen die sich entwikkelnden und reifenden Produktivkräfte in Konflikt mit den verharrenden Produktionsverhältnissen geraten? Sicher besteht diese Dialektik auf allen Gebieten des gesellschaftlichen und kulturellen Lebens. Eine andere Frage ist jedoch, ob sie von Marx und den Marxisten nicht in einem zu beschränkten Sinne gedeutet worden ist. Zu eng und beschränkt ist der Begriff der gesellschaftlichen Produktionsverhältnisse. Marx hat die Bedeutung des Privateigentums an Produktionsmitteln für die gesellschaftswirtschaftliche Entwicklung weit überschätzt. Es gibt praktisch viele Möglichkeiten, den „Privateigentümer", den „Kapitalisten" zu kontrollieren und eine rücksichtslose Verwendung und Verwertung des Privatkapitals auszuschließen. Seit Marx und Engels haben sich die gesellschaftlichen Verhältnisse sehr gewandelt. Einerseits haben die technisch-ökonomischen Produktivkräfte neue Formen für ihre Wirksamkeit gefunden, ohne daß das Privateigentum beseitigt worden ist. Wir denken besonders an die Entwicklung des Genossenschaftswesens, an die mannigfachen Formen wirtschaftlicher und wirtschaftspolitischer Selbsthilfe. Die gesellschaftlichen Produktionsverhältnisse aber sind auch durch Staat, Regierung und Verwaltung wesentlich umgestaltet worden. Infolgedessen ist von der privatkapitalistischen Wirtschaft, wie sie zur Zeit von Karl Marx bestanden hat, nicht mehr viel übrig geblieben. Dennoch verhalten sich Marxisten und Leninisten so, als habe sich in hundert Jahren nicht das geringste verändert. Man erwartet, wie Marx und Engels, den Untergang eines Wirtschaftssystems, das nicht mehr vorhanden ist, und man prophezeit den Aufgang eines Wirtschaftssystems, indem man sich darauf beruft, daß die kollektiven Produktivkräfte unabweisbar ein kollektives Eigentum fordern.

Haben die gesellschaftlichen Produktivkräfte aber wirklich kollektiven Charakter? Ist ein Handwerksbetrieb, ein Landwirtschaftsbetrieb, ein Industriebetrieb, ein Handelsgeschäft ein Kollektiv? Selbst im industriellen Großbetrieb, wo man noch am ehesten von einer Kollektivierung der Massen sprechen darf, zeichnen sich mehr und mehr Möglichkeiten einer individuellen Arbeitssphäre und persönlichen Verantwortung ab. Von einer zwangsläufigen, historisch notwendigen Kollektivierung der Produktivkräfte und Produktionsverhältnisse kann keine Rede sein. Wo und wann aber gesellschaftliche und wirtschaftliche Verhältnisse zu Störungen führen oder gar Katastrophen hervorrufen, können sie verändert werden. Freilich gehört dazu ein richtiges Situationsverständnis, eingeschlossen eine richtige Auffassung von den Entwicklungstendenzen. Solches Wissen wird von Marxisten und Leninisten nicht in Abrede gestellt. Aber sie leugnen, daß das Bürgertum dazu fähig ist! Die Wirtschafts- und Sozialgeschichte der letzten hundert Jahre zeigt jedoch jedem unvoreingenommenen Betrachter, daß die Nachkommen der Gesellschaftsgruppen, die den Privatkapitalismus heraufgeführt haben, sehr wohl verstanden haben, die von Marx im Kommunistischen Manifest vorausgesagte katastrophale Entwicklung abzubiegen.

Der ideologische Überbau

Die sowjetischen Philosophen haben sich nicht um eine präzise Darstellung der unterschiedlichen Bedeutung des Bewußtseins in der historischen und ökonomischen Entwicklung bemüht. Wollen wir aber den Lehren von Marx gerecht werden, müssen wir zwischen dem allgemein-menschlichen Erfahrungsbewußtsein und dem ideologischen Bewußtsein unterscheiden. Das Erfahrungsbewußtsein ist die geistige Voraussetzung der Entwicklung der produktiven Kräfte. Anders verhält es sich mit dem ideologischen Bewußtsein. Hierunter ist das Wissen um die eigene Klassenlage, Klassenposition und die Klasseninteressen zu verstehen. Es bildet sich mit dem Erlebnis des Konflikts zwischen den Produktivkräften und den gegebenen Produktionsverhältnissen. In dieser Situation entstehen die gesellschaftlichen Ideen und die politischen Einrichtungen, mit deren Hilfe die alten Produktionsverhältnisse beseitigt werden können. Eine Umwälzung der bestehenden Verhältnisse wird also nicht schon möglich, wenn die Produktionsverhältnisse objektiv den ausgereiften Produktivkräften widersprechen.

Seit langem seien in allen kapitalistischen Ländern die objektiven Voraussetzungen für eine Beseitigung des kapitalistischen Systems herangereift. Seit langem sei hier der Übergang zur sozialistischen sellschaftsordnung eine historische Notwendigkeit. „Aber kann man sagen, daß dieser Übergang bereits überall Wirklichkeit ist?“ „Die Gesetzmäßigkeit eines Prozesses ist allein gegeben aus den objektiven Bedingungen, seiner objektiven Notwendigkeit und seiner objektiven Möglichkeit[45].“ Das objektiv Notwendige muß aber praktisch möglich werden. Diese an sich notwendige Entwicklung möglich zu machen, sei Aufgabe des bewußt tätigen Menschen.

Nach marxistisch-leninistischer Auffassung besteht ein wesentlicher Unterschied zwischen den bewegenden Ideen der Vergangenheit, z. B. der bürgerlichen Ideologie und den fortschrittlichen Ideen des revolutionären Proletariats. Das Wort Lenins gilt gemeinhin: „Ohne revolutionäre Theorie kann es auch keine revolutionäre Bewegung geben[46].“ Das Besondere der revolutionären Theorie und Bewegung des Proletariats erkläre sich aus einem unvergleichlich umfassenderen und tieferen Wissen um die Verhältnisse, Kräfte und ihre Entwicklung, als es vordem möglich gewesen sei. Mit der Entstehung der beiden letzten gegensätzlichen Klassenpositionen sei mit der Klasse des Proletariats eine universell gültige Position entstanden. Die proletarischen Lebensinteressen seien Menschheitsinteressen. Erst von der proletarischen Klassenposition aus weite sich der Blick, dehne sich der Horizont, werde der Sinn wach für die universelle Geschichte, für die gegenwärtige Situation, für die Dinge, die kommen werden, kommen müssen.

Das Proletariat als Masse könne freilich solch ein umfassendes und tiefes Geschichtsbewußtsein nicht haben. Bereits im Kommunistischen Manifest wird die Kommunistische Partei als die eigentlich repräsentierende und führende Gruppe des Proletariats angesehen. „Die Kommunisten sind also praktisch der entschiedenste, immer weiter trei-

---

[45] *Eva Altmann*, Über den Gegenstand der politischen Ökonomie und über die ökonomischen Gesetze, Berlin-Ost 1955, S. 61. Vgl. Victor Stern, Zu einigen Fragen der marxistischen Philosophie. Berlin-Ost 1954, S. 118 ff.; ferner *Jürgen Kuczynski*, Über einige Probleme des historischen Materialismus. Berlin-Ost 1956, S. 34 ff.

[46] *Lenin*, Was tun? Brennende Fragen unserere Bewegung. Berlin-Ost 1951, S. 59.

bende Teil der Arbeiterparteien aller Länder; sie haben theoretisch vor der übrigen Masse des Proletariats die Einsicht in die Bedingungen, den Gang und die allgemeinen Resultate der proletarischen Bewegung voraus."

Wenn Stalin erklärte, „daß keine Wissenschaft ohne Kampf der Meinungen, ohne Freiheit der Kritik sich entwickeln und gedeihen kann", so steht dem die von Marxisten, Leninisten und Stalinisten proklamierte Parteilichkeit von Philosophie und Wissenschaft entgegen: Der Marxismus-Leninismus sei die Grundlage jeder wahren Wissenschaft. Sie sei „die vollkommenste Philosophie, die es je gegeben hat, die erste wahrhaft wissenschaftliche Philosophie, die Philosophie, der die Zukunft gehört"[47].

Das wichtigste Machtinstrument der Partei ist der Staat. Wie sich die Kommunistische Partei von allen sonstigen bürgerlichen und proletarischen Parteien wesentlich unterscheidet, so auch der proletarische Staat. Er ist „der höchste Typus der Demokratie in der Klassengesellschaft". „Die Diktatur des Proletariats ist ein Staat, der auf neue Art demokratisch (für die Mehrheit des Volkes) und auf neue Art diktatorisch (gegen eine ehemals ausbeutende Minderheit) ist[48]."

Das Proletariat bzw. die Arbeiterklasse bildet in einem bürgerlichen Staat an sich nicht die Mehrheit. Infolgedessen müsse sich die Arbeiterklasse mit anderen Volksteilen verbinden. „Die Lehre von der Notwendigkeit und Möglichkeit des Bündnisses zwischen der Arbeiterklasse und der werktätigen Bauernschaft ist eine wichtige Grundlage der marxistisch-leninistischen Theorie von der Möglichkeit des Sieges des Sozialismus in einem Lande[49]." Ein wichtiger Verbündeter der Arbeiterklasse im Aufbau des Sozialismus aber ist, wie man in der UdSSR, in der chinesischen Volksrepublik und in anderen sozialistischen Ländern erst spät erkannt hat, die Intelligenz. Die Kommunistische Partei und die Gewerkschaften, erklärte Tschu En-lai in einer großen Rede vor dem Zentralkomitee der KPD Chinas im Januar

---

[47] *Victor Stern*, a.a.O., S. 99.

[48] Die marxistisch-leninistische Theorie des Staates und des Rechts (Herausgeber Hermann Kleyer), Bd. 2. Berlin-Ost 1956, S. 29.

[49] Die marxistisch-leninistische Theorie des Staates und des Rechts, Bd. II, S. 22.

1956, haben die Macht und die Bedeutung der Intellektuellen noch nicht richtig eingeschätzt. „Um Bergwerke zu bauen, Fabriken, Eisenbahnlinien und wasserwirtschaftliche Projekte anzulegen, brauchen wir Ingenieure in großer Zahl und eine ganze Armee von Technikern, um Vermessungen und Entwürfe zu machen, zu bauen und einzurichten. Damit eine Fabrik produzieren kann, ist für jeden Arbeitsgang, vom ersten Entwurf bis zur Kontrolle der Endprodukte, technisches Personal von einem gewissen Niveau erforderlich. Um Industrie und Handel zu führen, brauchen wir Spezialisten aller Art in ständig wachsender Zahl. Um eine moderne nationale Verteidigung aufzubauen, brauchen wir auf den verschiedenen Gebieten wissenschaftliche Fachleute. Ohne Ärzte und Lehrer gäbe es keine Schulen und Krankenhäuser. Ohne Literatur- und Kunstschaffende hätten wir kein kulturelles Leben[50]." Die Unterschätzung der Intellektuellen war eine Folge des dem Marxismus eigenen engen Arbeitsbegriffes. Wie aber die Intellektuellen für die Ziele der Arbeiterklasse, für den sozialistischen Aufbau gewinnen? Das ist ein praktisch-politisches Problem.

Wenn die staatliche Führung in den Händen der Arbeiterklasse, richtiger der Kommunistischen Partei als der „führenden und richtungggebenden Kraft der sozialistischen Gesellschaft", liegt, so werden die anderen zur Unterstützung der Partei und der Regierung herangezogenen Volksteile, sei es die Bauernschaft, sei es die Intelligenz, sei es die Armee, gegebenenfalls auch Führungsansprüche stellen. Selbst wenn die Partei auf legalem Wege mit Hilfe der Mehrheit der Bevölkerung zur Macht gekommen ist, dürfte sie nicht gut tun, sich der Zustimmung dieser Mehrheit von Zeit zu Zeit durch freie Wahlen zu vergewissern? Diese Möglichkeit kann indessen nicht einmal diskutiert werden. Denn eine öffentliche Kritik an den Maßnahmen der Regierung bzw. der Partei würde deren Autorität erschüttern.

Die proletarische Diktatur sei notwendig, um das Privateigentum an Produktionsmitteln, soweit es kapitalistischen Zwecken dient, zu

---

[50] *Tschou En-lai,* Bericht über die Frage der Intellektuellen. Verlag für fremdsprachige Literatur Peking 1956, S. 6. Über China: *Kavalan* Madhava Panikkar, „Botschafter in beiden China". Deutsch: Verlag Heinrich Scheffler, Frankfurt a. M., 1956.

beseitigen, die Landwirtschaft in die Richtung einer rationellen, kollektiven Produktionsweise zu bringen und im ganzen die materielle Lage des Volkes zu verbessern. Dazu aber sei erforderlich, daß der „Wirtschaftsorganismus“ „so arbeitet, daß sich hunderte Millionen Menschen von einem einzigen Plan leiten lassen“[51].

Die „vollständig zentrale Lenkung des Wirtschaftsprozesses“ ermögliche eine „krisenfreie Entwicklung der Volkswirtschaft (der größte Vorzug des Sozialismus gegenüber dem Kapitalismus)“[52] und eine unerhörte Steigerung der Arbeitsproduktivität. Löhne und Gehälter werden nach dem Leistungsprinzip festgesetzt. „Die sozialistische Gesellschaft kontrolliert die Teilnahme der Menschen an der Arbeit, berücksichtigt die Unterschiede in der Qualifikation der Werktätigen und setzt die Normen der Arbeit und ihre Bezahlung für jeden Werktätigen fest. Solange die Arbeit für den überwiegenden Teil der Mitglieder der Gesellschaft noch nicht zu einem natürlichen Bedürfnis geworden ist, besteht die Aufgabe des sozialistischen Staates darin, die gesellschaftliche Arbeit so zu organisieren, daß derjenige, der mehr und besser arbeitet, einen größeren Teil des gesellschaftlichen Produktes erhält[53].“ Ist die Arbeit am Ende der sozialistischen Epoche für jeden Arbeitswilligen und Arbeitsfähigen „zu einem natürlichen Bedürfnis geworden“ und steht nunmehr eine hinreichend große Warenmenge zur Verfügung, so kann das Leistungsprinzip durch das Bedarfsprinzip ersetzt werden. Der sozialistische Staat, die letzte historische Herrschaftsinstitution, habe dann seine Funktion erfüllt, Arbeits und Parteidisziplin seien selbstverständlich geworden. Es gebe keine Herrschaft über Menschen mehr, sondern nur noch eine Verwaltung der Sachen, wobei es darauf ankomme, jedermann das Seine nach seinen Bedrüfnissen und Fähigkeiten zuteil werden zu lassen.

Die Vorstellung vom Ende aller Herrschaft erscheint nicht so utopisch, wenn wir an die sich unter unseren Augen vollziehende Wandlung der gesellschaftlichen Verhältnisse im Großbetrieb denken. Der

[51] *Lenin*, Rede über Krieg und Frieden auf dem VII. Parteitag der KPdSU. Ausgewählte Werke in 2 Bänden (Moskau 1917), Bd. II, S. 333.

[52] „Politische Ökonomie“, Lehrbuch. Berlin-Ost 1955, S. 486.

[53] *Lenin*, a.a.O., S. 488.

Betrieb ist nicht nur eine wirtschaftliche Einrichtung, sondern auch eine Art herrschaftlicher Institution. Damit ist nicht gemeint, daß der Betriebsleiter den „Herr im Hause"-Standpunkt vertritt. Betriebsleiter, Abteilungsleiter, Meister und Vorarbeiter haben jedoch verschiedene Machtstellungen inne. In dem Grade und Maße aber, wie sich besonders im großtechnischen Betrieb sachliche Notwendigkeiten durchsetzen, werden die Betriebsangehörigen, gleich welche Funktion sie ausüben, durch diese objektive Zwecknotwendigkeit zu sachlicher Zusammenarbeit genötigt. Die gesellschaftlichen Verhältnisse im Betrieb „humanisieren" sich[54]. Überhaupt scheint eine „neue Sachlichkeit" viele Lebensbezirke zu ergreifen[55]. Unter solchem Aspekt gewinnt der kommunistische Begriff einer staatenlosen Gesellschaft, einer Gesellschaft ohne herrschaftliche Institutionen und Verhältnisse, eine bemerkenswerte aktuelle Bedeutung.

Die diktatorisch durchgeführte Sozialisierung und Zentralisierung der Wirtschaftsprozesse steht — was ebenso bemerkenswert ist — genau im Widerspruch zu dieser angedeuteten Entwicklung. Im Kommunistischen Manifest heißt es zwar: „Die kommunistische Revolution ist das radikalste Brechen mit den überlieferten Eigentumsverhältnissen"; „das Proletariat wird seine politische Herrschaft dazu benutzen, der Bourgeoisie nach und nach alles Kapital zu entreißen, alle Produktionsinstrumente in den Händen des Staats, d. h. des als herrschende Klasse organisierten Proletariats zu zentralisieren." Wenn das Proletariat so zur einzig herrschenden Klasse geworden sei, hebe es „damit seine eigene Herrschaft als Klasse auf". „An die Stelle der alten bürgerlichen Gesellschaft mit ihren Klassen und Klassengegensätzen tritt eine Assoziation, worin die freie Entwicklung eines jeden die Bedingung für die freie Entwicklung aller ist."

Nach leninistisch-stalinistischer Auffassung muß die staatliche Herrschaftsorganisation nicht nur so lange bestehen bleiben, als es im

---

[54] Vgl. *Dieter Schäfer*, Das Machtproblem in der modernen Gesellschaft. Junge Wirtschaft, Zeitschrift für fortschrittliches Unternehmertum, Frankfurt a. M., 1957, S. 99.

[55] *W. Rothe*, Versklavt der technische Großbetrieb die menschliche Arbeit? Wirtschaftsblatt der Frankfurter Allgemeinen Zeitung, Nr. 228 vom 29. 9. 1956.

Lande noch Klassenfeinde und außerhalb des Landes noch Feinde des Systems gibt. Sie muß in solcher Lage noch gefestigt und gestärkt werden. So drängt die staatliche Gewalt zu einer Omnipotenz. Unter diesen Umständen ist eher ein Mißbrauch der Macht zu erwarten als eine Delegierung der Macht auf Selbstverwaltungskörperschaften oder gar ein Verzicht auf herrschaftliche Gewalt. Ein fortschreitender Abbau von Herrschaftsverhältnissen ist viel wahrscheinlicher in einer Gesellschafts-, Staats- und Wirtschaftsordnung, die die Freiheit der Person weithin gewärhleistet und (hinsichtlich staatlicher Machtausübung) das Subsidiaritätsprinzip anerkennt. Die Realisierung der kommunistischen Idee einer klassenlosen Gesellschaft könnte also gerade dort erfolgen, wo die Kommunisten sie am wenigsten erwarten, nämlich auf einer nach dem Personalprinzip und Gemeinschaftsprinzip bzw. einer nach dem Grundsatz persönlicher Freiheit und sozialer Gerechtigkeit geordneten Marktwirtschaft.

Die praktisch-politischen Konsequenzen des Leninismus

Die antagonistischen Gegensätze der Klassengesellschaft steigern sich in ihrer geschichtlichen Entwicklung jeweils so weit, bis die fortschrittliche Klasse die Verhältnisse nicht mehr ertragen könne und dagegen revoltiere. Aus Rebellionen könne aber erst dann eine revolutionäre Bewegung werden, wenn die rebellierende Klasse ihre Situation erkennt und daraus die klare und deutliche Zielvorstellung nimmt, die Situation in ihrem Sinne zu ändern. So müsse auch die spontane Arbeiterbewegung in den Ländern, in denen die Produktivkräfte mit den Produktionsverhältnissen in einen nicht mehr erträglichen Konflikt geraten sind, zu einer bewußten revolutionären Tätigkeit dieser fortschrittlichen Kräfte der Gesellschaft werden. „Die Umwandlung des elementaren Entwicklungsprozesses in die bewußte revolutionäre Tätigkeit der fortschrittlichen Kräfte der Gesellschaft, die die alte gesellschaftliche Ordnung stürzen und eine neue Ordnung schaffen, erfolgt durch die organisierende und mobilisierende Wirksamkeit der fortschrittlichen gesellschaftlichen Ideen. Diese Ideen erwachsen auf dem Boden des Konflikts zwischen den neuen Produktivkräften und den überlebten Produktionsverhältnissen und als Ausdruck dieses Konflikts[56]." Dringen die fortschrittlichen gesellschaftlichen Ideen in die Köpfe von Millionen und mobilisieren sie die Massen zum Kampf gegen die überlebte Gesellschaftsordnung, werden sie zu einer gewaltigen „materiellen Kraft". Die von den Ideologen der Arbeiterklasse entwickelten Ideen, die Ideen des Marxismus-Leninismus, seien heute „Gemeingut von Millionen Arbeitern in allen Ländern". Dies ist — heißt es — der unermüdlichen organisatorischen und propagandistischen Arbeit der marxistischen Parteien zu danken. Mit der Verbreitung der Ideen des Marxismus-Leninismus gewinne die bewußte revolutionäre Bewegung eine durch nichts mehr zu hemmende Kraft und Gewalt.

Die Erziehung zum Sozialismus-Kommunismus

Die wichtigste Aufgabe der Kommunistischen Partei und des sozialistischen Staates sei die Erziehung bzw. Umerziehung Jugendlicher und Werktätiger im Sinne der sozialistischen Aufbauarbeit. Da die technisch-ökonomischen Produktivkräfte die eigentlich bewegenden Faktoren der geschichtlichen Entwicklung sind, wird der polytechnischen Erziehung besondere Bedeutung beigemessen. Mit den erworbenen technischen Kenntnissen und Fertigkeiten soll die heranwachsende Jugend zugleich die notwendige Einsicht in die technisch-ökonomische Entwicklung gewinnen. Schon die Jugend müsse den unversöhnlichen Gegensatz der bürgerlich-kapitalistischen Klasse und der proletarisch-sozialistischen Klasse erkennen: „Für die marxistische, sozialistische Ideologie steht im Mittelpunkt aller Dinge der Mensch mit seinen Bedürfnissen, Bestrebungen und Interessen. Für die bürgerliche Ideologie steht im Mittelpunkt aller Dinge das Geld, das Gold, das Kapital, der Maximalprofit. In der kapitalistischen Gesellschaft ist der Mensch ein Mittel, während das Geld, das Gold, das Kapital das Ziel ist[57]." Den Schülern soll der krasse Unterschied der Lebensweise in den sozialistischen und kapitalistischen Ländern klar werden. Sie sollen wissen, „daß die Kinder der werktätigen Menschen in den

[56] *F. Konstantinow,* Die Rolle der fortschrittlichen Ideen in der Entwicklung der Gesellschaft. Deutsch: Berlin-Ost 1955, S. 35.

[57] *Konstantinow,* a.a.O., S. 28.

kaptialistischen Ländern schon in ihrer frühesten Kindheit die Ausbeutung und Unterdrückung durch die Kapitalisten zu spüren bekommen". So werden die Menschen „zum Haß gegen alle Unterdrücker und Ausbeuter"[58] erzogen.

Ein Problem für sich ist allerdings die Diskussion über die aktuellen Fragen von Staat, Partei und Wirtschaft im Kreise der heranwachsenden Jugend, der Werktätigen und nicht zuletzt der Intelligenz. Da „das Hauptinstrument bei der Schaffung der Grundlagen des Sozialismus die Staatsmacht" ist, ist eine freie und öffentliche Kritik an Maßnahmen der Regierung ausgeschlossen. Etwa gar „in Theorie und Praxis mit dem Absterben der sozialistischen Staatsmacht zu experimentieren, kommt einer Einladung an die Imperialisten gleich, den kalten Krieg zu verschärfen und konterrevolutionäre Putsche zu organisieren"[59]. Das Recht auf Meinungsfreiheit ist eben mit einer Diktatur unvereinbar. Besonders schwierig wird dabei allerdings die Stellung der Intelligenz. Mag es mit der Zeit gelingen, die Masse der Intellektuellen in das sozialistisch-kommunistische Lager zu ziehen, mag auch eine „ideologische Umerziehung" besonders bei der jüngeren Generation erfolgreich sein, und mag schließlich auch eine neue Schicht der Intelligenz aus der Arbeiterklasse und der Bauernschaft hervorgehen, so werden doch die hierauf gesetzten Hoffnungen enttäuscht werden, wenn freie wissenschaftliche Erörterungen über die allgemein bewegenden Fragen unzulässig sind. Interessant und aufschlußreich ist der unlängst von der sozialistischen Parteiführung der DDR argwöhnisch verfolgte und rasch unterdrückte Meinungsstreit zwischen Angehörigen wissenschaftlicher Institute und Akademien. „Wenn einer der Wirtschaftswissenschaftler sagte: ‚Laßt alle Blumen blühen', so antworten wir ihm: Jawohl! Das Unkraut des Revisionismus ist jedoch weder eine Blume noch schön, noch eine nützliche Pflanze. Die Hauptaufgabe der Genossen Wissenschaftler besteht immer und gerade jetzt darin, der Partei zu helfen, die Wahrheit zu erkennen, auf

---

[58] Vgl. SBZ-Archiv 1956, S. 263.

[59] *Walter Ulbricht*, Grundfragen der Politik der Sozialistischen Einheitspartei Deutschlands (Referat der 30. Tagung des Zentralkomitees). Berlin-Ost 1957, S. 43.

die gestützt wir eine richtige und erfolgreiche Politik durchführen werden[60]."

Die praktisch-politischen Kennzeichen des Leninismus sind „Sowjetmacht" und „Diktatur der Arbeiterklasse". Beides würde in einer freien Diskussion das Hauptthema abgeben. Eine geheime Opposition bekennt sich zwar weithin zur Sozialisierung, zur Industrialisierung, zu dem großzügig aufgebauten Schulsystem mit der Förderung der Begabten, zu dem neuen Gesundheitswesen, zu der Heranbildung technischer Kader in den Industriebetrieben usw. Jede Art von Diktatur wird jedoch abgelehnt.

Strategie und Taktik des Leninismus

Die sowjetische Politik erscheint vielen, sogar sachkundigen Beobachtern als bloße Machtpolitik. Der Marxismus-Leninismus sei nur sozusagen ein Mäntelchen, das je nach der politischen Situation, im Interesse der machtpolitischen Maßnahmen zurechtgeschnitten, verkürzt oder verlängert wird. Den führenden Kommunisten komme es auf den ideologischen Gehalt ihrer Lehre nicht an. Gegebenenfalls würden sie auch das Gegenteil verkünden. In diesem Sinne schreibt Stefan T. Possony: „Tatsächlich ist es so, daß die Kommunisten nicht durch die Verfolgung ihres eigenen Programms, sondern durch das Eintreten für nichtkommunistische Ideen die Unterstützung der Massen zu gewinnen suchen ... Es stimmt zwar, daß die Kommunisten eine Ideologie haben, doch ist sie lediglich ein Glaubensbekenntnis für kleine militante und machthungrige Gruppen, — eine Geheimlehre[61]." Diese Auffassung ist nicht nur bedenklich, sie ist gefährlich. Possony unterschätzt den geistigen Einfluß des Marxismus-Leninismus. Der Einwand, nur wenige kennen sich in dieser Ideologie aus, trifft nicht zu. Die Grundgedanken des Kommunismus sind den Massen der sozialistischen Länder bekannt. Es ist nicht schwer zu begreifen, daß der „Kapitalismus" ein Ausbeutungssystem ist und daß er infolge seiner

---

[60] *Walter Ulbricht*, a.a.O., S. 53.

[61] *Stefan T. Possony*, Jahrhundert des Aufruhrs. Die kommunistische Technik der Weltrevolution. Chicago 1953. Deutsch: München 1956, S. 11 - 12.

anarchischen Produktionsweise untergehen muß, daß die bislang ausgebeuteten Massen die politische und ökonomische Macht in die Hände bekommen werden und daß sie von der Geschichte berufen sind, eine Welt des Friedens, der Freiheit und der Gerechtigkeit heraufzuführen. Natürlich ist die sowjetische Politik, wie jede Politik, Machtpolitik; aber sie ist ideologisch bestimmte Machtpolitik! In der Ideologie liegt ihre besondere Stärke. „Die marxistische Ideologie vermittelt der Arbeiterklasse Orientierungsvermögen, Klarheit der historischen Perspektive und Siegesgewißheit[62]."

Die sowjetischen Politiker wissen, was sie wollen. Sie wissen, was auf lange Sicht und in der jeweiligen Situation getan werden muß, um die sozialistische Staatsmacht zu festigen oder, wo die Verhältnisse für den Kommunismus reif erscheinen, sie zu begründen und eine Millionenarmee von Werktätigen geistig zu mobilisieren und praktisch-politisch zu organisieren. Das ist die *strategische Konzeption* des Marxismus-Leninismus. Die sozialistisch-kommunistische Führung aber muß sich, wie die Truppenführung auf dem Gefechtsfeld, auch den jeweiligen Verhältnissen anzupassen verstehen. Sie muß die Situation nutzen. Das ist die *taktische Konzeption* des Marxismus-Leninismus.

Possony hat das Verdienst, die strategischen und taktischen Operationen der Kommunisten allseitig und gründlich dargestellt zu haben. „Die wichtigste Forderung, die die Kommunisten an sich selbst richten, ist, für Machtpositionen zu kämpfen und ihre relative Stärke zu steigern." Sie lassen sich von der Regel leiten, „daß vorübergehende Erfolge oder Rückschläge, obwohl sie mehr Beachtung erfordern und den größten Teil der täglichen Arbeit verbrauchen, weniger wichtig sind als größere Leistungsentfaltungen. Kommunistische Bemühungen müssen auf die bestmögliche Vorbereitung für entscheidende Schlachten gerichtet sein"[63].

Die wichtigsten Regeln für die kommunistische Strategie und Taktik sind von Lenin in seinen Schriften „Was tun?" (1902) und „Der linke Radikalismus als Kinderkrankheit des Kommunismus" (1920) aufgestellt worden. Gehört die schon von Stalin, nachdrücklich aber

[62] *Konstantinow*, a.a.O., S. 38.

[63] *Possony*, a.a.O., S. 408.

von Chruschtschow angestrebte „Koexistenz“ in die strategische oder taktische Konzeption? Bei Stalin handelt es sich dabei offensichtlich nur um eine Taktik, die eben zeitweise ein gewisses Lavieren und Paktieren als notwendig erscheinen läßt. Heute scheinen die Dinge anders zu liegen. Man rechnet mit der Möglichkeit einer friedlichen Koexistenz von Ländern mit verschiedenen sozialen und politischen Systemen auf lange Sicht. Mit dieser strategischen Vorstellung verbindet sich jedoch das ebenso strategische Ziel einer ideologischen Unterminierung des sogenannten kapitalistischen Wirtschaftssystems. Auf dem XX. Parteitag erklärte Chruschtschow: „Einige Funktionäre versuchen, die absolut richtige These von der Möglichkeit der friedlichen Koexistenz von Ländern mit verschiedenen sozialen und politischen Systemen auf das Gebiet der Ideologie zu übertragen. Das ist ein schändlicher Irrtum. Aus der Tatsache, daß wir für die friedliche Koexistenz und den wirtschaftlichen Wettstreit mit dem Kapitalismus eintreten, darf keineswegs die Schlußfolgerung gezogen werden, daß der Kampf gegen die bürgerliche Ideologie, gegen die Überreste des Kapitalismus im Bewußtsein der Menschen abgeschwächt werden kann. Unsere Aufgabe ist es, die bürgerliche Ideologie unermüdlich zu entlarven und ihren volksfeindlichen reaktionären Charakter aufzudecken[64].“

Gibt es eine bürgerliche Ideologie? Vielleicht kann man den demokratischen Sozialismus, den Liberalismus und den Konservativismus als Ideologien einer nichtkommunistischen Welt ansehen. Allein es fehlt diesen politischen und sozialen Grundauffassungen der doktrinäre Machtanspruch. So dürfte Raymond Aron recht haben: „Die letzte große Ideologie wurde aus dem Zusammentreffen dreier Elemente geboren: aus der Vision einer Zukunft, die unseren Erwartungen entspricht, aus der Verbindung zwischen dieser Zukunft und einer sozialen Klasse und aus dem Vertrauen in die menschlichen Werte, die Planwirtschaft und Kollektivierung nach dem Sieg der Arbeiterklasse hervorbringen würden.“ Wie sind aber die Aussichten dieser Ideologie? „Das Vertrauen in die Fähigkeiten einer sozialökonomischen

[64] „Rechenschaftsbericht des Zentralkomitees der KPdSU an den XX. Parteitag“, Deutsch: Berlin-Ost 1956, S. 154.

Methodik verliert sich mehr und mehr, und man sucht vergeblich nach der Klasse, die eine radikale Erneuerung der Institutionen und der Ideen verbürgen würde[65]."

So ist die kommunistische Ideologie, die sichere Grundlage der Sowjetpolitik, doch nur scheinbar gesichert. Allzu viele Fragen stehen offen, allzu viele Widersprüche zwischen der Ideologie und der gesellschaftlichen Lebenswirklichkeit werden offenbar. Würden jene Fragen nur von Intellektuellen aufgeworfen und diese Widersprüche nur von einigen Funktionären von Partei, Staat und Wirtschaft gesehen werden, brauchte sich keine Regierung im gesamten Ostblock darum zu kümmern. In Wahrheit aber ist es anders. In allen Ländern des Sowjetblocks erleben die Massen der Werktätigen die Auswirkungen einer ideologischen Doktrin, die der Menschheit Recht und Freiheit bringen will, jedoch faktisch zur Preisgabe des Menschlichen führt.

Demokratische Entwicklungstendenzen

Der 17. Juni in der DDR, der Aufstand in Posen, die aufflammende revolutionäre Bewegung in Polen und schließlich der Ausbruch einer Gegenrevolution in Ungarn haben aller Welt die inneren Spannungen der Länder des Sowjetblocks vor Augen geführt. Die von dem Sowjetsystem herangezüchtete Intelligenz beginnt allerorts Kritik zu üben. Die tiefgreifenden Wandlungen der politischen und ökonomischen Verhältnisse in der sogenannten bürgerlich-kapitalistischen Welt sind nicht verborgen geblieben. Man vergleicht die demokratischen und freiheitlichen Ordnungen des Westens mit dem östlichen totalitären System. Das kapitalistische Proletariat war ehemals gewiß rechtlos und unterbezahlt. Doch wie verhält es sich heute mit der Arbeiterschaft in den sozialistischen Ländern? Haben die Gewerkschaften auch nur die geringste Möglichkeit, sich gegen die Omnipotenz des Staates aufzulehnen?

---

[65] *R. Aron*, Ende des ideologischen Zeitalters? Europas Brücke. Hamburg. 3. Jahrgang, 1957, S. 7. Vgl. auch: *Otto Brunner*, Neue Wege zur Sozialgeschichte. Kap. IX: Das Zeitalter der Ideologie. Anfang und Ende. Göttingen, 1956.

Die Intellektuellen wollen einen freien Meinungsaustausch, Rede- und Pressefreiheit. Die Bauern wollen Land, das sie in Freiheit bebauen können. Die Industriearbeiter wollen ihre gewerkschaftlichen Vertretungen frei wählen und die Betriebe in ihre Hand nehmen. Im ganzen will man Sicherheit und Freiheit. Wenn die politischen und wirtschaftlichen Verhältnisse allenthalben zum Sozialismus drängen, dann soll es ein freiheitlicher, demokratischer Sozialismus sein! W. Gomulka sagte vor dem Plenum des Zentralkomitees der Polnischen Vereinigten Arbeiter-Partei am 20. Oktober 1956 in Warschau im Hinblick auf das sowjetisch-stalinistische System: „Dieses System vergewaltigt die Prinzipien der Demokratie und die Gesetzlichkeit. Bei diesem System wurden Charaktere und menschliche Gewissen zerbrochen. Die Menschen wurden getreten und ihre Ehre angespien. Denunziantentum, Lügen und Fälschungen, ja sogar Provokationen dienten als Werkzeuge bei der Ausübung der Macht. Auf dem Humusboden des Persönlichkeitskults wuchsen Erscheinungen, die den allertiefsten Sinn der Volksmacht verletzten, ja sogar vernichteten. Mit diesem System haben wir Schluß gemacht, bzw. wir werden damit ein für allemal Schluß machen."

Nach marxistisch-leninistischer Auffassung gibt es für die objektive Richtigkeit einer Lehre nur einen Maßstab: die Übereinstimmung mit dem Leben, mit der Wirklichkeit. „Man muß", schrieb Lenin in seinen „Briefen über Taktik", „die unumstößliche Wahrheit beherzigen, daß ein Marxist das lebendige Leben, die präzisen Tatsachen der Wirklichkeit zu berücksichtigen hat". Würden sich Marxisten, Leninisten und Stalinisten an diese (von Lenin selbst nicht hinreichend beachtete) Forderung halten, würde die sowjetische Welt anders sein. Es würde dann aber auch eine sachliche Diskussion in allen Dingen möglich sein.

DAS MENSCHENBILD IN DER GESCHICHTE DER VOLKWIRTSCHAFTSLEHRE*

Die Frage nach dem Wirtschaftsmenschen

Zuweilen mag es scheinen, als sei in der Volkswirtschaftslehre nicht von Menschen, sondern von Sachen, Gütern, Waren und Geld, von Produktionsfaktoren, Produktionsmitteln und Produkten die Rede. Friedrich List tadelte die englischen Ökonomen wegen ihrer materialistischen, güterwirtschaftlichen Denkweise. Genau gesehen, hat aber niemand, der sich Gedanken über die Wirtschaft gemacht hat, den Menschen außer acht gelassen. Wer hätte auch im Ernst meinen können, daß etwa Waren von selbst auf den Markt kämen oder das Geld von selbst umliefe! Es gibt keine Wirtschaft außerhalb des Menschen. Wohl gibt es Maschinen, Werkzeuge und Geräte, Gebäude und Anlagen aller Art, die auch da sind, wenn Menschen nichts mehr mit ihnen zu tun haben und schon längst dahin sind. Eine ausgegrabene Steinaxt ist und bleibt ein Werkzeug. Auch der moderne Mensch könnte mit ihr umgehen. Ein Betrieb, eine Unternehmung, eine Marktwirtschaft dagegen kann nicht ausgegraben werden und wieder in Funktion treten: denn alle Wirtschaft hat ihren Bestand in Entscheidungen, Arbeiten und Handlungen miteinander tätiger Menschen. Auch die Einrichtungen, die diese sich zur Deckung ihres Lebens- und Sachbedarfes schaffen, haben eine wirtschaftliche Bedeutung nur insofern und so lange, als sie „gesellschaftlich notwendig“ sind.

Führt nun die Wirtschaft faktisch auch kein eigenes Leben, so ist es doch methodisch zulässig, vom Menschen dann abzusehen, wenn sein Verhalten als konstant angenommen wird. Diese methodische Ausklammerung des Menschen ist natürlich nicht gleichbedeutend mit dem Bekenntnis zu einem unabhängig vom Menschen laufenden ökonomi-

* Aus: Festgabe für Friedrich Bülow zum 70. Geburtstag, Berlin-West 1960, S. 301 ff.

schen Sachprozeß oder Automatismus. Wir besitzen die wunderbare Fähigkeit, aus einem weiten Erfahrungsfeld (von einem bestimmten Gesichtspunkt aus) ein Erkenntnisobjekt herauszuheben und für sich zu untersuchen. Dieses Erkenntnisobjekt ist freilich nicht die Wirklichkeit. In der Geschichte der Volkswirtschaftslehre gibt es jedoch zahlreiche Beispiele unbewußter Auswechslung abstrakter ökonomischer Sachbegriffe mit konkreten politischen Erfahrungsbegriffen.

Da nun der Mensch Urheber aller wirtschaftlichen Phänomene ist, muß eine nachdenkliche Betrachtung der Wirtschaft logischerweise auf ihn als den ideellen Bezugspunkt zielen, auch wenn sich der Denkende dieser gedanklichen Ausrichtung nicht klar bewußt ist. Die Geschichte der Volkswirtschaftslehre so erfassen und darstellen, heißt, sie aus dem Grunde, also philosophisch zu verstehen.

Nach dem Gesagten müssen wir annehmen, daß die großen Epochen der Wirtschaftslehre und Wirtschaftstheorie jeweils durch einen besonderen Begriff vom wirtschaftenden Menschen oder, ursprünglicher betrachtet, durch ein sinnhaftes Menschenbild gekennzeichnet sind. Die philosophische Frage, die uns die Geschichte der Volkswirtschaftslehre aufgibt, lautet daher: Welches Bild hat sich der denkende und forschende Mensch jeweils von dem Akteur der Wirtschaft gemacht? Durchstreifen wir die Geschichte der Volkswirtschaftslehre in der Absicht, eine Antwort auf diese Frage zu finden, so begegnen wir zunächst höchst mannigfaltigen Leitbildern. Wir sehen Jäger, Fischer, Hirten, Ackerbauer, Handwerker, Händler, Fabrikanten, Arbeiter, Produzenten und Konsumenten. Ein buntes Mosaik ohne inneren Zusammenhang! Wir müssen nach dem wesentlichen Verhalten des Wirtschaftsmenschen fragen.

Dies ökonomisch Wesentliche liegt im Werten, Wählen, Planen und Entscheiden. Die Art und Weise, wie sich der Mensch dabei verhält, ist von seiner Einstellung zu der Situation abhängig, in der er sich jeweils befindet. Wir unterscheiden unter diesem Aspekt drei Grundeinstellungen: die Einstellung des Menschen zur Natur, zu Gesellschaft und Staat und zu sich selbst. Das Wort Einstellung ist nicht statisch, sondern dynamisch zu verstehen. Der Mensch stellt sich so oder so ein, das heißt, er begegnet der Welt in diesem oder jenem

Sinne, entgegenet oder entspricht ihren Forderungen. In der Einstellung des Menschen zur Natur, zur Gesellschaft und zu sich selbst kommt ein wechselseitiges Verhältnis zum Ausdruck.

Das Verhältnis des Wirtschaftsmenschen zur Natur

Dem Naturmenschen erscheint alles, was ihm die Natur „zu seines Leibes Nahrung und Notdurft" gewährt, als ein Geschenk der Götter oder dem reifen Gemüt als eine Gabe Gottes. So spricht der Psalmist: „Du suchest das Land heim und wässerst es und machst es reich. Gottes Brünnlein hat Wassers die Fülle. Du lässest ihr Getreide wohl geraten; denn also bauest du das Land. Du tränkest seine Furchen und feuchtest sein Gepflügtes; mit Regen machst du es weich und segnest sein Gewächs. Du krönest das Jahr mit deinem Gut ...". Doch auch dann noch, als der Mensch seine Gedanken fast ganz auf die irdische Welt lenkte, blieb die Natur dem Besinnlichen die Schöpfung Gottes, das Reich einer ewigen Ordnung.

Die Gesetze der Menschen wandeln sich mit den Generationen. Die ordnenden Gesetze der Natur aber sind unwandelbar. Auch in der menschlichen Natur sind Ordnungsgesetze angelegt, deren Befolgung die Erhaltung und Entfaltung menschlichen Daseins verbürgt. Auf dem Boden dieser Auffassung hat sich vor mehr als zweitausend Jahren das Naturrecht entwickelt. Die griechischen Denker und Dichter wissen um die ewigen, ungeschriebenen Gesetze. Die natürliche Ordnung ist der Maßstab jeder menschlichen Ordnung. Aristoteles tadelt die Unnatur einer Erwerbswirtschaft, in der „das Geld des Umsatzes Anfang und Ende" sei. Unnatürlich sei auch das Zinsnehmen, da das Geld unfruchtbar sei und keine Früchte trage. Der durch die Natur geforderte und begrenzte Zweck allen Wirtschaftens sei die ausreichende Befriedigung des Lebensbedarfes.

Von jeher ist mit dem Naturrecht die Polarität zwischen Ewigem und Veränderlichem, Wesen und Erscheinung, in letztem Sinne zwischen Göttlichem und Menschlichem verbunden gewesen. Zuzeiten sind denn auch von hier aus starke revolutionäre Kräfte ausgegangen. Rousseau hat diese Spannung wohl am sätkrsten in sich erlebt und in erregendem Pathos zum Ausdruck gebracht. „L'homme est né libre", heißt es im *Contrat social.* Gibt es im wirtschaftlichen und politischen Leben Unfreiheit und Ungerechtigkeit, so sind die gesellschaftlichen Einrichtungen schuld daran. Was der Mensch getan hat, kann beseitigt werden. Also fort mit dem Übel!

Zu Lebzeiten Rousseaus entsteht eine neue Wissenschaft: die Lehre von der Wirtschaftsgesellschaft, die Wirtschaftswissenschaft. *François Quesnay* ist ihr historischer Begründer. Wohl hat es schon vor ihm mancherlei Wissen um wirtschaftliche Dinge und Vorgänge gegeben. Die „Politik" des Aristoteles ist das erste und hervorragendste Zeugnis dafür. Diesem Wirtschaftswissen fehlt jedoch das eigentliche wissenschaftliche Merkmale: Methodik und Sytematik.

Auch Quesnay denkt naturrechtlich. Was natürlich ist, ist in Ordnung; was in Ordnung ist, ist gut. Natur und Moral stehen im Grunde in Einklang miteinander. Wenn „das physische Wohl und das physische Übel, das moralische Wohl und das moralische Übel offenbar ihren Ursprung in den Naturgesetzen" haben, so sei dieser gemeinsame Ursprung in dem Kosmus selbst, in der göttlichen Weltordnung begründet. Die Natur weise den Menschen verschiedene Aufgaben zu. „Die Beschäftigung der einen dient zur Entlastung der Beschäftigung der anderen; infolge dieser Verteilung der Beschäftigung kann jeder die seinige vollkommen ausführen; und durch diese gegenseitige Ergänzung trägt jeder beinahe das Gleiche zum Nutzen der Gesellschaft bei" *(„Maximes générales")*.

Das Fundament einer sich nach der natürlichen Ordnung (ordre naturel) bildenden Wirtschaft sei die Freiheit, insbesondere das Recht, Eigentum zu erwerben und zu vererben. Der Anteil an Gütern, auf den jeder Anspruch habe, sei nach dem Ausmaß eigener Arbeit bestimmt. Utopische Philosophen und Politiker hätten zuweilen ein „Recht aller auf alles" proklamiert. Dieses, meint Quesnay, gleiche dem Recht einer jeden Schwalbe auf alle Mücken, die in der Luft umherfliegen (in Wirklichkeit beschränke es sich auf diejenigen, die sie durch ihre Bemühungen fangen können).

Quesnay hat aber nicht nur die „wesentliche" natürliche Ordnung im Sinne, sondern auch die faktische Natur, den „ordre de la nature".

Sie ist der Quell aller Güter. Reichhaltig und unerschöpflich sind die Gaben, die sie dem Menschen darbietet. Ein Quell, der sich, wie die Landwirtschaft augenfällig zeigt, stetig erneuert. „Ein Feld erzeugt Frucht Jahr für Jahr“ (Turgot). So bietet besonders die Landwirtschaft in dem beständigen Wechsel von Saat und Ernte das Bild eines Kreislaufes, ähnlich dem Blutumlauf in den animalischen Geschöpfen. Von dieser Vorstellung ist es nur ein Schritt zu dem Gedanken eines allgemeinen Güterkreislaufes und einer daraus folgenden Einkommensbildung und Einkommensverteilung.

Durfte man die Natur aber wirklich die Quelle aller Güter nennen? Schon Turgot bezweifelte die einzigartige Produktivität des Grund und Bodens und infolgedessen auch die „Sterilität“ von Handel und Gewerbe. Seiner Auffassung nach galt das Kapital als die „Grundlage jedes Unternehmens“. So betrachtet, ist aber die Natur nur ein Produktionsfaktor bzw. Produktionsmittel. Der Weg wird frei für eine sachlich-rationale Auffassung der Wirtschaft. Daß mit dieser Auffassung der Dinge jedoch auch etwas verlorengeht, was in dem Wort „Segen der Erde“ hindurchklingt, sollte sich erst in unseren Tagen zeigen.

Wird die Natur als ein Sachbereich, als ein objektiver Beziehungszusammenhang begriffen, so wird auf Grund solcher logischen Sachbeherrschung ein anderes praktisches Verhältnis zur Natur möglich. Die Umwälzung des Naturbildes und substantiellen Naturbegriffes revolutioniert auch die Technik. Jahrtausende lang hatte sich die Technik den Naturstoffen und -kräften angepaßt (Sombart: *Organische Technik*). Jetzt gewinnt sie die Möglichkeit, sie so auszunutzen, wie es der Stand der naturwissenschaftlichen Erkenntnis gestattet. Aus diesem rationalen, wissenschaftlich konstruktiven Denken entspringen die zahllosen Erfindungen, die zu einer rapide fortschreitenden Mechanisierung führen.

Nicht jede Erfindung ist wirtschaftlich realisierbar. Die großen Kosten, die der mechanisierte Betrieb in zunehmendem Maße verursacht, zwingen zu sorgfältiger Kalkulation, zu immerwährender Überprüfung des Risikos und zu größtmöglicher Wirtschaftlichkeit. Von der Maschine lernt der Mensch, ihr Schöpfer, rastlose Tätigkeit und

Konzentration seiner Kräfte (Adam Smith). Doch immer mehr gerät er, ursprünglich in Abhängigkeit von der Natur, nun in Abhängigkeit von der neuen, künstlichen Welt der Maschinen, Apparate und groß-technischen Anlagen.

Früher hat sich der Mensch in den Kreislauf der Natur und des organischen Lebens eingeordnet gesehen. Die natürliche Ordnung ist göttliche Ordnung. Seit Kopernikus, Kepler, Galilei und Newton bereitet sich ein anderes Verhältnis des Menschen zur Welt vor. Andacht und Ehrfurcht schwinden. Der herrische, begreifende, umgreifende Wille sucht Macht über die Natur. Er gewinnt sie auch, allerdings nur in den begrenzten Kreisen, in denen menschliche Sachbeherrschung möglich ist. Wohl hat die moderne Technik den Menschen von der Gebundenheit an zufällig gegebene Naturbedingungen und an verhältnismäßig schwache organische Kräfte befreit, doch in der neuen Freiheit liegt die Gefahr neuer Unfreiheit. Mit der Fortentwicklung der Technik erweitert sich auch der Kreis der sachlichen Notwendigkeiten. Will der Mensch sich diesen Notwendigkeiten unterordnen? Im 19. Jahrhundert erfährt er zum ersten Mal den Konflikt zwischen Forderungen der Sache und des Lebens.

Das Verhältnis des Wirtschaftsmenschen zu Gesellschaft und Staat

Von Natur aus ist der Mensch ein geselliges Wesen. Das ist eine alte Erkenntnis. Doch erst im 18. Jahrhundert werden dem denkenden Menschen die gesellschaftlichen Beziehungen und Verhältnisse in der Wirtschaft, besonders in der sich entwickelnden freien Verkehrswirtschaft, deutlich. Mag die Dreiteilung der Gesellschaftsklassen in der physiokratischen Lehre auch sehr schematisch und vereinfacht sein, so ist sie doch der erste vielbewunderte Versuch, das Ganze einer Volkswirtschaft in ihrem inneren Zusammenhang und in ihrer Struktur aufzuzeigen.

Die volkswirtschaftliche Gütererzeugung und der dadurch geschaffene Gesamtertrag, das Sozialprodukt (le produit net), kommt durch arbeitsteiliges Zusammenwirken der Erwerbstätigen zustande. Die eigentliche Ursache des sich ausweitenden Güter- und Geldverkehrs ist der freie Wettbewerb. Im „Kampf ums Dasein" wird der Weg zur besten Leistung frei, somit zu steigender Produktivität und zunehmender Wohlfahrt der Bevölkerung. Nimmt man an, daß sich die Partner in der Marktwirtschaft relativ rationell verhalten, wie es wenigstens in bestimmten Kreisen der Wirtschaft der Fall ist, so müssen sich bestimmte gesetzmäßige Beziehungen im Güter- und Geldverkehr nachweisen lassen. Die Naturwissenschaft jener Zeit kann sich der mathematisch exakten Formulierung ihrer Erkenntnisse rühmen. Man hofft nun, auch in der ökonomischen Welt eine ähnliche Gesetzmäßigkeit aufdecken zu können.

Der gesellschaftliche Aspekt der neuen Wirtschaftsauffassung, wie sie *Adam Smith* begründet hat, kommt besonders in seiner Grundthese von der gesellschaftlichen Arbeit als der eigentlichen Quelle aller Güter zum Ausdruck. „Die jährliche Arbeit eines Volkes ist der Fonds, der es ursprünglich mit allen Bedürfnissen und Gütern des Lebens versorgt, die es jährlich verbraucht und die immer entweder in dem unmittelbaren Erzeugnis dieser Arbeit oder in demjenigen bestehen, was es sich für dieses Erzeugnis von anderen Völkern beschaffen kann." Der arbeitende Mensch aber bedarf der sachlichen Mittel, um tätig und produktiv werden zu können. Smith meint sogar: Ohne diese Produktionsmittel, ohne Kapital, könne nicht einmal mit einer Arbeit begonnen werden. So rangiert denn schließlich doch das Kapital vor der Arbeit, vor der Arbeitskraft. Mit dieser Maxime bereitet er einer kapitalistischen Wirtschaftsauffassung und — wirtschaftspolitisch betrachtet — dem Kapitalismus den Weg.

Die unmittelbare Triebkraft aller wirtschaftlichen Tätigkeit, insbesondere des auf einen Sacherfolg gerichteten Erwerbsstrebens, ist nach der Auffassung von Smith und überhaupt der englischen Klassiker das natürliche Interesse des Menschen, sich in allen wirtschaftlichen Dingen einen Nutzen und Vorteil zu verschaffen. Der Wunsch und Wille, die eigene materielle Lage zu verbessern, muß sich frei auswirken können. Nur so könne der einzelne allenthalben seine Chancen wahrnehmen. Begegne dann einer dem anderen in dem gleichen Erfolgsstreben, so gelte es, im Wetteifer mit ihm alle Kräfte zu mobilisieren, um sich behaupten zu können. Der freie Wettbewerb sei daher ein wesentlicher Ansporn im individuellen Erwerbsleben und neben der Freiheit des Individuums die wichtigste Voraussetzung der allgemeinen Wohlstandsmehrung.

Wenn Smith aber meinte, individuelles Interesse und Gesamtinteresse stimmten überein, so daß nachhaltige Störungen der Marktwirtschaft ausgeschlossen seien, so urteilten Malthus und Ricardo schon vorsichtiger. Smith hatte jedoch nicht an ein Erfolgsinteresse schlechthin, sondern an ein wohlverstandenes Interesse gedacht. Er wußte sehr wohl, daß individuelle Freiheit nur in einer gesellschaftlichen Ordnung möglich sei, in der Recht und Gesetz den Spielraum der individuellen Freiheit bestimmen. Sein Gedankenmodell war ein „system of perfect liberty and justice". Recht und Gesetz aber könnten nur vom Staat gesichert werden. So war der klassische ökonomische Liberalismus sogleich zu Anfang mit einer rechtsstaatlichen Auffassung verbunden. Vielleicht ist die Idee des Rechtsstaates überhaupt die größte Errungenschaft des Liberalismus.

Smith hat leider nicht hinreichend beachtet, daß die Individuen einen sehr verschiedenen Vorteil aus dem freien Wettbewerb ziehen. Wer die wirtschaftlich stärkere Position innehat, ist gegenüber demjenigen begünstigt, der wenig oder gar keine Mittel besitzt. Dieser kann seine Chancen wahrnehmen, jener nicht. Wenn unter diesen Umständen das Eigeninteresse der ausschlaggebende Faktor ist (oder auch gemildert: „das wohlverstandene Interesse"), so liefe der allgemeine Wettbewerb doch immer auf eine Ausnutzung der wirtschaftlich schwachen Erwerbstätigen hinaus. Unter diesen Umständen wäre ein langfristiges Gleichgewicht der Marktwirtschaft, das sich nach Smith unter den angegebenen Bedingungen einstellen müßte, ausgeschlossen.

Sollte man die Menschen aber wirklich auf ihre individuellen Vorteile und ihre selbstischen Interessen verweisen? Mandeville hat in seiner berühmten „Bienenfabel" geradezu behauptet, daß die Förderung der Gesellschaft nicht sowohl den Tugenden als den Lastern, nicht der Selbstlosigkeit als vielmehr der Selbstsucht zu danken sei. Der Altruismus in der Wirtschaft sei nur die Tarnung eines hintergründigen ökonomischen Egoismus.

So weit ist Smith keinesfalls gegangen. In seiner *Theory of moral sentiments* spricht er in ernsten Worten von dem Gewissen, dem „unparteiischen Zuschauer in unserer Brust". In seinen ökonomischen Überlegungen ist allerdings von dieser „starken Gewalt" im menschlichen Herzen keine Rede. Offenbar meinte Smith, wie fast 150 Jahre später Vilfredo Pareto, daß die Wirtschaft ein besonders rationaler Lebensbezirk sei.

Die Einseitigkeiten der Smithschen Lehre und die noch einseitigere wirtschaftspolitische Verwirklichung der Ideen des klassischen ökonomischen Liberalismus führten in der Folgezeit zu einer scharfen Reaktion gegen den Begriff eines rationalen, nur auf Vorteil bedachten Wirtschaftsmenschen.

Simonde de Sismondi verehrte Smith, bekämpfte aber die lebensfremden Abstraktionen seiner Schüler. Der wirkliche Mensch sei anders, als ihn Ricardo, J. B. Say u. a. darstellen. Natürlich sei das Selbstinteresse in allen Menschen wirksam. Darin aber die einzige Triebfeder ökonomischer Handlungen zu sehen, sei verkehrt. Die Menschen hätten auch den „Geist der Assoziation" in sich. Ende des 19. Jahrhunderts sprach Peter Kropotkin von dem ursprünglichen „Trieb zu gegenseitiger Hilfe".

Sismondi forderte im Hinblick auf die wiederholten Wirtschaftskrisen eine gesellschaftliche Ordnung, in der die Interessen der Industriearbeiter durch staatliche Interventionen geschützt würden. Saint-Simon und die Saint-Simonisten waren radikaler. Niemand mehr dürfe Privilegien besitzen. Das letzte in die Industriegesellschaft hinübergerettete Privileg sei das Privateigentum an Kapital und Boden. Dieses rechtlich sanktionierte Eigentum sei die Ursache aller Ausbeutung. Das privatkapitalistische Wirtschaftssystem müsse infolge der ungleichen Startbedingungen zugrunde gehen. Die Saint-Simonisten überschätzten jedoch (wie Marx) das Recht auf Eigentum und verkannten die Gefahren eines mit neuen Privilegien verbundenen Kollektivsystems.

Können sich wirtschaftlich schwache Bevölkerungsschichten nicht schon dadurch helfen, daß sie sich zusammenschließen? Können sie dem Druck einer mächtigen Konkurrenz nicht durch genossenschaftliche Zusammenarbeit begegnen?

In der Richtung dieser Gedanken liegen die programmatischen Ideen der französischen und englischen Genossenschafts-Sozialisten, die Forderungen und Unternehmungen von Louis Blanc, Charles Fourier und Robert Owen. Friedrich Wilhelm Raiffeisen hatte die stärkste und nachhaltigste wirtschaftspolitische und sozialpolitische Wirkung.

Inzwischen hatten sich neue wissenschaftliche Perspektiven abgezeichnet. Die *geschichtliche Welt* wurde entdeckt. Besonders seit Herder war es dem denkenden Menschen klargeworden, daß die kulturelle Lebenswirklichkeit in ihrer ganzen Fülle geschichtlich verstanden werden müsse. Friedrich Karl von Savigny wies in seiner programmatischen Schrift *Vom Beruf unserer Zeit für Gesetzgebung und Rechtswissenschaft* (1814) auf die geschichtlichen Wandlungen von Recht und Gesetz hin. Wo sei ein Naturrecht, wo eine übergeschichtliche Rechtsidee? Nur lebendes, im Bewußtsein des Volkes heimisches Recht sei Recht.

In der Wirtschaftswissenschaft war erstmalig Sismondi für eine historisch-empirische Erforschung des Wirtschaftslebens eingetreten. Die menschlichen Zustände müsse man in ihren Einzelzügen studieren. „Man muß nacheinander einen Zeitabschnitt, ein Land oder einen Beruf besonders eingehend untersuchen, um einen genauen Begriff zu bekommen, was der Mensch ist und wie die Einrichtungen auf ihn wirken." Die ältere und vor allem die jüngere deutsche historische Schule wiesen mit Nachdruck auf die Notwendigkeit einer historischen Wirtschaftsauffassung hin. Bruno Hildebrand, ein Vertreter der älteren deutschen historischen Schule, tadelte die abstrakte Theorie der englischen Schule. Die Klassiker vergessen, daß „der Mensch ein Produkt der Geschichte ist, daß seine Bedürfnisse, seine Bildung, seine Beziehung zu den Sachgütern wie zu den Menschen niemals dieselben bleiben, sondern sowohl geographisch verschieden sind, als auch historisch sich immer verändern und mit der gesamten Kultur des Menschengeschlechts fortschreiten".

Mit dem geschichtlichen Denken entwickelt sich der Sinn für die mannigfaltigen Verflechtungen der Wirtschaft mit der übrigen Kulturwelt. Deren Gezweig reicht weit in die Breite und deren Wurzel tief in die Vergangenheit. Aus historischem Bewußtsein entspringt der Wille, Überliefertes zu erhalten und was sich bewährt hat, zu bewahren. Wer mit dem geschichtlichen Leben verbunden ist, denkt konservativ. Gleichzeitig aber wird er an den Wechsel und Wandel aller Werte und Institutionen gemahnt. Nichts scheint beständig zu sein. So fordert die Geschichte vom Historiker beides: im Wechsel das Bleibende und im Bleibenden den Wechsel und Wandel zu suchen. Die Geschichte ist ein Drama. Die Menschen sind die Akteure; aber auch die Aktionen haben ihre Logik. So wird besonders dem geschichtsbewußten Menschen deutlich, daß die kulturelle Lebenswirklichkeit, in der die Wirtschaft einen fundamentalen Rang hat, durch subjektive und objektive Faktoren bestimmt wird: durch Handlungen und Ereignisse, durch menschliches Verhalten und durch die Verhältnisse.

Friedrich List sah die bewegenden geschichtlichen Faktoren in den „produktiven Kräften", die in einem staatlich geordneten Volk, in einer *Nation* lebendig sind. Eine Nation könne aber auch nicht groß werden, wenn die Menschen nichts leisteten. Nationale und personale Kräfte stehen in Wechselwirkung miteinander. „Die Nation schöpft ihre produktive Kraft aus den geistigen und physischen Kräften der Individuen oder aus ihren sozialen, bürgerlichen und politischen Zuständen und Institutionen, oder aus den ihr zu Gebote stehenden Naturfonds, oder aus den in ihrem Besitz befindlichen Instrumenten, den materiellen Produkten früherer geistiger und körperlicher Anstrengungen ....". Die produktiven Kräfte und Verhältnisse müßten in richtiger Proportion zueinander stehen. Nur so könne sich die Nationalwirtschaft in der Welt der Nationen behaupten. Dieses „normale" Verhältnis bilde sich aber nicht von selbst heraus.

Dem historischen Denken ist das Interesse an Fakten, an Tatsachen eigen. Daher ist es begreiflich, daß sich teils im Rahmen der historischen Schule, teils in enger Verbindung mit ihr die Wirtschaftsstatistik, die Wirtschaftssoziologie, die Wirtschaftsgeographie, die Sozialpsychologie u. a. m. entwickelt haben. Der in bestimmten gesellschaftlichen Beziehungen und Verhältnissen lebende Mensch erfährt nun eine von verschiedenen Aspekten aus erfolgende Betrachtung. Der von *Karl*

Marx gezeichnete Mensch der Klassengesellschaft hat wissenschaftlich und praktisch-politisch größte Bedeutung erlangt.

Die Ursache der Gesellschaftsspaltung, des Klassengegensatzes und Klassenkampfes ist nach Marx das Privateigentum an Produktionsmitteln. Doch nicht nur Institutionen und Verhältnisse seien die Determinanten der geschichtlichen Entwicklung: die unmittelbar bewegenden geschichtlichen Kräfte sind individueller und gesellschaftlicher Art. Können die Menschen aber anders als in bestimmten Verhältnissen, Einrichtungen, Institutionen tätig werden? „In der gesellschaftlichen Produktion ihres Lebens gehen die Menschen bestimmte, notwendige, von ihrem Willen unabhängige Verhältnisse ein, Produktionsverhältnisse, die einer bestimmten Entwicklungsstufe ihrer materiellen Produktivkräfte entsprechen. Die Gesamtheit dieser Produktionsverhältnisse bildet die ökonomische Struktur der Gesellschaft, die reale Basis."

In der weiteren Ausführung dieser philosophischen und soziologischen Gedanken gewinnen die „Produktionsverhältnisse" zunehmend an Gewicht. Leider ist dieser Begriff sehr unbestimmt. Marx und Engels verstehen darunter gesellschaftliche Ordnungen und Institutionen, im kapitalistischen Wirtschaftssystem das Privateigentum an werbenden Produktionsmitteln, das Privatkapital und die Wettbewerbsordnung.

Die private Konkurrenz peitsche die „Kapitalisten" zu fortgesetzter Neuinvestition an, ohne daß infolge der mangelnden Entsprechung von Produktion und Konsumtion („Anarchie der Produktionsweise") hinreichende Gewähr für den Absatz der Massenprodukte gegeben sei. Der Mensch werde dem System hörig. Ein „Artefakt", das Kapital, gewinne Herrschaft über das Leben. Doch auch der Arbeiter werde zum Sklaven des Systems, wenn auch in anderem Sinne: Er hat nichts, er ist nichts. Von der Konjunktur hin und her geworfen, wird er immer wieder beschäftigungslos. Ein wachsender Teil der Arbeiterklasse bildet die industrielle Reservearmee.

Das Proletariat fühle vor allem die Unmenschlichkeit seiner Situation. Während die Kapitalisten immerhin noch Macht besitzen und damit den „Schein einer menschlichen Existenz", fühle sich das Proletariat „in der Entfremdung vernichtet, erblicke in ihr seine Ohnmacht und die Wirklichkeit einer unmenschlichen Existenz". Diese Klasse erfahre leibhaftig den „Widerspruch ihrer menschlichen Natur mit ihrer Lebenssituation, welche die offenherzige, entschiedene, umfassende Verneinung dieser Natur ist" (Marx und Engels, *„Die heilige Familie"*, 1845).

Hier ist nicht der Ort, an der marxistischen Gesellschafts- und Wirtschaftsauffassung Kritik zu üben. Richtige Erkenntnisse seien jedoch vermerkt: 1. Von Menschen geschaffene Ordnungen und Institutionen können Macht über ihn gewinnen. 2. Im privatkapitalistischen Wirtschaftssystem führt die sachliche Forderung der Profitmaximierung zum Verlust des Menschlichen, zur Selbstentfremdung, zur Unmenschlichkeit. 3. Der Mensch will und muß sich aus dieser unheilvollen Lage befreien.

Die Selbstentfremdung kann aber nicht auf dem Wege über den Kollektivismus und die proletarische Diktatur erfolgen! Der *Staat* ist notwendig, jedoch nicht zuviel Staat! Schon Smith hatte, wenn er sich auch sonst im Gegensatz zu den Merkantilisten wußte, die gesellschaftliche Notwendigkeit des Staates und staatlicher Interventionen anerkannt. Ein realistischer Liberalismus bekennt sich immer zu dem Prinzip der Subsidiarität. (Vgl. Wilhelm v. Humboldt!) Es gibt in jeder Gesellschaft, sagt J. St. Mill, Angelegenheiten von vitaler Bedeutung, die das Individuum niemals tun wird, entweder weil sie seine Kraft übersteigen oder weil sie ihm keinen entsprechenden Gegenwert bieten oder aber weil sie nur unter Beihilfe aller zustande kommen können, die man aber nicht durch freundliches Zureden erhalten kann. Für alle diese Dinge ist der *Staat* der gegebene Unternehmer, die berufene Triebkraft (*On Liberty*, 1860).

A. Wagner hat vorausgesehen, daß die staatlichen Funktionen in dem Maße zunehmen müssen, wie Kultur und Wohlfahrt öffentliche Angelegenheiten werden. Mit wachsenden Staatsaufgaben wachsen die Staatsausgaben. Da diese aber im wesentlichen aus dem privaten Einkommen gedeckt werden, sei das „Gesetz der wachsenden Staatstätigkeit" mit einer Verfügungsmacht über das Privateinkommen und folgerecht mit einer Einschränkung der privaten Wirtschaftsfreiheit verbunden.

Die sowjetische Verwirklichung der marxistischen Ideen hat den Staat zu dem Leviathan, dem irdischen Ungeheuer, gemacht, von dem einst Thomas Hobbes sprach. Verstaatlichung des Privateigentums und staatliche Kontrolle aller öffentlich relevanten privaten Funktionen, die Vereinigung politischer und wirtschaftlicher Macht begründen eine staatliche Omnipotenz.

Das ursprüngliche Abhängigkeitsverhältnis des Menschen von der Natur hat sich auf Grund der naturwissenschaftlichen Erkenntnisse in eine Naturbeherrschung und dann doch wieder in eine neue Abhängigkeit von der künstlichen Welt der Technik, der Apparate und Maschinen verwandelt. Auch das Verhältnis des Menschen zu Gesellschaft und Staat hat Abhängigkeiten gebracht. Gewachsene Ordnungen haben kühnen gesellschaftlichen Konstruktionen Platz gemacht. Systeme, Organisationen und Institutionen nehmen den Menschen in zunehmendem Grade und Maße in Anspruch. Muß er den einmal eingeschlagenen Weg weiterverfolgen? Kann er abbiegen? Kann er sich neue Ziele setzen? Kann er Neues wollen? Weiß er überhaupt, was er will? Das ist eine Frage, die er sich selbst stellen muß.

Das Verhältnis des Wirtschaftsmenschen zu sich selbst

Der Mensch steht sich selbst am nächsten. Daher beeinflußt das Verhältnis des Menschen zu sich selbst die Wirtschaftsentwicklung und -gestaltung am unmittelbarsten. Dieses Verhältnis prägt sich in vierfacher Richtung aus: in dem Verhältnis zum eigenen Bedarf, zur eigenen Arbeit, zum eigenen Werk und überhaupt zum eigenen Leben. In diesen Beziehungen kann der Mensch wiederum zweifach beteiligt sein: interessiert und verantwortlich.

Die Gedanken über Wirtschaft und wirtschaftliche Tätigkeit beginnen mit der Frage nach ihrem Sinn und Zweck. Die Antwort scheint einfach zu sein: Alle Wirtschaft dient der Bedarfsdeckung. Die Sorge um die notwendigen Unterhaltsmittel ist der erste Beweggrund des

Wirtschaftens. Oswald Spengler nennt diese Sorge das Urphänomen der Wirtschaft. In gewissem Sinne ist das richtig. Auf primitiver Entwicklungsstufe, aber auch in fortgeschrittener Wirtschaft in Zeiten der Not beherrschen Wunsch und Wille, sich mit dem Nötigsten zu versorgen, alles Überlegen. Mit der Sorge verbindet sich die Vorsorge. Erwartungen und Befürchtungen bestimmen schon anfänglich das wirtschaftliche Denken. Die Ungewißheit der Zukunft, sowohl im Hinblick auf die mögliche Situation als auf die Folgewirkung eines planmäßig durchgeführten Unternehmens (im weitesten Sinne des Wortes), schließt notwendig ein Risiko in sich. Dieses Risiko ist gering, solange sich die Wirtschaft sozusagen (mit Karl Bücher) im geschlossenen Kreis des Hauses und auf den gewohnten Wegen der Güterbeschaffung und des Gütererwerbs bewegt. Erst in der entwickelten Geldwirtschaft und einer den technischen Fortschritt nutzenden Unternehmerwirtschaft wird das Risiko größer und größer. Die etwa im Hinblick auf bewährte Erfahrungen gehegten Erwartungen erfüllen sich nicht mehr. Der Wirtschafter wird durch die rasche Entwicklung der Wirtschaft genötigt, seine Dispositionen wieder und wieder zu ändern. J. St. Mill, Knut Wicksell, besonders aber J. M. Keynes und anschließend die Stockholmer Schule (Myrdal, Ohlin, Lundberg) haben dem wichtigen ökonomischen Bestimmungsgrund der Erwartung ihre Aufmerksamkeit gewidmet.

Fassen wir die moderne entwickelte Verkehrswirtschaft oder auch die von einer starken Dynamik getragene Zentralplanwirtschaft sowjetischer Prägung ins Auge, so kann man die Sorge nicht mehr als Urphänomen der Wirtschaft bezeichnen. Es geht in solcher Wirtschaft nicht mehr um die Befriedigung des Lebensbedarfes. Die Statistiker Engel und Schwabe haben gezeigt, daß die Sorge um den Unterhalt mit zunehmendem Wohlstand nicht etwa proportional, sondern überproportional abnimmt. Schließlich, so können wir heute auf Grund unserer Erfahrung sagen, spielt diese Sorge um notwendige Unterhaltsmittel keine entscheidende Rolle mehr. Ortega y Gasset hat einmal pointiert gesagt, Kultur beginne mit dem Überflüssigen. In der Tat: Erst wenn die notwendigen Lebensbedürfnisse gedeckt sind, kann sich rechter Kulturbedarf entwickeln.

Die „Idee der Nahrung", von der Sombart im Gegensatz zu dem sachlichen Gewinnstreben spricht, beherrscht das primitive und wenig entwickelte Wirtschaftsdenken. Auf entwickelter Wirtschaftsstufe sind weder dem Erwerbsstreben noch dem Verbrauch die durch die Befriedigung des Lebensbedarfs gesetzten Grenzen gezogen. Seit Hermann Heinrich Gossen, Karl Menger, W. St. Jevons, Friedrich v. Wieser usw., d. h. seit der Begründung und Entwicklung der Grenznutzenlehre, wissen wir um den allgemeinen und konkreten Nutzen, um Grad und Grenze des Wertes begehrter Güter und Dienste. Wir wissen, daß „die Neigung zum Konsum" (Keynes) von einer bestimmten Grenze der Bedarfsbefriedigung mit fortschreitender Sättigung abnimmt. Man darf jedoch nicht nur an Unterhaltsmittel denken. Es gibt auch Güter und Dienste, die aus einem Geltungsbedürfnis (snob appeal, Th. Veblen) nachgefragt werden, und solche, die einem echten Kulturbedarf dienen. In diesen Fällen nimmt der Nutzen der begehrten Güter und Dienste keinesfalls mit zunehmender Bedarfsbefriedigung ab. Der Wunsch, mehr dergleichen Dinge zu besitzen, kann sogar jede sachliche Überlegung ausschalten. Gerhard Mackenroth hat gezeigt, daß die zunehmende Größe des Verbrauchs einer wohlhabend gewordenen Bevölkerung keineswegs auch das Bewußtsein einer entsprechenden Bedarfsbefriedigung und wirtschaftlichen Bewegungsfreiheit gibt. Die Lebensansprüche laufen den Leistungen voraus. Das Sprichwort „Je mehr er hat, je mehr er will" darf so auch als wissenschaftlich richtig gelten. In den letzten Jahren, weist Mackenroth nach, hat sich die „Konsumnorm" (die Bedarfsvorstellung) gegenläufig zu der statistisch feststellbaren Konsumgröße bewegt.

Mit dem Verhältnis des Menschen zu seinem Bedarf hängt eng das Verhältnis zu seiner Arbeit, seinem Beruf, seinem Werk und schließlich zu seinem Leben überhaupt zusammen. In der „einfachen Wirtschaft", der auch Friedrich v. Wieser in seinem *System der Sozialökonomik* besondere Aufmerksamkeit widmet, dient die Arbeit unmittelbar der Bedarfsbefriedigung. Der Wirtschafter hat den Werdegang eines Produktes von Anfang bis zu Ende vor Augen, sei es, daß es sich um Aussaat, Hege, Pflege und Ernte handelt oder um die Be- und Verarbeitung von Materialien aller Art. Die moderne Technik mit der notwendig gewordenen Entwicklung zu diffiziler Arbeitsteilung und Fließband im Großbetrieb hat den übersichtlichen Prozeß der Güterproduktion zerrissen. Die noch von Smith bewunderte technische Arbeitsteilung wird von utopischen Sozialisten, aber auch von Marx, als ein Fluch des Industriesystems bezeichnet, von christlichen Sozialreformern als ein Übel, das beseitigt werden müsse. Das Problem „Mensch und Arbeit" wird zu einer Hauptsorge der wissenschaftlichen und praktischen Sozialpolitik. Gedanken der „Werkstattaussiedlung" (Rosenstock-Huessy), der Betriebsdezentralisierung, ja der Kontrolle des technischen Fortschritts (engl. Gildensozialismus) sind in den zwanziger Jahren dieses Jahrhunderts viel erörtert worden.

Doch auch die fortschreitende berufliche Arbeitsteilung, die Spezialisation, macht Sorge. Wie soll der Erwerbstätige ein inneres Verhältnis zu seinem Beruf gewinnen, wenn er gleichsam auf einen Punkt des gesellschaftlichen Produktionsprozesses konzentriert bleibt? Wohl ist der Spezialist fach- und sachkundig auf seinem Gebiet; aber er sieht nicht den Zusammenhang, in dem sein Arbcitsgebiet mit den anderen steht. Er sieht schließlich nicht mehr seine Mitarbeiter.

Die Sorge um Sinn und Grenze des Bedarfes, um Sinn und Grenze der Arbeit greift über in die Sorge um den Sinn des Werkes. Man kann von einem Kontakt des Landwirts mit seinem Gut und allem sprechen, was er, der Bauer, die Bäuerin und mithelfende Familienangehörige durch ihrer Hände Arbeit schaffen. Man mag auch an den Kontakt des Handwerkers mit dem von ihm gestalteten Werkstück denken. Wie aber stellen sich alle anderen Berufstätigen zu ihrem Werk? Wie sind vor allem die Hauptträger der modernen dynamischen Industriewirtschaft, die Unternehmer, eingestellt?

Wirtschaftsverhalten und Wirtschaftsverhältnisse

Es dürfte notwendig sein, etwas über die Methode zu sagen, die uns zu einem möglichst anschaulichen Begriff des hier erörterten wirtschaftlichen Verhaltens führt. Die Aufgabe ist, einen der Wirklichkeit angenäherten repräsentativen Realtypus zu suchen und darzustellen. Geschichtliche Forschung und theoretische Analyse müssen sich vereinigen, Bild und Begriffe zu einem neuen Denkinstrument sich verbinden. Wollte man die Geschichte der „anschaulichen Theorie“ (Edgar Salin) schreiben, müßte man bis Adam Smith zurückgehen, mindestens aber bis Friedrich List. Ihr eigentlicher Ursprung liegt jedoch im Kreise der jüngeren deutschen historischen Schule. Zuweilen wird von einer Theoriefeindlichkeit dieser Schule gesprochen. Dieses Urteil ist nur zum Teil richtig. Die besonders von Schmoller gezeigte Abneigung gegen eine abstrakte Modelltheorie ist nicht gleichbedeutend mit der Ablehnung einer Theorie überhaupt. Lujo Brentano, Gustav Schmoller, Gerhard v. Schulze-Gävernitz, Karl Bücher, Werner Sombart haben sich um eine Gesamtanschauung der Volkswirtschaft und ihrer Wirtschaftsgebilde bemüht. Gleiches gilt von den mehr soziologisch eingestellten Wissenschaftlern: Max Weber, F. v. Gottl-Ottlilienfeld und Othmar Spann.

Ein ganzheitliches Wirtschaftsverständnis fordert Beachtung der Daten, die die „reine Theorie“ voraussetzt. Die Vertreter dieser Theorie neigen dazu, die Mannigfaltigkeit des Wirtschaftslebens, der Ordnungen, Institutionen und Verhaltensweisen zu übersehen. Demgegenüber laufen die Vertreter einer empirisch-realistischen Theorie wieder Gefahr, sich in ökonomische Details zu verlieren. Nichtsdestoweniger hat gerade die historisch-soziologische Methode in Verbindung mit der Wirtschaftsstatistik wichtige Erkenntnisse der Wirtschafts- und Sozialpolitik vermittelt.

Alfred Marshall gilt mit mehr oder weniger Recht als der „englische“ Schmoller. Nun, ein Marshall-Schüler, nämlich Piero Sraffa, hat (1926) als erster auf die unrealistische Theorie eines vollkommenen Marktes (perfect competition) hingewiesen und den Weg für eine empirische Marktformenlehre gebahnt. Arthur Spiethoff hat sich in unseren Tagen der historisch-theoretischen Methode mit besonderem Erfolg bedient. Durch seine Einstellung ist er in seltenem Grade befähigt gewesen, die logischen Voraussetzungen und Forderungen einer ganzheitlichen Methode umfassend zu erörtern und sie in seiner Konjunkturlehre anzuwenden.

Der Schlüsselbegriff der anschaulichen Theorie ist der aus der Kunstgeschichte übernommene Stilbegriff. Spiethoff zeigt, daß die

Konjunkturzyklen jeweils durch ein besonderes Gepräge in ihrem Phasenverlauf gekennzeichnet sind. Werner Sombart hat in seinem Werk *„Der moderne Kapitalismus“* den bemerkenswerten Stilwandel des kapitalistischen Wirtschaftssystems dargestellt. Joseph Schumpeter hat die moderne Unternehmerwirtschaft analysiert.

Die unternehmerische Tätigkeit besteht nach Schumpeter in der „Durchsetzung neuer Kombinationen“. Unternehmer sind die Initiatoren in der Herstellung neuartiger Güter, der Einführung neuer Produktionsmethoden, der Erschließung neuer Arbeitsmärkte, der Entdeckung neuer Bezugsquellen und der Durchführung neuer Organisationen. Der Zweck dieser Tätigkeit sei die Sicherung und Förderung der Wirtschaftlichkeit und Rentabilität der Unternehmung.

Die Theorie des wirtschaftlichen Verhaltens verwandelt sich jedoch mit den Jahrzehnten in eine Theorie der Verhältnisse. Schumpeters Hauptinteresse gilt der Unternehmung und dem sie tragenden „kapitalistischen“ Wirtschaftssystem. Das Erlebnis der Weltwirtschaftskrise und die Beobachtung zeitweilig starker monopolistischer Unternehmenskonzentration haben ihn — wie viele Ökonomen jener Zeit — zu dem Gedanken einer zwangsläufigen historisch-ökonomischen Entwicklung geführt. Der Begriff einer objektiven Gesetzmäßigkeit ist ja schon in dem Rationalbegriff einer objektiven Entwicklung enthalten. Wer eine Systementwicklung aus ihr selbst begreifen will, muß sie in ihrer realen Logik erfassen.

Anders ist es, wenn das Wirtschaftsdenken von dem Wirtschaftsverhalten ausgeht. Dieser Ausgangspunkt ist insofern richtiger, als das Verhalten die notwendige Bedingung auch der Verhältnisse ist. Wenn man die Entwicklung des modernen Wirtschaftsdenkens kurz präzisieren will, so könnte es am besten durch den Hinweis auf die veränderte Perspektive gegenüber der klassischen Wirtschaftsepoche geschehen. Am eindrucksvollsten zeichnet sich der Weg von der Quantitätstheorie, einer Theorie der Verhältnisse, zur Theorie der Einkommensverwendung, einer Theorie des Verhaltens, ab.

Wenn die moderne Wirtschaftstheorie auch numerische Aussagen über ökonomische Sachverhalte (Ökonometrie) anstrebt, so ist sie sich doch dessen bewußt, daß sie dabei ein — mindestens nach dem Gesetz der großen Zahl gerechtfertigtes — relativ konstantes Verhalten der Konsumenten und Produzenten voraussetzen darf.

Geht man von bestimmten, ein Entwicklungsmoment in sich tragenden objektiven Verhältnissen aus, so gehört nicht viel dazu, den Aufstieg oder Untergang eines daraus resultierenden Wirtschaftssystems vorauszusagen. Eine pessimistische Voraussage, wie sie von Marxisten und widerwillig auch von Schumpeter gemacht wird, kann freilich nur dann ernst genommen werden, wenn Wirtschafter und Politiker wirklich weder willens noch fähig sind, eine unheilvolle Entwicklung beizeiten abzuwenden.

Persönliche und geschichtliche Erfahrungen lehren das Gegenteil. Immer ist eine Sinnesänderung, eine Umkehr, möglich. Dies weiß jeder aus einem ursprünglichen Wissen um Freiheit und Verantwortung. Solange es Menschen gibt, die sich ihr inneres Erleben gegenständlich machen oder vorstellen können, sprechen sie von den sie verpflichtenden Normen des Wahren, des Guten und Rechten.

Seit dem jüngeren Methodenstreit, dem sog. Werturteilsstreit, ist die Frage nicht zur Ruhe gekommen, ob der Wirtschaftswissenschafter ein Werturteil fällen dürfe oder nicht. Max Weber hatte gemeint, diese Frage durch die Unterscheidung von Wertung und Wertbeziehung lösen zu können. Selbstverständlich kann der Wissenschafter, insbesondere der Historiker, von einem angenommenen, hypothetischen Wert ausgehen, z. B. von der Idee des Heiligen in der Religionsgeschichte. Es ist richtig, daß er deswegen nicht wertet und sich zu dem Heiligen nicht zu bekennen braucht. Würde ihm aber eine religionsgeschichtlich richtige Darstellung gelingen?

Ist überhaupt eine Darstellung des Lebens- und Kulturgeschehens möglich, ohne daß ein innerer Kontakt dazu besteht? Kann das menschliche Zusammenwirken im Betrieb mitsamt den sachlichen Zusammenhängen sorgfältig und gründlich untersucht werden, wenn dem Forscher an diesem Ganzen innerlich nichts gelegen ist? Die Praxis will nicht nur sach- und fachkundige Spezialisten; sie will Menschen mit einem weiten, offenen Horizont.

Das Studium der Geschichte der Volkswirtschaftslehre soll auf das Ziel einer steten und fruchtbaren Begegnung von Wissenschaft und

Praxis hinlenken. Es soll nicht nur Lehren und Theorien vermitteln, sondern hinter alledem den Menschen mit seinen Grunderfahrungen, seinem Lebens- und Sachverständnis zeigen.

Sachregister

Kolibri 360 GmbH
Ferdinand-Jühlke-Straße 7
99095 Erfurt, Deutschland
produktsicherheit@kolibri360.de

Druck:
CPI Druckdienstleistungen GmbH
im Auftrag der
Kolibri 360 GmbH
Ferdinand-Jühlke-Str. 7
99095 Erfurt